계
**시민**주의

Cosmopolitanism: Ethics in a World of Strangers

우리 시대의 이슈 01

세계시민주의 이방인들의 세계를 위한 윤리학

원제_ Cosmopolitanism: Ethics in a World of Strangers

초판 1쇄 발행_ 2008년 4월 10일
초판 2쇄 발행_ 2009년 5월 29일

지은이_ 콰메 앤터니 애피아
옮긴이_ 실천철학연구회

펴낸곳_ 바이북스
펴낸이_ 윤옥초

책임편집_ 임종민
편집팀_ 이성현, 김주범
표지디자인_ 최승협
디자인팀_ 방유선, 최윤희, 김은빈

ISBN_ 978-89-92467-19-3 04100
       978-89-92467-18-6 (세트)

등록_ 2005. 07. 12 | 제313-2005-000148호

서울시 마포구 서교동 395-166 서교빌딩 703호
편집 02) 333-0812 | 마케팅 02) 333-9077 | 팩스 02) 333-9960
이메일 postmaster@bybooks.co.kr
홈페이지 www.bybooks.co.kr

책값은 뒤표지에 있습니다.

바이북스는 책을 사랑하는 여러분 곁에 있습니다.
독자들이 반기는 벗 - 바이북스

Cosmopolitanism 세계
Ethics in a World of Strangers 시민주의

―이방인들의 세계를 위한 윤리학―

콰메 앤터니 애피아 지음 ― 실천철학연구회 옮김

Kwame
Anthony
Appiah

바이북스
ByBooks

'우리 시대의 이슈'를 펴내며
*Issues of Our Time*

우리 시대는 정보의 시대라 불린다. 정보가 지금처럼 풍부했던 적은 일찍이 없었다. 그러나 우리의 세계를 형성하고 새롭게 만들어 주는 것은 정보가 아니라 바로 '생각들'이다. '우리 시대의 이슈Issues of Our Time'는 오늘의 선도적인 사상가들이 새 밀레니엄에서 중요시되고 있는 '생각들'을 탐구하는 기획 총서다. 철학자 콰메 앤터니 애피아Kwame Anthony Appiah, 법률가이자 법학자인 앨런 더쇼위츠Alan Dershowitz, 노벨 경제학상을 수상한 경제학자 아마르티아 센Amartya Sen과 함께 시작하는 이 총서에는 모두 복잡함을 피하고 명료함을 추구하는 공통점을 가진 저자들이 참여한다. 진심을 가지고 적극적으로 임해 준 저자들 덕에 정말 매력적인 책들이 나오게 되었다. 각각의 책들은 우리가 중요시하는 가치들뿐 아니라 가치들 사이의 갈등을 해결할 방법의 중요성도 인지하고 있다. 법률, 정의, 정체성, 도덕, 자유와 같은 개념들은 추상적이지만 동시에 우리와 매우 밀접한 것들이다. 우리가 이 개념들에 관해 이해하는 것은 우리가 누구이며 우리가 무엇이 되고 싶은지 정의하는 데 도움을 준다. 이 개념들을 어떻게 정의하느냐에 따라 우리도 정의될 것이다. 따라서 이 책들은 독자로 하여금 기존의 가정들을 재검토하고 지배적 경향에 맞서 싸울 수 있도록 도와줄 것이다. 여러분이 이 저자들의 편에서 생각하든 저자들과 논쟁하든 간에, 저자들은 여러분의 마음을 움직이기까지는 하지 못해도 여러분이 자신의 생각을 테스트해 볼 수 있는 기회는 분명히 마련해 줄 것이다. 이들에겐 각양각색의 시각과 독특한 목소리와 생동감 넘치는 이슈들이 있기 때문이다.

총서 편집자  헨리 루이스 게이츠 주니어 Henry Louis Gates, Jr.

_ 하버드대 인문학부 'W.E.B. 듀보이스' 교수

# 추천사

내 친구이자 동포인 애피아가 쓴 이 책은 더불어 사는 삶을 꿈꾸는 인간의 위대한 기획에 관한 것이다. 이 책의 핵심은 세계시민들 간의 상호 존중과 이해를 설득력 있게 호소하는 것이다. 국경을 초월한 대화를 시도하고 다른 사람들에 대한 우리의 책임을 인정하자는 그의 믿음은 광신과 불관용이 여전히 난무하는 세계에 환영할 만한 처방을 제공한다.

전 유엔 사무총장_ 코피 아난 Kofi A. Annan

『세계시민주의』는 도덕적·정치적 반성의 오랜 전통을 부활시키고 우리의 현재 조건과의 관련성을 보여주려는 반가운 시도다.

철학자_ 존 그레이 John Gray

개인의 역사가 매혹적으로 녹아 있는 매우 흥미로운 책이다. 애피아는 복잡하게 얽힌 이슈들에 대해 놀라울 정도의 통찰력과 분별력을 보여준다.

철학자_ 토머스 네이글 Thomas Nagel

세계 윤리에 관한 이 감동적인 성찰에서, 저명한 정치철학자 애피아는 세계화로 절박하게 된 오랜 물음들을 제기한다. 즉 '세계시민이 된다는 것은 무엇을 의미하는가?', '우리가 이방인들과 인간성을 공유하고 있다면 우리는 그들에게 무엇을 빚지고 있는가?' 등이다. 애피아의 대답은 자서전과 역사, 문학, 철학을 탁월하게 종합한 형태로 나온다. (아프리카인 아버지와 영국인 어머니 사이에서 가나에서 태어나고 영국에서 교육받은) 저자 자신의 개인적 이야기는 경계를 넘나드는 이 책의 주제들에 꼭 들어맞는다. 이 책의 핵심 목표는 세계시민주의의 도덕 원리를 다시 성찰하고, 더욱 포괄적인 인류 공동체를 수용하기 위해 부족주의와 민족주의를 거부하는 유서 깊은 전통을 다시 사유하는 것이다. 세계시민주의적 사유의 두 가지 요소, 즉 지구적 책임의 강조와 지역적 차이의 존중은 지역적 가치 및 공동체의 보존과 보편적 기준의 추구 사이에 존재하는 긴장을 파악하는 데 도움을 준다. 재밌는 이야기와 원칙에 입각한 논증을 통해 애피아는 두 요소가 조화롭게 번영할 수 있는 윤리적 지대, 즉 개인들이 대화와 발견을 통해 계몽된 세계 공동체를 건설하면서 동시에 다양한 정체성과 지역적 충성을 표현할 수 있는 세계시민주의를 찾고자 한다.

프린스턴대 석좌교수_ 존 아이켄베리 G. John Ikenberry

애피아의 『세계시민주의』는 일반 독자들에게 흥미와 더불어 교훈을 줄 수 있는 매우 훌륭한 철학책이다. 애피아의 매력적인 문체와 흥미진진하고 다채로운 설명 방식은 글의 의도를 잘 드러내준다. 그 의도는 서로 다른 인간과 문화가 차이보다는 기본적인 공동 관심사를 더욱 중시하는 지배적 가치 아래 통일되어야 한다는 믿음의 불안함을 제거하는 것이다. 철학과 세계의 역사에 대한 이 빼어난 저작은 21세기 초 서구 세계에 짙게 드리워져 있는 어두운 그림자와 운명에 대한 도전이다. 특히 이 책은 책임감을 갖고 지도력을 펼쳐야 할 21세기 세대들에게 영감을 줄 것이다.

전 유엔 사무차장_ 브라이언 어카트 Brian Urquhart

스스로 세계시민주의자로 살았던 애피아는 세계시민주의를 물신화하지 않으면서도 차이를 찬양한다. 그는 도덕 행위를 강조하지만 그렇다고 해서 도덕 행위가 쉽게 이루어질 수 있다고 억지를 부리지는 않는다. 그는 이야기 형식과 고차원적 원리를 씨줄과 날줄처럼 엮음으로써 보편적 가치와 개별적 욕구가 정교하게 균형을 이룰 때 우리들이 훨씬 더 좋아질 수 있다고 설득한다.

『미국과 대량 학살의 시대A Problem from Hell』의 저자_ **서맨사 파워** Samantha Power

『세계시민주의』는 혼성 언어를 이용해 그 논제를 다중매체 시대의 본질로서 표현하는 데 성공한다. 이는 과거에 대한 저자의 해박한 지식과 결합되어 있다. 이 책의 모든 내용은 인간 가치의 적자생존에 대한 깊은 우려를 나타내며, 동시에 번뜩이는 유머로 인습까지도 날려버린다.

노벨 문학상 수상 작가_ **네이딘 고디머** Nadine Gordimer

"애피아는…… 문화 간의 만남을 항상 충돌로 볼 필요는 없다고 생각할 수 있는 지적인 이유뿐 아니라 개인적인 동기도 가지고 있다. …… 그는 합리적이고 설득력 있는 논증을 펼치면서도 상당히 매력적인 글을 쓴다.

《**보스턴 선데이 글로브**Boston Sunday Globe》리뷰

애피아는, 특히 무시무시한 테러리즘 시대에, 각각 다른 사람들이 서로를 이해할 수 있으려면 전 세계에 걸친 지속적인 문화 교류를 통하는 것이 최상의 방법이라고 말한다.

《**타임 아웃 뉴욕** Time Out New York》리뷰

애피아는…… 설교적이기보다는 대화적인 성격을 지닌 독특하고도 매혹적인 글쓰기 스타일을 펼쳐왔다. 그는 많은 논증을 제시하지만 독자들은 절대로 당혹해하거나 곤란해하지 않을 것이다. 우리는 그가 든 예시와 일화, 격

언 등을 기억하기만 하면 된다.

철학자_ 고(故) 리처드 로티 Richard Rorty

『세계시민주의』는 우리가 그런 개념적 복잡성을 감안하기 위한 방법을 찾는 데 도움을 준다. 또한 우리가 세계의 시민이 되도록 용기를 북돋아 준다. …… 세계화에 대한 공론을 전문적인 철학적 수준으로 끌어올림으로써, 애피아는 국제주의적인 사고방식의 토대를 제공하고자 한다.

세계윤리연구소 설립자_ 러시워스 키더 Rushworth Kidder

이 책은 길이는 비교적 짧지만 그 사상의 파장은 매우 크다. …… 애피아가 제시하고 있는 것처럼 세계 윤리에 관한 담론은 9·11 테러 이후 세계의 교전 국가들에게 필수적일 뿐 아니라 회피할 수도 없는 것이다.

메릴랜드대 특별연구원_ 에런 브라이언트 Aaron Bryant

『세계시민주의』는 매우 온건한 것처럼 보여도, 실제로는 매우 급진적이다.

칼럼니스트_ 스탠리 크라우치 Stanley Crouch

애피아는 차이를 가로질러 창조적 교류와 상상적 연대의 전통을 다시 요구한다. …… 산뜻하고 수려한 문장으로 우리의 정신을 자극하는 이 책은 다양한 차이들을 긍정하고 공유된 보편적 인간성의 모험을 즐기는 실천적이고 실용적인 세계관을 가지고, 화해할 수 없이 분리된 유행 이론들에 도전할 것이다. 이 책은 노턴의 새 기획 시리즈 '우리 시대의 이슈'의 훌륭한 출발이다.

《퍼블리셔스 위클리》 Publishers Weekly 리뷰

# 차례

**일러두기**

**1** 외국 인명·지명의 표기는 문교부 고시(1986) '외래어표기법'에 근거해 표기하였다.

**2** 본문의 모든 괄호는 지은이의 것이며, 본문에서 따옴표로 강조된 것들은 원서에서 강조된 것을 최대한 반영한 것이다.

**3** 지은이의 주는 원서와 같이 책 뒷부분의 미주로 실었고, 본문의 각주는 모두 옮긴이와 편집부가 작성한 것이다.

**4** 본문에 나오는 성경 번역은 대한성서공회의 개역개정판 번역을 썼다.

우리 어머니에게,

그리고 하나이면서 여럿의 세계에 살고 있는 시민들에게.

———————————————

……코르넬리우스*여, 쉽게 말해,

당신은 나의 아주 사소한 것을

매우 소중한 것으로 생각하는 데

익숙하기 때문입니다.

— 카툴루스**

*고대 로마의 작가 코르넬리우스 네포스Cornelius Nepos, BC 99?~24?

**고대 로마의 시인 카툴루스Gaius Valerius Catullus, BC 84~54

Introduction 머리말 | 대화하기
Making Conversation

우리 조상들이 인간의 모습으로 산 지도 꽤 오래되었다. 4만 년 전에 태어난 한 여자아이가 시간 여행을 통해 오늘날 뉴욕에 있는 평범한 가정에서 양육되었다면, 그 아이는 열여덟 살에 대학 입시를 준비할 것이다. 영어를 배우고(스페인어나 중국어도 배울지 모르지만) 삼각함수를 이해하고 야구와 팝 음악을 좋아할 것이다. 또 아마 문신과 피어싱을 하고 싶어 할 것이다. 그리고 4만 년 전에 함께 살았던 형제·자매와는 서로 알아볼 수 없을 정도로 많이 달라져 있을 것이다. 인간사 전체에서 살펴볼 때, 우리는 소규모 사회의 구성원으로 태어나 수렵과 채집을 하면서 대개는 일생 동안 알고 지냈던 사람들만을 보며 살았을 것이다. 오래전에 우리 조상들이 먹고 입었던 것, 사용했던 도구, 숭배했던 성역들은 모두 그 집단 내에서 만들어진 것이다. 조상들의 지식은 그 조상들의 조상이나 자신들의 경험에서 나왔다. 그 지식이야말로 우리를 만들었던 세계이며, 그 세계 속에서 우리의 본성이 형성되었다.

어느 날 내가 뉴욕 5번가를 걷는다면, 나는 선사시대 사람들 대다수가 일생 동안 보았던 것보다 더 많은 사람들을 볼 것이다. 과거와 현재 사이의 기간 동안, 우리 조상들은 정착해서 농사를 짓고 마을을 이루고 마침내 도시를 건설했다. 그리고 문자를 발명했다. 그러나 이 과정은 매우 느리게 진행되었다. 소크라테스 Socrates, BC 469-399가 죽었던 기원전 5세기 말경, 당시 고대 아테네의 인구는 오늘날로 말하자면 소수의 고층 건물에 모두 살 수 있을 정도였다. 약 70년 후, 마케도니아 왕 알렉산드로스Alexandros, 재위 BC 336~323는 3~4만 명의 군대를 이끌고 세계 정복을 위해 마케도니아를 떠났다. 당시 알렉산드로스의 군사 수는 월요일 아침 디모인Des Moines|가|으로 출근하는 사람들보다 훨씬 적었다. 1세기경 로마 인구가 100만이 되었을 때 로마는 도시 규모를 갖춘 최초의 도시였다. 로마는 시민들을 부양하기 위해 제국을 건설하고 아프리카로부터 식량을 조달해야 했다. 당시 로마인들은, 같은 언어를 사용하고 같은 법률을 공유하며 같은 음식을 먹지만 결코 서로 알지 못하는 대다수의 사람들과 조화롭게 지내는 방법을 이미 알고 있었다. 오랜 역사를 거쳐 형성된 인간의 지적 능력이 이와 같은 새로운 삶의 방식으로 바뀔 수 있었다는 것은 아주 놀라운 일이다.

우리가 이런 거대 도시를 건설하기 시작했을 때조차, 대부분의 사람들은 다른 부족의 삶의 방식에 대해서는 거의 알지 못했다. 주위에 있는 몇몇 지역에만 영향을 미칠 수 있었을 뿐이다. 모든

|가| 미국 아이오와주 주도. 인구는 약 19만 명이다.

인간 공동체가 점차 단일한 교역 관계와 전 지구적 정보망을 구축할 수 있었던 19세기에 와서야, 우리들 각자는 현실적으로 60억 인류와 접촉할 수 있고, 인류에게 필요한 것들, 즉 라디오나 항생제, 좋은 생각과 같은 가치 있는 것들을 보낼 수 있게 되었다. 그렇지만 불행하게도 우리는 인류에게 해로운 것들, 즉 바이러스나 대기오염, 나쁜 생각과 같은 것들을 악의적으로 혹은 무심코 보낼 수도 있다. 좋은 것과 나쁜 것이 일어날 가능성은 그것이 우리의 이름으로 정부 정책에 반영되어 집행될 때 무한히 증폭된다. 마찬가지로 우리는 수매된 곡물을 시장에 덤핑 판매함으로써 가난한 농부를 망하게 할 수도 있고, 보복관세로 산업을 망칠 수도 있고, 수백만을 죽일 수 있는 무기를 거래할 수도 있다. 또한 새로운 무역 정책과 원조 정책을 채택함으로써 생활 수준을 높일 수도 있고, 백신과 의약품으로 질병을 예방하거나 치료할 수도 있으며, 지구의 기후 변화에 대처할 수도 있고, 독재에 항거하고 자기 삶의 가치에 관심을 기울이도록 개개인을 고무시킬 수도 있다.

물론 전 세계적인 정보망, 즉 라디오, 텔레비전, 전화, 인터넷 덕분에, 우리는 모든 곳에서 삶에 영향을 미칠 수 있을 뿐만 아니라 어디에서든지 삶에 대해 배울 수 있다. 우리가 알고 있고 영향을 줄 수 있는 개개인이 있다면 우리는 그에게 책임의식을 느껴야 한다. 즉 이것은 바로 도덕 이념을 긍정하는 것이다. 이제 우리의 당면 과제는 지난 수천 년 동안 지역의 주민으로 살면서 형성된 우리의 정신과 마음에 세계 민족global tribe으로 살아가도록 해주는 관념과 제도를 갖추는 것이다. 우린 이미 세계 민족이 되었다.

▮▮▮▮▮▮▮▮

그렇다면 어느 쪽으로 가야 하는가? '세계화globalization'는 아니다. 세계화란 용어는 한때는 마케팅 전략이었고, 그다음에는 거시 경제의 한 주제였으며, 지금은 모든 것을 포괄하는 것처럼 보이지만 실은 그 때문에 어떤 것도 포괄하지 못하는 것처럼 보인다. '다문화주의multiculturalism'도 아니다. 또 다른 방향 전환인 다문화주의는 질병을 치료하겠다고 자처하지만 다문화주의 자체가 질병으로 지칭되곤 한다. 나는 약간은 주저하면서도 '세계시민주의cosmopolitanism'에 동의해 왔다. '세계시민주의'의 의미도 마찬가지로 논란이 되고 있다. '세계시민cosmopolitan'이라는 찬사는 지방인에 대한 우월감을 나타낼 수 있다. 콤 데 가르송Comme des Garçons을 차려입고 플래티넘 카드를 가진 명품족이 작업복을 걸친 검게 탄 농부를 정중하고 친절하게 대한다고 상상해 보라. 도무지 상상이나 가겠는가.

그렇다 해도 이 용어의 부정적인 이미지는 불식될 수 있을 것이다. 이 용어는 확실히 생명력이 있다. 세계시민주의의 기원은 적어도 기원전 4세기 키니코스Cynicos학파[가]로까지 거슬러 올라

|가| 사회 관습과 전통, 학문, 예술 등을 무시하고 자신의 본성에 따른 자연스러운 삶을 추구하면서 단순하고 간소한 생활을 했다. 시노페Sinope의 디오게네스Diogenēs, BC 400?~323가 대표적인 인물이며, 헬레니즘 세계의 각지를 돌아다니며 세계시민을 자칭하곤 했다.

간다. 키니코스학파는 '세계시민kosmopolitēs'이라는 표현을 처음으로 사용했다. 이 표현은 역설적인 의미를 지녔으며, 관습과 전통에 대한 키니코스학파의 회의주의가 반영돼 있다. 폴리테스polites, 즉 시민은 스스로 충성을 맹세한 특정한 폴리스polis에 속했다. 코스모스kosmos는 지구라는 의미가 아니라 우주라는 의미에서 세계를 지칭했다. 따라서 세계시민주의는 본래 모든 시민들이 여러 공동체 중 한 공동체에 속해야 한다는 전통적인 관점을 거부했다.

세계시민주의는 기원전 3세기 초, 스토아Stoa학파|가|에 의해 수용되고 발전된다. 이 사실은 이후의 지성사에서 비판적 중요성을 가진다. 왜냐하면 기독교가 로마 제국의 종교가 되면서, 키케로Marcus Tullius Cicero, BC 106~43, 세네카Lucius Annaeus Seneca, BC 4?~AD 65, 에픽테토스Epiktētos, 50?~138?, 아우렐리우스Marcus Aurelius Antoninus, 121~180 등과 같은 로마인들의 스토아주의가 수많은 기독교 지성인들에게 적합한 것으로 입증되었기 때문이다. 아우렐리우스가 기독교라는 새로운 종파를 억압하려고 했음에도, 야만족의 침입으로부터 로마 제국을 구하기 위해 전투를 벌였던 2세기경에 그가 썼던 탁월한 철학 일기인 『명상록Tōn eis heauton diblia』은 거의 2천 년 동안 기독교 독자들을 사로잡았다. 『명상록』이 호소력을 가지는 것은 '모든 인간은 동일하다'라는 스토아주의자인 아우렐리

세계시민주의

---

|가| 제논Zēnōn ho Kyprios, BC 335?~263?이 창시한 스토아학파는 철저한 금욕과 극기를 통해 자연에 순종하는 삶을 이상으로 삼았다. 그리스인들이 인간은 그리스인과 야만인으로 나누는 것이 자연의 섭리라 생각한 것에 반대해, 모든 사람이 원래 한 형제이며 모두가 하나의 공통된 이성을 갖고 있다고 주장했다.

우스의 세계시민주의적 확신이 바울의 다음과 같은 주장에 영향을 주었기 때문일 것이다.

"유대인이나 그리스인이나, 노예거나 자유인이거나, 남자이거나 여자이거나, 너희는 모두 그리스도 안에서 하나이니라."[1]

그 이후 세계시민주의의 발전은 이전과 구별되었다. 세계시민주의는 1789년의 '프랑스 인권선언Déclaration des droits de l'homme et du citoyen, 인간과 시민의 권리선언'과 '국제 연맹league of nations' 개념을 제안한 이마누엘 칸트Immanuel Kant, 1724~1804의 글[나] 등을 포함한 계몽주의의 위대한 성과를 수용했다. '독일의 볼테르'라 불렸던 크리스토프 빌란트Christoph M. Wieland, 1733~1813는《토이체 메르쿠어Der Teutsche Merkur》지에 게재된 1788년 논문에서 세계시민주의의 이상을 다음과 같이 특징적으로 표현했다. "세계시민들은 …… 지구의 모든 사람을 단일한 가계의 자손들로 간주하고 세계를 하나의 국가로 간주한다. 다른 수많은 합리적 존재와 더불어 세계시민들은 한 국가의 시민들로서, 자연의 일반 법칙에 따라 전체의 완전성을 함께 도모하면서도 각자 자기 나름의 방식으로 자신의 복지에 몰두한다."[2] 그리고 (슬프게도 '프랑스의 빌란트'라 불리지 않았던) 볼테르Voltaire, 1694~1778 자신은 지구에서 우리와 함께 살고 있는 사람들을 이해할 의무가 있다고 웅변했으며, 또한 이러한 의무의 필요성을 전 지구적인 경제적 상호의존성과 명시적으로 결합시켰다. "유럽 무역상들이 교역로를 발견한 이래로 이민족들의 땅을 돌아다니면서, 그들의 땅에서 나는 생산물을 먹고, 그들이 짠

모두론

|나| 「영원한 평화를 위하여Zum ewigen Frieden」1795

옷을 입고, 그들의 놀이를 즐기고, 심지어 그들의 오래된 도덕 이야기를 듣고 자랐으면서도, 왜 우리는 그 민족들의 정신을 이해하려고 하지 않는가?"[3]

그래서 세계시민주의 개념에는 두 가지 요소가 서로 얽혀 있다. 하나는 우리에게 타인에 대한 의무, 즉 혈족의 유대나 심지어 더 형식적인 시민적 유대조차 넘어서는 더욱 확장된 의무가 있다는 생각이다. 또 다른 하나는 우리가 보편적인 인간의 삶뿐 아니라 특수한 삶의 가치까지도 진지하게 고려해야 한다는 것이다. 이러한 생각은 그 삶에 의미를 부여하는 관행과 믿음에 관심을 기울인다는 것을 뜻한다. 세계시민들은 사람들이 각양각색이며 그 차이로부터 많은 것을 배울 수 있다는 것을 알고 있다. 탐구할 가치가 있는 수많은 인간적 가능성들이 있기 때문에, 우리는 모든 개인이나 모든 사회가 단일한 삶의 양식으로 수렴되어야 한다고 기대하지도 바라지도 않는다. 타인에 대한 우리의 의무(혹은 우리에 대한 타인의 의무)가 무엇이든, 그들에게는 자기 방식대로 살아갈 권리가 있다. 앞으로 보게 되겠지만, 이러한 두 가지 이상들, 즉 보편적 관심과 정당한 차이에 대한 존중은 충돌할 수도 있을 것이다. 어떤 의미에서 세계시민주의는 문제의 해결책이 아니라 일종의 문제제기다.

우리는 세계의 시민이라는 생각을 어디까지 적용할 수 있을까? 매우 추상적인 개념인 인간이란 이름으로, 자신이 사는 지역에 대한 충성과 애착을 모두 포기할 수 있는가? 세계시민주의를 주창하는 몇몇 사람들은 당연히 그렇게 해야 한다고 생각했고,

그래서 자주 웃음거리가 되곤 했다. 토머스 칼라일Thomas Carlyle, 1795~1881은 18세기의 중농주의 경제학자인 미라보Marquis de Mirabeau, 1715~1789에 관해서 "인류의 친구이지만, 그와 관계있던 거의 모든 사람들의 적"이라고 말했다. 미라보는 『인간의 벗L'Ami des hommes, ou Traité de la population』1756이라는 책을 집필할 때 너무 바빠서 자신의 아들이 투옥되는 것조차 알지 못했다. 에드먼드 버크 Edmund Burke, 1729~1797는 다섯 아들을 고아원으로 보냈던 장자크 루소Jean-Jacques Rousseau, 1712~1778를 두고 "자기 인류는 사랑했지만 자기 가족은 미워한 사람"이라고 말했다.

그렇지만 세계시민주의적 신조에 관한 공명정대한 해석은 거부할 수 없는 매력이 있었기에 지속적으로 영향을 미칠 수밖에 없었다. 버지니아 울프Virginia Woolf, 1882~1941는 한때 "민족, 성性, 학교, 이웃 등에 대한 비현실적인 충성에서 벗어나라"고 주장했었다. 레프 톨스토이Lev Tolstoi, 1828~1910도 동일한 생각에서 애국주의의 '어리석음'을 통렬히 비난했다. 그는 1896년 에세이에서 "전쟁을 없애려면 애국주의를 없애라"고 썼다. 20년 뒤 차르tsar는 국제 노동 계급의 기치 아래 일어난 러시아 혁명으로 축출되었다. 마찬가지로 몇몇 현대 철학자들은 국경을 설정하는 것이 도덕적으로 적절치 않으며, 우리의 양심에 비추어 볼 때 정당하지 못한 역사적 사건이라고 주장했다.

그러나 나의 신경을 건드리는 세계시민주의의 적들이 있다 하더라도, 나는 그들의 요란한 반론에 개의치 않겠다. 살인을 일차적인 정치 수단으로 삼았던 히틀러Adolf Hitler, 1889~1945와 스탈린Iosif

Stalin, 1879~1953은 "뿌리 없는 세계시민주의자들"에 대해 지독한 독
설을 퍼부었다. 히틀러와 스탈린은 반反세계시민주의를 단지 반
유대주의를 완곡하게 표현한 것으로 보았으므로, 당연히 세계시
민주의를 자신들의 적으로 여겼다. 왜냐하면 그들은 모든 인류에
대한 충성을 배제하고, 인류의 한 부분, 즉 자신의 민족과 계급에
대한 충성을 요구했기 때문이다. 그리고 세계시민주의자는 다음
과 같은 생각을 공유했다. 즉 아무리 자신의 지역에 헌신한다고
해도 인간 각자가 서로에 대해, 그리고 다른 모든 사람에 대해 책
임이 있다는 사실을 잊는 것을 정당화하지는 못한다는 생각 말이

다. 다행히도 우리는 모든 외국인들을 저버리는 민족주의자를 편
들 필요도 없고, 자신의 친구나 동료 시민을 냉담하고 공평무사
하게 대우하는 극단적인 세계시민주의를 편들 필요도 없다. 우리
가 옹호해야 할 입장은 (두 가지 의미에서) '지역적 헌신을 요구하
는 세계시민주의' 라고 불릴 것이다.

이 점에 대해서는 조지 엘리엇George Eliot, 1819~1880의 소설 『대니
얼 데론다Daniel Deronda』1876에 인상적인 구절이 나온다. 우연이지
만 이 시기는 영국사에서 전무후무한 유대계 총리인 벤저민 디즈
레일리Benjamin Disraeli, 1804~1881가 비컨스필드Beaconsfield 백작 작위
를 받은 해였다. 디즈레일리는 영국 국교회에서 세례를 받고 성
장했지만 언제나 유대교 조상에 대해 자부심을 가졌다(그의 아버
지가 성을 D'Israeli라고 표기했어도 그는 따랐을 것이다). 그러나 영국
에서 기독교 남성으로 성장했던 주인공 데론다는 어른이 되어서
야 자신의 조상이 유대인이라는 것을 알아챈다. 따라서 그가 해

야 할 일은 '자손'을 대대로 번창시키는 일이다.

> 그가 자신의 조상이 누구인지를 알아냈을 때 그는 마치 또 하나의
> 영혼을 찾은 듯했다. 그는 더 이상 동정심을 배제하고 공평하게 판
> 단해야 한다는 생각에 얽매이지 않아도 되었고, 인간 최고의 힘인
> 고귀한 애족심을 가지고 동정심을 실천할 수 있는 친밀한 동료의
> 식을 선택했으며, 편애하지 않고 모든 특성을 넘어선 냉정한 합리
> 성을 민족과 함께하는 관대한 합리성으로 바꾸었다.

유대교적 헌신, 즉 "또 하나의 영혼"을 요구할 때 데론다가 인
간적 헌신을 거부하는 것이 아니라는 점을 주목해야 한다. 그때
그는 어머니에게 다음과 같이 말한다. "제 생각으로는 제가 유대
인이라고 의식하면서 성장했어야 옳았지만, 가능한 한 보편적인
교육과 동정심을 갖는 것이 제게 항상 좋은 것이었다고 생각합니
다." 데론다는 이보다 더 이전에도 이와 같은 세계시민주의적 관
점에서 해외에서 공부하기로 한 결심을 어머니에게 설명한 적이
있다. "저는 영국인이 되고 싶기도 하지만 다른 관점도 이해하고
싶습니다. 그래서 순전히 영국식으로만 공부하고 싶지는 않습니
다."[4] 인류에 대한 헌신과 지역적 충성은 우리가 원하는 것 이상
을 규정한다. 즉 우리가 누구인지 규정해 주는 것이다. 그리고
"서로를 공감하게 만드는 친밀한 동료의식"에 대한 엘리엇의 이
야기는 다음과 같은 키케로의 주장을 되풀이하는 것이다. "만약
우리가 가장 가까이 있는 사람들을 가장 친절하게 대한다면 우리

는 지역 사회와 인류에 가장 크게 공헌하는 것입니다."[5] 과거에는
친족과 공동체에 대한 편애를 경멸하는 신조가 통했지만 미래에
는 그렇지 않을 것이다.

우리 아버지는 나와 누이들에게 "너희들은 세계시민임을 기억하
라"라는 유언을 남겼다. 그러나 아버지는 그 당시 황금해안Gold
Coast[가]에서 독립운동의 지도자로 활동할 때, 지역에 대한 애착과
보편적 도덕 사이의 갈등, 즉 자신이 사는 지역의 일원이 되는 것
과 더 넓은 인류 공동체의 일원이 되는 것 사이의 갈등을 결코 겪
지 않았다. 나는 이런 아버지와 영국인 어머니 슬하에서 자랐다.
어머니는 영국에서 우리 가문과 깊이 관계를 맺게 되었고 가나에
완전히 정착해서 지금까지 반세기를 살고 있다. 그래서 나는 항
상 이중적이고 중첩적인 가문과 부족의식을 가졌다. 즉 평범한
것이라곤 아무것도 없었다.

　확실히, 평범한 것은 하나도 없다. 지리학적 관점에서 보면, 인
류가 최초로 아프리카를 떠난 이래 오늘날까지의 기간은 '눈 깜
짝할 새'라고 말할 수 있다. 그런데 그 짧은 시간 동안 인류는 거
의 모든 곳에서 새로운 거주지를 발견했다. 이주하려는 충동은
정착하려는 충동 못지않게 '자연스러웠다'. 동시에, 다른 장소의
관습과 문화를 배워왔던 대부분의 사람들이 단순한 호기심에서
그렇게 한 것은 아니었다. 사람들은 대부분 먹을 것을 찾고 있었

|가| 아프리카 북서부, 기니만에 접한 해안.

지만, 몇몇 사람들은 '생각하기' 위해 먹을 것을 찾고 있었다. 다른 사람의 삶의 방식에 대한 철저한 무지는 주로 강자의 특권이다. 여러 언어를 두루 섭렵한 사람은 부유한 사람 못지않게 가난한 사람에게서도 쉽게 발견될 수 있다. 소르본 대학에서뿐 아니라 빈민가에서도 쉽게 발견될 수 있는 것이다. 따라서 세계시민주의는 어떤 고귀한 재능으로 간주되어서는 안 된다. 즉 세계시민주의는 다음과 같은 단순한 생각에서 출발한다. 민족 공동체에서처럼, 인류 공동체 차원에서도 공존의 습성을 길러야 할 필요가 있다는 것이다. 이때 공존의 습성은 함께 살아가기와 연대하기를 위한, 전통적 의미에서의 대화다.

머리말

마찬가지로 현대적인 의미에서도 대화가 중요하다. 내가 자란 곳인 쿠마시Kumasi는 가나의 아샨티Ashanti 지역의 중심 도시다. 내가 어릴 때 쿠마시의 중심 도로는 킹스웨이Kingsway 거리라고 불렸다. 1950년대, 중심가에서 철로를 따라 내려가면 바부 시장Baboo Bazaar이 나왔다. 수입 식료품을 팔던 이 시장은 매력적이고 예의 바른 인도인 바부Baboo 씨가 확장 일로에 있던 자기 집안의 지원을 받아 운영한 곳으로, 시장의 이름이 바부 씨의 이름과 같았다. 바부 씨는 로터리 클럽에서 적극적으로 활동했고 항상 여러 자선 활동을 했다. 이런 자선 활동은 쿠마시 중산층의 소일거리 중 하나이기도 했다. 그러나 사실 내가 바부 씨를 기억하는 것은 그가 항상 맛있는 막대사탕을 들고 미소를 짓고 있었기 때문이다. 나는 개인적으로 좋아한 봉봉과자를 팔던 가게에만 드나들었기 때문에 그 거리에 있는 다른 가게들을 다 기억하지는 못한다. 그래도 나는 우리 집이 이란인에게서 쌀을 구입했으며, 가끔은 레바논인과 시리아인, 무슬림과 마론파[가], 철학적 사색을 즐기는 드루즈인[나] 하니Hanni 씨에게 들르곤 했다는 것을 기억한다. 하니 씨는 수입의류를 팔았는데, 내가 좀더 나이가 들자 자신의 모국인 레바논의 고충에 대해 늘 이야기했었다. 우리 가운데에는 다른 '이방인'도 있었다. 도시 중앙의 군부대에서는 수많은 '다른 병사들', 즉 북아프리카 출신의 군인들을 볼 수 있었다. 그들의 얼굴에는 민족의 상처가 뚜렷하게 새겨져 있었다. 그런데 예외적으로 유럽인들도 있었다. 그리스인 건축가, 헝가리인 예술가, 아일랜드인 의사, 스코틀랜드인 기술자, 잉글랜드인 변호사와 판사들도 있었으며, 대학에는 대체로 세계 각지에서 온 교수들이 있었다. 식민지 관리들과는 달리, 그들 중 많은 이들이 식민지 독립 후에도 가나에 남아 있었다. 어렸을 때는 왜 사람들이 이렇게 멀리까지 와서 다른 나라에 살고 있는지에 대해 한 번도 궁금해한 적이 없었다. 그렇지만 나는 그것이 좋았다. 세계가 점점 좁아지고 경계가 점점 허물어지는 만큼, 더욱더 국경을 초월한 '대화'가 넘쳐날 수 있을 것이다. 따라서 대화는 곧 즐거울 것이라고 생각할 수 있다. 가끔씩 강단 학자들이 '문화적 타자성 cultural otherness'이라고 칭하는 것을 경건하게 생각할 필요도, 또 당황해할 필요도 없다.

[가] 동방정교에 속하는 종파로, 5세기 기독교 수도사 마론을 따르는 신자들에서 유래한다. 레바논의 가장 유력한 종파로 꼽힌다.

[나] 레바논, 시리아 등의 중동 지역에 살면서, 이슬람교에서 갈라져 나온 드루즈교를 믿는 사람들.

세계시민주의는 모험이자 이상이다. 그러나 인간의 다양성을 모두 다 존중할 수도 없고, 모든 사람이 다 세계시민주의자가 되기를 기대해서도 안 된다. 자신과 비슷한 유의 사람들과 연대할 합법적인 자유, 또는 미국의 아미시Amish[다] 교인들처럼 세상으로부터 고립되고자 하는 자유를 행사하려는 사람들의 의무는 우리 모두가 갖고 있는 기본 의무, 즉 도덕이 요구하는 것을 다른 사람에게 행할 의무와 동일하다. 그러나 공동체들이 서로 완전히 분리되는 세계는 더 이상 고려할 가치가 없는 것 같다. 설령 이전에는 그러한 세계가 있었다 하더라도 말이다. 분리와 격리의 방식은 영원히 항해하는 종種인 우리 인간에게는 언제나 예외적인 것이었다. 세계시민주의는 어려운 일이 아니다. 오히려 그것을 거부하는 것이 어렵다.

9·11 이후, '우리'와 '그들' 사이의 분리에 관해 수많은 논의가 있었다. 갈등을 궁극적으로 가치관의 갈등이라고 보는 세계관이 당연시되었다. 우리가 이 가치를 좋은 것으로 간주하면, 그들이 저 가치를 좋은 것으로 간주한다. 이러한 관점은 그 철학적 뿌리도 깊고 오랜 숙고 끝에 형성된 관점으로 보이며 그럴듯하게 보이기도 하지만, 나는 잘못됐다고 생각한다.

나는 다음과 같은 생각을 분명히 밝힌다. 이 책은 정책에 관한 책이 아니며, 세계화의 실상에 관한 논쟁을 다루는 논문도 아니

---

[다]  미국 펜실베이니아주 등지에서 문명의 이기를 거부한 채 생활하는 보수적 프로테스탄트교파.

다. 나는 직업 철학자다. 철학자들은 유용한 책을 거의 쓰지 않는
다. 그럼에도 나는 세계화의 사실 이면에는 흥미로운 개념적 질
문들이 있다는 것을 여러분에게 설득하고 싶다. 이 책에서 고려
하고자 하는 질문들은 매우 추상적으로 보일 수 있다. 가치는 얼
마나 현실적인가? 우리가 차이를 말할 때 말하고자 하는 것은 무
엇인가? 어떤 형식의 상대주의가 옳은가? 도덕과 예절이 충돌하
는 것은 언제인가? 문화는 '소유'될 수 있는가? 보편적 인간성을
공유하고 있다는 사실에서 우리는 이방인에게 무엇을 빚지고 있
는가? 그러나 우리의 삶에서 이와 같은 질문이 제기되는 방식을
보면 그리 추상적이지 않음을 알 수 있다. 결국 나의 바람은, 세
계를 '서양'과 '그 밖의 세계'로, 도시와 지방으로, 냉정한 이익
윤리와 뜨거운 정체성 윤리로, '우리'와 '그들'로, 이렇게 분리해
서 생각하지 않도록 하는 것이다. 외국인의 이질성, 이방인의 타
자성, 이런 것은 충분히 현실적이다. 특히 좋은 뜻으로 했다 하더
라도 지식인들이 자신의 입장에 따라 그 중요성을 강조했기 때문
에 우리가 타자성의 의미를 과장해서 받아들이는 것이다.

　앞으로 논증하겠지만 '객관적' 가치에 저항하는 것은 과학의
시대에 살고 있는 우리가 특히 빠지기 쉬운 오류다. 지식의 모델
을 물리학이나 생물학에 두고 있는 사람은 옳고 그름을 자연과학
적으로는 판단할 수 없기 때문에 가치는 실제적이지 않다고 결론
을 내려버리는 경향이 있다. 어쨌든 원자나 성운처럼 실제적이지
는 않다는 것이다. 이런 유혹에 직면해서, 나는 적어도 가치 객관
성의 중요한 한 측면을 주장하고 싶다. 많은 가치들이 실제로 지

세계시민주의

역적이고 또한 지역적이어야 하듯이, 몇몇 가치들은 실제로 보편적이고 또한 보편적이어야 한다. 우리는 그런 가치들을 어떻게 서열화하는가에 대해서 어떤 최종적인 합의에 도달하기를 바랄 수는 없다. 그 이유는 내가 의지하고자 하는 모델이 '대화'의 모델이기 때문이다. 특히 서로 다른 삶의 방식을 가진 사람들 사이의 대화다. 세계는 점점 더 조밀해지고 있다. 한때 수렵 생활을 했던 인류의 인구는 다음 반세기에 90억에 달할 것이다. 그런 환경에 살아갈 수밖에 없는 사정을 고려할 때 국경을 초월한 대화는 유쾌할 수도 있지만 불쾌할 수도 있다. 그러나 그렇다 하더라도 대화는 불가피하다.

Chapter  조각난 거울
The Shattered Mirror

# 어느 여행자 이야기 A Traveler's Tale

이 책에서는 수많은 세계시민주의자들과 반세계시민주의자들을 만나게 될 것이다. 그러나 내 생각으로는, 우리 여행에 동행하게 될 첫 인물만큼 이 두 요소를 모두 가지고 있는 사람은 아무도 없을 것이다. 그 인물은 바로 빅토리아 시대의 모험가 리처드 버턴Richard F. Burton, 1821~1890<sup>가</sup>이다. 그는 진실은 허구보다 더 낯설다는 의심스러운 격언을 신뢰한 사람이었다. 1821년에 태어난 그는 어릴 때부터 가족과 함께 유럽을 여행했다. 집시들을 이해하는 데 많은 시간을 보낸 그를 두고 영국인 동년배들은 집시의 방랑벽이 그의 몸에 배었다고 말하곤 했다. 그는 프랑스 마르세유에서 프랑스어와 현대 그리스어를 배웠으며, 나폴리 지방어를 포함한 이탈리아어도 배웠다. 그때는 그의 가족이 프랑스와 이탈리아의 영국인 거주지를 전전할 때였다. 그리고 프랑스어와 스페인어의 중간 언어에 해당하는 베아른Béarn 지역의 사투리를 익히고 (그 당시의 다른 모든 학생들처럼) 고전 그리스어와 라틴어를 배우려고 옥스퍼드로 갔다.

버턴은 아주 뛰어난 언어학자는 아니었지만, 그 시대의 가장

조각난 거울

---

|가| 버턴은 영국의 탐험가·외교관·기행작가로, 모험을 좋아하여 세계 곳곳을 탐험했다. 탕가니카 호수를 발견하고, 황금해안을 조사하는 등 주로 아프리카를 탐험했다. 『메디나와 메카 순례Pilgrimage to El-Medinah and Mecca』1855~1856를 비롯해 중동 및 아프리카에 관한 책만 70여 종을 저술했다. 언어의 귀재로서 39개 국어를 자유자재로 구사했다. 현재 가장 널리 읽히고 있는 버턴의 『천일야화Alf laylah wa laylah』 영역본은 흔히 『아라비안 나이트The Arabian Nights' Entertainment』로 널리 알려진 『천일야화』를 가장 온전하게 재현한 것으로 평가된다. 버턴의 작업이 있고서야 비로소 『천일야화』는 '세계 문학사상 가장 중요한 걸작'으로 거듭나게 되었다.

뛰어난 군인들 중 하나였다. (경마를 금지하는 대학 교칙을 무시했다는 이유로) 옥스퍼드 대학에서 쫓겨나기 전에, 그는 동료 학생에게 자신의 팔자 콧수염을 비웃었다며 결투를 신청했다. 그러나 그 동창생이 결투 신청을 받은 사실조차 모르자, 버턴은 그가 신사가 아니라 "시정잡배"에 불과하다고 결론을 내린다. 상대방은 버턴이 기병 출신의 뛰어난 군인이라는 사실을 그전에 들었을 것이다.

스물한 살 무렵, 버턴은 신드Sind |가|에 있는 동인도 회사에 취직했다. 현대 및 고전 유럽어 외에도 그는 구자라트어, 마라티어, 아프가니스탄어, 페르시아어를 배웠다. 또한 영국에서 공부하기 시작했던 아랍어와 힌두어를 더욱 심화시켰다. (적어도 명목상으로는) 기독교도임에도, 1853년 그는 인도 북서부 국경 지대의 파탄Patan인으로 변장하여 순례자로서 메카와 메디나에 들어갈 수 있었다. 또 아프리카도 두루 여행했다. 1858년에 그는 존 스피크John H. Speke, 1827~1864와 함께 유럽인으로서는 처음으로 탕가니카Tanganyika호를 찾았다. 그는 소말리아(여기서 그는 아랍 상인으로 통과했다)뿐 아니라 시에라리온, 케이프코스트, 아크라(지금 가나의 수도), 라고스를 방문했다. 그는 아시아와 라틴아메리카 대부분을 알고 있었다. 그리고 산스크리트어로 된 『카마수트라Kāmasūtra』와 아랍어로 된 『향기로운 정원The Perfumed Garden』1886 및 『천일야화Alf laylah wa laylah』를 영어로 번역하였다(특히 16권으로 구성된 『천일야화』 제10권의 '최후의 이야기terminal essay' 부분에는 동성애를 처음으로

세계시민주의

---

|가| 파키스탄의 주州 이름으로 버턴 당시에는 영국령 인도의 관할하에 있었다.

비교문화적 관점에서 개관한 글이 실려 있다). 또한 포르투갈어로 된 카몽이스Luís Vaz de Camões, 1524~1580의 『우스 루지아다스Os Lusiadas』 (선구적인 지구 탐험가 바스쿠 다 가마Vasco da Gama, 1469~1524를 찬양한 서사시)를 탁월하게 번역했다. 그는 그 번역물들 덕에 (결국 동양 성애문학이 되었다는 이유로 악명이 높긴 하지만 어쨌든) 유명하게 되었다. 또한 인도어에 관한 문법책 두 권을 썼으며, 그가 남긴 방대한 양의 여행기는 기행문 장르에서 한 세기에 가장 뛰어나다고 알려져 있다. 1880년에 버턴은 『하지 압두 엘예즈디의 콰시다The Kasidah of Haji Abdu El-Yezdi』를 번역한 장시를 출간했는데, 하지 압두Haji Abdu는 중부 페르시아에 있는 사막 도시 예즈드Yezd의 주민이었다 (예즈드는 이란에 극소수로 남아 있는 실질적인 조로아스터교나 중심지에 속한다).

(우리가 이제 살펴보겠지만) 콰시다Qaṣīdah는 이슬람교가 출현하기 이전에 엄격한 율격을 지닌 아랍의 고전적 정형시이며, 전통적으로 사막의 야영지에서 암송되면서 시작된 시가였다. 그 형식은 이슬람교 등장 이전부터 이미 존중되었긴 하지만, 콰시다의 전성기는 8세기 이전 이슬람교 성립 초기였다. 당시에 콰시다를 시가의 최고 형식으로 생각한 사람들도 있을 정도였다. 콰시다는 그 후 수 세기 동안 대부분의 이슬람권에서 아랍어뿐 아니라 터키어와 우르두어와 페르시아어로 쓰였다. 버턴이 번역한 콰시다

나 유일신 아후라 마즈다Ahura Mazdah를 믿는 고대 페르시아의 종교. 기원전 6세기 무렵 예언자 자라투스트라 Zarathustra, BC 630?~553?가 창시했다. 세상을 선의 신 아후라 마즈다와 악의 신 아리만Ahriman이 싸우는 투쟁의 현장으로 보았다. '조로아스터'는 자라투스트라의 영어 이름이며, 자라투스트라의 그리스어 표현인 '조로아스트레스Zōroástrēs'에서 비롯된 것이다.

는 "정신의 회의적인 습성, 곧 오늘날의 관점에서는 과학주의적 습성과 뒤섞인 동양식 인도주의"를 표현했다. 하지 압두의 시를 읽다 보면 추측할 수 있을 테지만 하지 압두는 가공의 인물이었다. 왜냐하면 쾨시다가 수피교(이슬람교의 범신론적 신비주의)의 정신에 영향을 받은 것이긴 해도, 다윈Charles R. Darwin, 1809~1882의 진화론을 암시하고 있고 빅토리아 시대의 다른 서구 사상도 넌지시 비추고 있기 때문이다. '번역자'로서 버턴은 자신의 주석에서 하지 압두의 말을 언급하면서 이를 다음과 같이 설명하고자 했다.

〔하지 압두는〕 천부적 재능에다 언어를 터득하는 요령까지 있었다. …… 그 학습 요령은 이것저것 닥치는 대로 산만하게 읽는 것이다. 그는 중국어와 옛 이집트어, 히브리어와 시리아어, 산스크리트어와 프라크리트Prakrit어, 슬라브어, 특히 리투아니아어, 그리고 현대 그리스어를 포함한 그리스어와 라틴어, 심지어 베르베르어, 누비아Nubia 방언, 현대 페르시아어 외에도 그 모어인 고대 페르시아어와 아카드Akkad어, 아랍어로 된 단편들과 여러 학파들의 고전들을 읽었다. 그는 'ㅁㅁ주의나 ㅁㅁ이론' 및 현대의 과학적 발견에도 무지하지 않았다.

만약 이렇게 어느 가상 수피교도의 언어적 재능이 조금이라도 버턴 자신의 것으로 이해될 수 있다면, 버턴의 기발한 착상은 남을 속이려는 의도가 아니었다는 것을 알게 될 것이다. 그 주석의 앞부분에, 하지 압두는 "스스로 엘히치마카니El-Hichmakâni라고 불리기를 좋아했다……. 이는 '통로 없는 곳은 없다'는 것을 의미한다"라는 이야기가 나온다. 그리고 버턴이 부분적으로는 하지 압두가 버턴 자신처럼 민족적 정체성이나 지역적 정체성을 강하게 느끼지 않는 사람(감히 말하자면 '뿌리 없는 세계시민주의자')이라고 지적한다고 하더라도, 바로 이 점은 또한 하지 압두가 버턴 자신이 꾸며낸 가공의 인물이라는 것을 우리에게 강력하게 암시하는 것이 분명하다.

물론 이 콰시다의 저자는 전통적 무슬림에게는 결코 온건한 이교도로 보이지 않았다. 그는 이것을 아래 연聯에서 표현하고 있다.

조라난 거울

　천국도 없으며, 지옥도 없도다.
　이것들은 어린아이의 몽상일지니…….

또 그는 다른 연에서도 이것을 표현하고 있다.

　선도 없으며, 악도 없도다.
　이것들은 인간 의지의 변덕에 지나지 않을지니…….

요컨대, 그는 페르시아 수피교도라기보다는 프리드리히 니체 Friedrich Nietzsche, 1844~1900의 차라투스트라Zarathustra[가]처럼 보일 수 있다. 아마도 조로아스터교의 도시 예즈드 사람들에게는 충분히 그렇게 보일 것이다. 그렇지만 하지 압두에 관해 중요한 것은 단

[가] 니체의 '차라투스트라'는 조로아스터교의 예언자 '자라투스트라'를 독일식으로 읽은 것이다.

순히 가공의 인물은 아니라는 사실이다. 사실 버턴이 직접 메카로 순례 여행을 마쳤기 때문에, 하지 압두는 확실히 메카 순례를 마친 무슬림, 즉 하지Hāji[가]였다.

　물론 유럽 세계시민주의의 한 가지 특징은 (특히 계몽주의 이래로) 다른 지역의 문학과 예술을 받아들이고 다른 지역의 생활에 폭넓은 관심을 보였다는 점이다. 이것은 내가 머리말에서 명명한 세계시민주의의 두 번째 요소, 즉 인간은 서로 다르며 우리 각자는 서로 다르다는 것에서 많은 것을 배울 수 있다는 인식을 반영하고 있다. 독일 시인 괴테Johann Wolfgang von Goethe, 1749~1832의 시적 이력은 1780년대 말『로마의 비가Römische Elegien』를 시작으로 최후의 위대한 시기인 1819년의『서동시집West-östlichen Diwan』으로까지 이어진다.『서동시집』은 14세기 페르시아 시인 하피즈Shams addīn Muhammad Hafiz, 1320?~1389의 작품에서 영감을 받았다(버턴이 확실하게 밝혀냈듯이, 하피즈는 지극히 대중적인 콰시다들을 지었다). 18세기 스코틀랜드의 데이비드 흄David Hume, 1711~1776은 중국, 페르시아, 터키, 이집트의 풍속을 검토하기 위해 여행자의 이야기들을 찾아다녔다. 조금 더 이른 시기에, 영국해협 건너 프랑스 보르도에는 몽테스키외Montesquieu, 1689~1755가 있었다. 1748년 제네바에서 익명으로 출판된 그의 기념비적 저작『법의 정신De l'Esprit des lois』1741은 인도네시아에서 라플란드까지, 브라질에서 인도까지, 그리고 이집트에서 일본에 이르는 기담奇談으로 채워져 있다. 그전에 자신의 조국을 재치 있게 풍자한『페르시아인의 편지Lettres

세계시민주의

―――――

[가]　이슬람교에서 메카 순례 또는 그 순례를 마친 이를 높여 이르는 말.

persanes』1721는 한 무슬림의 복화술로 표현되었다. 버턴의 시인도 주로 버턴을 대변한다. 즉 그는 스스로 과학주의적 성향을 가진 불가지론자로 자처하면서 세계 여러 나라의 종교에 대한 방대한 지식을 소유하고 있으며 그것을 공평하게 평가하기도 한다.

> 모든 신앙은 거짓, 모든 신앙은 진실.
> 진리는 무수한 조각으로 흩어진
> 조각난 거울. 각자가 믿는 한
> 자신의 작은 조각은 자기 자신의 전체.

세계 도처에 널려 있는 종교, 문학, 풍습에 대한 지칠 줄 모르는 섭렵 때문에 버턴은 인간이 발명한 것들, 즉 세계의 다양한 생활방식과 사고방식에 혼이 빼앗긴 사람으로 여겨졌다. 그리고 버턴 스스로는 결코 냉철하게 이성적인 판단을 내려야 한다고 주장하지 않았다 하더라도, 그런 지식 덕분에 버턴은 자신의 관점에 거리를 두면서 세계를 바라볼 수 있게 되었다. 세계에 대해 세계 시민적 개방성을 가지는 것은 세계에 대해 배워가는 과정에서 발견한 다양한 가능성들 중에서 고르고 선택하는 것과 완전히 부합한다. 버턴의 당대인들은 버턴이 기독교보다는 이슬람교를 더욱 존중한다고 생각하는 경우가 간혹 있었다. 비록 버턴의 아내는 남편이 가톨릭으로 개종했음을 확신했다 하더라도, 내 생각으로는 윌리엄 윌킨스William H. Wilkins, 1860~1905가 『버턴의 부인 이저벨 이야기The Romance of Isabel Lady Burton』1897에서 썼던 것처럼 버턴이

"마호메트교도 중의 마호메트교도이자 모르몬교도 중의 모르몬교도이며 수피교도 중의 수피교도이며 가톨릭교도 중의 가톨릭교도"[1]였다고 말하는 것이 더욱 진실에 가까울 것이다.

이런 점에서, 버턴은 순례하는 구도자itinerant seeker의 긴 계보를 따르고 있다고 할 수 있다. 이 계보 가운데에 메넬라오스Menelaos가 있다. 메넬라오스가 유명한 데는 그의 아내 헬레네Helenē가 트로이 왕자 파리스Paris에게 납치됨으로써 트로이 전쟁이 발발하게 되었다는 이유가 가장 클 것이다. 그러나 호메로스Homeros, BC 800?~750는 『오디세이아Odysseia』에서 메넬라오스를 자신의 방랑 생활을 자랑하는 허풍쟁이로 묘사했다.

> 태양에 그을린 인종들 가운데
> 키프로스, 페니키아, 이집트, 그리고 더 멀리 있는 사람들.
> 나는 시돈Sidon과 아라비아의 사람들을 보았네
> 그리고 리비아 사람도…….

그곳에서는 양들이 풍부하기 때문에 "매년 젖 짤 때는 건강한 암양들이 있어서, 어떤 사람도, 곧 족장이든 양치기이든 먹을 게 없어 굶주리지는 않는다"고 한다.[2]

호메로스의 『일리아스Ilias』 이후 수 세기가 지나, 헤로도토스Herodotos, BC 484?~425?는 크로이소스Kroisos, BC ?~546?가 현인 솔론Solon, BC 640?~560?을 어떻게 맞이했는지 기록하고 있다. "자, 나의 아테네 친구여, 자네의 지혜에 관해 많은 것을 들었네. 그리고 자네가 지식을 찾아서 얼마나 널리 여행했는지 알고 있네. 난 자네가 보았던 사람 중에서 누가 가장 행복한 사람인지 묻고 싶어 참지 못할 지경이라네."(솔론은 크로이소스의 질문에 어떤 "나라도 필요한 만큼 다 생산할 수는 없다네. 그 나라가 아무리 많이 가지고 있더라도, 어떤 것은 부족할 수밖에 없다네"라고 대답했다)[3] 헤로도토스 자신은 남쪽으로 오늘날의 아스완까지 여행했으며 메로에Meroë(이 도시의 언어 자체는 아직도 해독되지 않고 있다)의 풍습을 우리에게 들려준다(메로에의 전성기는 다음 두 세기 동안은 오지 않았다).

인간 특유의 풍습과 신념 들을 자주 접한다 하더라도 여행자는 자기 자신의 문화로부터 자유로워지기가 쉽지 않다. 버턴은 이것을 충분히 명료하게 설명하고 있다. 그는 가장 빅토리아 시대답지 않은 사람이면서, 동시에 가장 빅토리아 시대다운 사람이었다. 물론 버턴은 자기 사회의 표준적인 인종적 편견도 많이 가지고 있었다. 아랍인이나 대부분의 인도인보다 아프리카인을 아래로 여겼으며, 아랍인과 인도인을 문명화된 유럽인보다 아래로 여겼다. 버턴은 1881년 11월에 시작한 서아프리카 여행을 기록한 자신의 책 『황금을 찾아 황금해안으로To the Gold Coast for Gold』의 3장 「마데이라[가]에서의 2주일A Fortnight at Madeira」에서, 불쑥 "니그로와의 잡혼이 광범위하게 이루어짐으로써" 마데이라 사람들의 피가 "오염"되었다고 말한다.[4] 1858년 《블랙우즈 에든버러 매거진 Blackwood's Edinburgh Magazine》에 동아프리카 여행기를 기고하면서도 "니그로 인종은 정말 수다스럽다", "심지어 사와힐리Sawahili인조

---

|가| 포르투갈령 대서양 군도로, 모로코 서쪽 약 640킬로미터 거리에 있다.

차 진실을 말할 때가 가끔 있다", "와지라Wazira는 모든 면에서 아프리카적인 잔꾀가 뛰어난 사기꾼이다"와 같이 노골적으로 드러낸다. 그가 "와니카Wanika족 또는 몸바스Mombas 언덕의 사막인들"에 대해 길게 묘사하고 있는 어느 한 부분에는 다음과 같은 구절이 등장한다. "그들은 모두 혼란스러워 보인다. 그들은 어린아이의 유약함과 노인의 노련함이 결합해 있는 것 같다." 버턴은 그들의 종교를 "우리 어린 시절에 갖고 있던 헛된 공포가 조잡하게 조직된 것"이라고 보았다.[5]

버턴이 피부색이 검은 인종에게만 경멸적인 언사를 던진 것은 아니다. 그는 세계시민적 기질과 인간 혐오증이 기묘하게 혼재되어 있는 인물이었다. 그는 1860년 여름 내내 북아메리카를 횡단하고는 그 여행담을 『성자의 도시, 그리고 로키 산맥을 넘어 캘리포니아로The City of the Saints, and Across the Rocky Mountains to California』1861에 자세하게 기술했다. 그 책에서 버턴은 아일랜드인에 대해 적개심을 보였으며("오후 9시, '50킬로미터 지나 크리크족 마을' 도착. 우린 그곳에 아일랜드인들이 전혀 살고 있지 않음을 알고 놀라워하면서도 꽤 기뻤다"), 프랑스계 캐나다인에게는 정중한 예의를 차리면서("빈둥거리며 노는 데 흠뻑 빠진…… 이상야릇한 사람들"), 포니Pawnee족 인디언들에게는 불신을 보내고("아프리카인과 비슷한 포니족은 잠자고 있는 손님의 목을 자를 것이다"), 미군의 군복을 점잖게 조롱했다("각 주들은 그 정부 유형만큼이나 도덕적으로 불가능한 일을 군복에서도 시도해 오고 있다"). 그러나 버턴은 『성자의 도시』에서 많은 분량을 차지하는 "모르몬교에 대한 정서적 반감"을 장황하게 해

세계시민주의

명하는 데서 볼 수 있듯이, 멸시받는 사람들을 품위 있게 옹호하는 능력도 있었다.[6] 그래도 여전히 버턴의 삶에서는, 앞서 머리말에서 제시한 세계시민주의의 첫째 요소, 즉 모든 인간에 대해 우리가 지는 책임을 진지하게 고려했다고 생각할 여지를 거의 찾아볼 수 없다. 그의 저술들에서는 인간의 고통을 줄이기 위해 그 자신이 개입할 수 있었던 기회가 몇 번이고 되풀이해서 등장함에도 그는 매번 회피해 버렸다. 오히려 그는 그 부분을 기록하면서 때로는 유머러스하게, 드물게는 모욕적으로 쓰고 있다. 검은 대륙 아프리카로 여행 짐을 나를 일꾼이 필요했을 때, 버턴은 양심의 가책도 느끼지 않고 노예를 샀다.

따라서 버턴은 편견이란 단지 무지에서만 비롯된다고 상상하는 사람들, 또 친밀한 관계에서는 우호의 감정이 만들어진다고 상상하는 사람들을 지속적으로 반박하고 있는 셈이다. 즉 다른 사회의 방식을 채택하지 않고 인정하지도 않으면서 그것과 진지하게 관계할 수 있는 것이다. 그리고 버턴의 콰시다가 후기 빅토리아 시대 영국의 교양 있는 상류층이 일상적으로 보이는 정신적인 경향을 담고 있기는 해도, 버턴의 저서들은 수많은 민족과 장소의 특유한 철학과 풍속을 오랫동안 보여주었다. 그의 결론은 '조각난 거울shattered mirror' 이미지를 통해 정확히 표현되고 있는 듯하다(각각의 거울 파편들은 그 자체의 특정한 각도에서 복합적인 진리 가운데 한 부분을 반영한다). 즉 우리는 모든 곳에서 진리의 편린들을 발견하겠지만(물론 수많은 오류도 더불어서다) 어디에서도 전체 진리는 발견하지 못한다. 버턴이 추측한 대로, 가장 심각한 오류는 우리가 가진 작은 거울 조각이 전체 진리를 반영할 수 있다고 생각하는 것이다.


## 거울을 넘어서 Beyond the Mirror

그런 오류를 멈출 수 있다면 삶은 훨씬 더 순조로울 것이다. 우리가 사는 곳뿐 아니라 다른 모든 곳에서도 어떤 통찰이 있으며 우리에게도 어떤 오류가 있다는 사실을 인정할 수 있을 것이다. 그러나 우리가 지금 바로 '이' 순간 진리가 정확히 어디에 있는지 결정하려 할 때는 그것이 전혀 도움이 되지 않는다. 이와 같은 실제적인 불일치는 종교적 관행이라는 맥락 속에서 자주 생겨나므로 그런 관행 중의 하나를 고려하면서 글을 시작해 보자. 사실 이것은 버턴의 저술을 통해서 유명하게 된 것이다.

무슬림들은 대부분 메카에 가야 한다고 생각한다. 재물이 있는 무슬림이라면 메카를 순례해야 한다. 메카 순례, 즉 '하지'는 샤하다shahādah, 신앙고백, 살라트salāt, 기도, 자카트zakāt, 희사. 자선, 사움sawm, 금식과 함께 이슬람의 다섯 기둥 중의 하나다. 해마다 약 150만 명의 무슬림들이 순례를 떠난다. 무슬림이 아닌 사람이라면, 무함마드가 예언자라고 생각하지 않을 것이고 그래서 메카를 순례해야 한다는 생각을 하지 않을 것이다. 실제로 무슬림이 아닌 사람들은 환영받지 못하므로, 거기에 얼씬거리지 않는 것이 좋을 것이다. 메카로 가는 도로의 요금소에는 "무슬림 아닌 자는 출입 금지"라

세계시민주의

고 쓴 표지판이 친절하게 붙어 있다.

이제, 얼핏 보면 우리의 의무는 우리가 처한 입장에 따라 달라지는 것처럼 보일 것이다. 우리는 우리 자신의 배우자에게 충실해야 하지만, '다른' 사람이 내 배우자에게 충실할 필요는 없는 것이다(실제로 그렇게 하지 않는 게 좋을 것이다!). 누군가 똑같은 생각에서 "무슬림은 메카로 가야 하고, 가톨릭교도는 미사에 가야 한다"고 말할 수도 있겠다. 그러나 무슬림이 아닌 사람이라면, 무슬림은 메카로 가야 한다고 생각하지는 않을 것이다. 또 무슬림 '이라면', 가톨릭교도든 아니든 어떤 사람도 미사에 꼭 참석할 의무가 있다고 생각하지는 않을 것이다. 마찬가지로, 자유분방한 성격의 사람이 아니라면, 혹은 1960년대에 분출된 자유연애의 분위기에 휩쓸리지 않은 사람이라면, 아마도 기혼자는 배우자에게 충실하겠다는 서약을 지켜야 한다고 생각할 것이다.

분명히, 무슬림들은 메카 순례를 해야 한다고 믿으며 가톨릭교도들은 미사에 가야 한다고 '믿는다'. 그러나 그런 행위에 의미를 부여하는 신앙이 없는 사람이라면, 아마도 그렇게 믿는 사람들이 잘못이라고 생각할 것이다. 무함마드는 예언자이거나 예언자가 아니었다. 『쿠란』은 명백히 성서이거나 성서가 아니다. 만약 무함마드가 예언자가 아니고 『쿠란』이 성서가 아니라면, 무슬림들은 잘못 알고 있는 것이다(동일한 사안을 가톨릭의 미사에도 적용할 수 있다). 물론, 사람들은 무슬림이 메카에 간다고 해서 그들이 큰 피해를 입을 것이라고 생각하지는 않을 것이다. 무슬림은 메카에 가는 것이 옳다고 생각한다. 무슬림이 아닌 사람들은 그렇게 생각하지 않는다. 하지만 무슬림이 메카에 가는 게 잘못되었다고도 생각하지 않는다. 게다가 신실함은 중요한 것이며 자신의 신앙대로 살아가는 것이 중요하다고 생각하기 때문에, 또 메카 순례를 하는 게 양심이 명령하는 대로 행하는 것이라면 어떠한 손해도 일어나지 않을 것이기 때문에, 무슬림들이 거기에 가기로 했다면 그것은 좋은 일일 것이다.

그러나 여기서 중요한 것이 있다. 무슬림들이 메카에 가야 하는 것이 바로 위와 같은 이유라고 말하는 것은 결국 무슬림들의 생각에 동의하지 않는 것이라는 점이다. 무슬림이 아닌 사람들은 무슬림이 메카에 가는 데는 '다른' 이유가 있다고 생각한다. 이것이 중요한 이유는 우리에게 다음과 같은 사실을 일깨우기 때문이다. 무슬림이 아닌 우리 같은 사람들이 "물론 무슬림은 메카에 가야 할 이유가 있다. 즉 가야 한다고 생각할 이유가 있다. 그리고 사람들은 그렇게 하는 것이 해가 되지 않는다면 자신들의 양심을 따라야 한다"라고 말한다고 해보자. 자존심이 있는 무슬림이라면 자신들이 메카에 가는 이유에 대해 우리가 존중하기는커녕 이해 조차 하지 못한다고 생각할 것이다. 왜냐하면 무슬림들은 그렇게 생각하지 않기 때문이다. 무슬림은 알라가 신성한 『쿠란』을 통해 그것을 요구했기 때문에 가야 한다고 생각한다. 그렇지만 무슬림이 아닌 사람들은 그런 주장을 전혀 받아들이지 않을 것이다.

그럼에도 우리가 사이좋게 지내기 위해 이런 불일치가 반드시 해결돼야 할 필요는 없다. 신학에 관한 나의 견해가 가톨릭교도나 무슬림과 꼭 일치하지 않는다 하더라도 그들과 완전히 사이좋

세계시민주의

게 지낼 수 있다(사실 나는 사이좋게 지내고 있다). 골프를 치러 스코틀랜드에 가거나 오페라 감상을 위해 밀라노에 가는 사람들의 선택을 싫어할 이유가 없는 것처럼, 내가 순례를 위해 메카에 가는 사람을 기분 나쁘게 생각할 이유가 없다. 내게 맞출 것이 아니라, 그저 자신에게 맞추면 되는 것이다.

그렇지만 모든 사람들이 이러한 상생의 태도를 공유하는 것은 아니다. 어떤 사람들은 참된 신을 제외한 어느 누군가를 숭배하는 것은 우상숭배이며, 그 자체 신법을 위반한 것이라고 생각한다. 그리고 일부 기독교도들은 알라는 아브라함과 이삭과 야곱이 숭배하는 신이 아니라고 생각한다. 몇몇 무슬림들은 (기독교의 유니테리언파[가]와 더불어) 삼위일체에 대한 믿음이 하나의 신만을 숭배해야 한다는 이슬람교의 교리와 어긋날까 우려한다. 그리고 그런 가능성 때문에 우리의 관심은 두 번째 종류의 불일치로 향한다.

물론 종교적 관행이 도덕적인 면에 무관심할 뿐만 아니라 현실적으로도 잘못인 경우도 있기 때문이다. 이 책의 독자들은 간통을 저지른 사람을 종교재판에 회부하는 것이 간통에 대한 적절한 대응이라고 생각하지 않을 것이며, 그들이 유죄 판결을 받았다고 하더라도 그들을 돌로 쳐서 죽이기 위해 군중을 동원해야 한다고 생각하지 않을 것이다. 독자들이나 나나 이런 식으로 사람을 돌로 쳐서 죽여야 한다는 생각만 해도 실로 온몸이 오싹해질 지경이다(많은 무슬림들도 분명 그럴 것이다). 그렇지만 오늘날 세계의

|가| 삼위일체론과 그리스도의 신성을 부정하며 신격의 단일성을 주장하는 기독교의 한 파.

많은 사람들은 이슬람의 율법(샤리아Sharī'ah)이 이러한 행위를 요구한다고 생각한다. 이런 경우 흔히 떠올릴 수 있는 여성 할례를 생각해 보자. 버턴은 할례가 아랍인과 동아프리카인 사이에서 만연해 있음을 상세히 기록했고(그들에 따르면, 여성의 성적 욕망은 남성보다 훨씬 더 크다), 이 할례는 오늘날까지도 여러 지역에서 널리 행해지고 있다. 그러나 우리는 대부분 할례에 동의하지 않는다. 이와 같은 불일치는 심지어 동일 사회 내부에서도 흔히 일어난다. 만약 낙태에 관해 곰곰이 생각한 끝에, 낙태가 도덕적으로 완전히 허용될 수 있다고 생각하는 사람이 있고, 낙태가 무고한 어린 생명을 죽이는 처사라고 생각하는 사람이 있다면, 전자는 후자에게 "좋아, 낙태해!"라고 말할 수는 없을 것이다.

이럴 때, 우리에게는 그와 같은 갈등을 속 시원히 조정하고 해결해 줄 방법이 담긴 규정집을 찾고 싶은 유혹이 생긴다. 그럴 경우 우리는 그런 규정집에 대해 우선 동의해야 할 것이다. 그런데 일단 동의했다고 하더라도, 그것을 현실에 적용하는 데는 동의하지 않는 일이 생길 수 있다(그 이유는 나중에 살펴볼 것이다). 그래서 오래전부터 매력적인 대안이 존재해 왔다. 우리가 그런 모든 사실에 동의한다고 할지라도, 나의 관점에서 나의 행위가 도덕적으로 적절한 것과 남의 관점에서 남의 행위가 도덕적으로 적절한 것은 서로 다른 것이다. 버턴은 39개의 언어를 완전히 습득할 정도로 다른 문화를 통찰할 수 있는 (물론 원주민과 똑같이 '토착화되고' 또다시 그렇게 할 수 있는) 능력을 가진 기인이었다. 그러나 사람들 대부분은 그런 능력이 없다. 사람들은 자신의 가치와는 완전히 다른 가치를 경험하는 일이 자주 생길 수 있다. 그래서 도덕과 관계된 문제가 생길 때는 단 하나의 진리라는 게 없을 것이다. 그런 경우에는 조각난 거울도 단 하나만 존재하지 않을 것이다. 수많은 거울이 있고, 수많은 도덕적 진리들이 있으며, 우리는 기껏해야 서로 다르다는 사실에 동의할 수 있을 뿐이다. 다시 버턴의 하지 압두의 어록을 상기해 보자.

선도 없으며, 악도 없도다.
이것들은 인간 의지의 변덕에 지나지 않을지니.

조각난 거울

그가 옳았던 것일까?

Chapter **2** | 실증주의에서 벗어나기
The Escape from Positivism

## 직업적 상대주의 ▟▟▟ Professional Relativism

문화인류학자들은 다른 문화에 열광하는 열성 팬들이다. 어쨌든 그것이 그네들의 일이니까. 그리 오래되지 않은 옛날, 세상 사람들이 라디오조차 듣지 못하고 마이클 잭슨이 네이멍구内蒙古의 대초원에서는 아직 유명해지지 않았으며 펠레가 콩고강의 강가에 알려지기 전, 유럽이나 북아메리카를 떠난 한 인류학자가 '백인'이 한 번도 등장하지 않은 지역을 찾아가게 되었다. 거기서 그는 완전히 미지의 사람들과 최초로 대면할 수 있었다. 바로 그 순간이 민족지학ethnography의 출발점이었다. 그곳의 신, 음식, 언어, 가족, 전쟁과 평화 예식, 농담, 그곳 사람들이 아이들에게 들려주는 이야기 등등 모든 것이 놀라울 정도로 매혹적이며 낯선 것이었다. 민족지학자들은 당연히 자신들을 당혹스럽게 만들었던 사람들을 이해하기 위해 우림이나 사막, 툰드라 지대 등에서 열병이나 동상과 싸우고 고독과 씨름하면서 오랜 나날을 보내고 힘든 밤들을 지새웠다. 그러고 나면, 한두 해 동안 '문명' 세계에서 잠시 사라졌던 그들은 다시 자신들의 세계로 돌아왔고, 그 새로운 지역의 문화가 자신들의 문화와 어울리는 방법에 관한 이야기를 가지고 그 이방인들을 설명하곤 했다(박물관 전시를 위한 조각물이나 도자기류, 또는 무기류도 함께 가져오곤 했다).

이 모든 것이 가치를 지니려면 그 이야기는 뉴스거리가 되어야 했다. 그래서 당연하게도, 민족지학자는 그 사람들이 우리네와 무척이나 비슷하다는 한 문장으로 요약된 보고서 한 장만 달랑

들고 돌아오지는 않았다. 물론 그들은 틀림없이 우리와 닮았다. 그들에게도 신, 음식, 언어, 춤, 음악, 조각, 의학, 가족생활, 의례, 농담, 동화 들이 있었다. 그들도 미소를 짓고 잠도 자고 섹스를 해 아이도 낳고 슬퍼서 울고 마침내는 죽었다. 그들은 완전한 이방인이었지만, 인류학자들은 같은 인간으로서 그들의 언어와 종교와 관습, 즉 그 사회의 모든 성인들이 20년 이상 생활하고 익혔던 것들을 한두 해 만에 숙달할 수 있었다. 그러한 유사성이 없었다면, 문화인류학이 어떻게 가능했겠는가?

이제, 다른 사람들에 대해 이러한 지적 호기심을 갖는 인류학자들은 세계시민주의자일 수밖에 없다고 생각할지도 모르겠다. 그러나 꼭 그렇지는 않다. 인류학자가 필연적으로 이방인들에 관하여 세계시민주의적 호기심을 공유하고 있긴 해도, 보편적인 도덕 관념이 존재한다는 것을 믿지 않는 인류학자들도 많고, 사람들에게 되도록이면 다른 사회의 삶에 개입하지 말라고 촉구하는 인류학자들도 많다. 설령 인류학자들이 우리에게 책임이 있다고 생각한다 해도, 그냥 그대로 내버려 두면 된다.

굳이 다른 사회에 개입해야 하는가라는 회의주의가 생겨나게 된 것은 순전히 역사적 경험에서 비롯된 것이다. 과거를 보면, 아무리 좋은 의도로 다른 사회에 개입했다 하더라도, 전통적인 삶의 방식이 더 좋게 개선되기보다는 오히려 훼손된 적이 많았다. 물론 대부분의 경우 좋은 의도에서 개입되지도 않았다. 페르시아, 마케도니아, 로마, 몽골, 훈족, 무굴, 오스만튀르크, 독일, 프랑스, 영국, 미국 등의 제국의 역사는 불행한 결과를 무수히 낳았다. 그러나 인류학자들이 회의주의를 취하게 된 데는 더욱 큰 이유가 있었다. '외부자'인 우리가 보기에는 어떤 사회의 결함이라고 생각하는 것도, 그 사회 사람들과 직접 부대끼며 살았던 민족지학자들에게는 오히려 사리에 맞는 것처럼 보일 수도 있기 때문이다. 결국 그 민족지학자는 '자신의' 사람들을 이해하기 시작했다. 그리고 "모든 사람을 이해하는 것이야말로 모든 사람을 용서하는 것이다"와 같은 오래된 격언에는 그 통찰의 정도만큼이나 많은 해악이 들어 있다 하더라도, 인간의 진정한 성향을 반영하고 있는 것이다. 즉 우리는 일단 다른 사람을 이해하기만 한다면 그들을 용서하는 경우가 많다. 결과적으로, 인류학자들은 외부의 개입들이 무지와 몰이해에서 비롯되는 경우가 많다는 것을 알게 되는 것 같다. 우리는 여성 할례를, 많은 인류학자들이 부르고 싶어 하는 대로 표현하자면 '여성 생식기 절단'을, 여성에게 충만한 성적 쾌감을 박탈하는 혐오스러운 관습이라고 생각한다. 인류학자들은 할례 의식을 고대하고 있는 젊은 여성들이 그런 의식이야말로 자신의 용기를 보여주는 것으로, 자신의 성기를 더욱 아름답게 하는 것으로 말한다는 것을 알고 있다. 그래서 인류학자들은 그 여성들이 섹스를 대단히 즐긴다고 주장한다. 우리 사회가 문신과 귀 뚫기(지금은 혀, 코, 배꼽까지 뚫는다)에서 남성의 포경수술, 코 성형, 유방 확대에 이르기까지 신체의 모든 물리적 변형을 조장하고 있으며 이런 각각의 관행에도 모든 신체 변형처럼 의학적 위험이 얼마씩은 있다고 주장한다. 인류학자들은 '흉터가 생기고, 감염으로 불임이 될 수 있으며, 치명적인 패혈증으로 발전

될 수 있는 위험'과 같은, 이른바 여성 생식기 절단과 관련된 의학적 위험이 몹시 과장되어 있음을 보여줄 것이다. 즉, 아마도 그런 위험들이 단지 친숙하지 않은 관행에 대한 극도의 불쾌감을 합리화한 것에 지나지 않음을 보여줄 것이다. 보통 사람들과는 달리, 인류학자들은 이방인들과 친하게 지내면서 자신들에게 있던 기존의 선입견에서 벗어났다고 생각한다. 그것도 부분적으로는 현지조사의 '지적 훈련'을 통해서다. 그리고 '옳다'나 '그르다'와 같은 말들이 특정한 관습이나 풍습, 문화와 관련해서만 의미가 있다고 생각하는 인류학자들이 많다.

물론 기본적으로 도덕적인 주장들이란 지역적 선호를 반영하는 데 지나지 않는다는 생각은 그 역사가 오래다. 헤로도토스의 『역사Historiae』 3권에서는 다음과 같은 내용을 접할 수 있다.

[다리우스Darius I, 재위 BC 522-486가] 페르시아의 왕이었을 때, 그는 우연히 자신을 알현하러 왔던 그리스인들을 불러 얼마만큼의 돈을 주면 죽은 아버지의 시체를 먹을 수 있겠느냐고 물은 적이 있었다. 그러자 그리스인들은 돈이 아무리 좋아도 그런 짓은 결코 하지 않는다고 답했다. 나중에, 다리우스는 이번에는 부모의 시체를 먹는 관습을 가진 칼라티아이Callatiae라 불리는 인도 부족을 불러 그 그리스인들을 입회시키고 통역관을 통해 서로 대화 내용이 이해될 수 있도록 조처한 다음, 무엇을 주면 부모의 시체를 화장하겠느냐고 칼라티아이인들에게 물었다. 그러자 그들은 공포의 비명을 내지르며 왕에게 그런 무시무시한 말을 삼가달라고 말했다. 관습의 힘이란

세계시민주의

이러한 것으로, 나는 핀다로스Pindaros, BC 518?~438?가 "관습이야말로 만물의 왕이다"라고 노래한 것이 실로 옳은 말이었다고 생각한다.[1]

톨스토이의 유작 『하지 무라드Khadzhi-Murat』1912는 하지무라트 Khadzhi-Murat, 1799?~1852라고 불리는 체첸 장군에 관한 것이다. 그는 한 러시아 장교에게 체첸인들의 전래 이야기 한 대목을 들려준다. "'개가 당나귀를 식사에 초대해서 고기 한 점을 주자, 당나귀는 개를 초대해서 건초 한 더미를 주었지. 그들은 모두 굶었어.' 그는 미소를 지으면서 말했다. '모든 사람들은 자기 자신의 관습이 좋다고 알고 있지.'"[2]

그리고 우리 자신의 혐오와 터부에 대해 곰곰이 살펴보려는 민족지학적 성향에는 확실히 유익한 점이 있다. 인류학자 윌리엄 섬너William G. Sumner, 1840~1910는 1906년 발표한 유명한 책 『습속론 Folkways』에서, 유럽인들이 식인 풍습을 혐오한다는 말에 당황해하면서 아마존 미라냐Miraña족의 추장에 대해 이야기한다. "그 모두가 습관의 문제일 뿐이다. 내가 적을 죽였을 때, 그냥 방치하는 것보다 먹는 것이 더 나은 것이다. 큰 사냥감은 바다거북처럼 알을 낳지 않기 때문에 귀하다. 먹히는 게 나쁜 게 아니라 죽는 게 나쁜 것이다."[3] '자민족중심주의ethnocentrism'라는 용어를 만들어 낸 학자이기도 한 섬너는 물론 식인 풍습을 권하지는 않았다. 그러나 '사람마다 취향이 다르다'는 추장의 이야기에는 완전히 공감했다.

이를 버턴의 허구적 인물 하지 압두의 말로 표현하면 이렇다.

나를 행복하게 하는 것을 나는 '선'이라고 부르며

내게 해악을 끼치는 것을 나는 '악'이라고 생각하네.

선악은 장소마다 다르고 종족마다 바뀌네.

그리고 정말 아주 짧은 시간 동안이지만

각각의 악덕은 미덕의 왕관을 쓰고 있었으며

그래서 모든 선은 죄악이나 범죄로 여겨져 금지되었네.

    그렇지만 문화인류학자들이 자주 동의하는 방법론인 현대의 상대주의는 오랜 회의주의의 전통을 훨씬 뛰어넘는다. 우리가 옳거나 그르다고 생각하는 것 대다수가 단순히 지역적 관습의 문제일 뿐이라는 끈질긴 혐의는, 현대에 이르러, 객관적인 도덕적 '진리' 담론마저도 개념적 오류일 뿐이라는 과학적 확실성으로 고착된다.

## 가치의 추방     The Exile of Value

현대 상대주의의 토대는 사실facts과 가치values를 분명하게 구분하는 과학적 세계관이다. 존 케인스John M. Keynes, 1883~1946는 이러한 구분을 상식이라고 주장하는 사람들이 단순히 낡은 이론에 빠져있다고 말하곤 했다. 지금은 사실과 가치의 이러한 구분이 상식일지는 몰라도, 지금에 이르기까지 이러한 구분을 뒷받침해 온 것은 적어도 초기 계몽주의까지 소급되는 철학적 이론이었다. 그 구분의 기원은 18세기 철학자 흄에 두고 있다. 앞 장에서 인간 사회의 다양성에 대한 흄의 세계시민주의적 관점에 대해 언급한 적이 있다. 나는 흄이 사실과 가치의 구분을 지지했다(또는 실제로 그것을 창안했다)는 사실을 의심하지만, 공교롭게도 바로 이와 매우 비슷한 견해가 20세기에 논리실증주의라고 불리는 철학사조가 절정에 이르렀을 때 확실히 유행했다. 그래서 나는 사실과 가치를 구분하는 이론을 '실증주의'라고 부를 것이다. 물론 전체적인 이론을 개괄적으로 설명할 필요가 있겠지만, 여기서는 단순화해서 최종적 입장, 곧 실증주의적 견해를 살펴보겠다.

　하나의 철학적 입장을 묘사하기란 결코 쉽지 않으며, 특히 그러한 입장을 자신의 것이라고 주장하는 사람들을 만족시키기란 더더욱 어렵다. 그래서 나는 아무리 영향력이 있었다 하더라도 특정 철학자의 견해를 특징짓기보다는 서구에서 지난 몇 세기 동안 많은 철학자들이 발전시킨 세계상을 분명하게 특징지으려고 한다. 그런 세계상은 오늘날 교양 있는 상식인들에게 너무 깊숙이 침투되었기 때문에, 그것이 하나의 해석에 지나지 않으며 결코 자명한 진리가 아니라는 사실을 설득시키기가 어렵다. 물론 그런 세계상이 우리의 세계 이해에 방해가 되지 않는다면 그것은 별 문제가 되지 않을 것이다. 그러나 우리가 앞으로 살펴보겠지만, 실증주의적 세계상은 우리가 세계를 이해하는 데 방해가 될 수 '있다'. 특히 이런 세계상은 사람들로 하여 비교문화적 이해를 가로막는 장애물들을 과대평가하고 다른 것들은 과소평가하게 만들 때 세계시민주의적 기획에 방해가 된다.

실증주의에 의하면, 사람들의 행위는 근본적으로 다른 두 가지 심리 상태에 따라 이루어진다. 첫째 '믿음beliefs'은 세계가 존재하는 방식을 반영한다. 반면, '욕망desires'은 세계가 그렇게 존재했으면 하고 우리가 염원하는 방식을 반영한다. 철학자 엘리자베스 앤스컴Elizabeth Anscombe, 1919~2001이 말했듯이, 믿음과 욕망은 "합치의 방향"이 서로 다르다. 믿음은 세계에 합치되도록 돼 있는 반면, 세계는 욕망에 합치되게 돼 있다. 그래서 믿음은 참이거나 거짓일 수 있고 타당하거나 부당한 것일 수 있는 반면, 욕망은 참, 거짓이 아니라 만족되거나 만족되지 않는 것이다.

세계시민주의

믿음은 증거에 기초해서 형성된다고 가정된다. 그래서 어떤 증거에 기초해서 믿는 것이 합리적인지 규정해 주는 추론 원리가 있는 것이다. 욕망은 바로 우리에 대한 사실이다. 이전의 철학적 언어에서라면, 정말로 이러한 욕망은 라틴어에 어원을 둔 '정념passions'이라는 말로 불렸을 것이다. 정념은 사람들이 겪거나 견뎌내야 하는 어떤 것을 의미하는 말이다(이런 의미는 '그리스도의 수난Passion'을 얘기할 때처럼 지금도 여전히 쓰이고 있다). 정념은 단지 우리에게 일어나는 어떤 것이기 때문에, 어느 것이 옳은지를 결정해 주는 증거 같은 것이 없다. 사실, 모든 욕망은 단지 취향의 문제와 같다. 흔히 말하듯이, 모든 사람들의 입맛에 맞는 이야기는 없다. 우리가 행위할 때, 우리는 우리가 욕망하는 것을 획득하는 방법을 알아내기 위해, 세계에 관한 우리의 믿음을 이용한다. 흄이 말해서 유명해지긴 했지만, 이성은 "정념의 노예the slave of the passions|가|"다. 우리의 정념이 사과를 원한다면, 믿음이 사과

가 있다고 알려주는 곳으로 우리는 간다. 그리고 찾고 있는 사과를 찾아가자마자, 우리는 우리의 믿음이 올바른지 아닌지를 곧 알게 될 것이다.

믿음이 세계에 관한 것이고 세계는 유일무이한 것이기 때문에, 믿음은 옳을 수도 그를 수도 있으며, 나아가 우리는 다른 사람의 믿음을 비합리적이거나 단순히 거짓이라는 이유로 비판할 수도 있다. 그러나 욕망은 이러한 의미에서 옳거나 그를 수 없다. 욕망은 단순히 세계에 대한 반응이 아니다. 욕망의 목적은 세계가 어떠한지를 반영하는 것이 아니라 세계를 변화시키는 데 있다.

이 이야기에는 의외로 복잡한 면이 있다. 왜냐하면 우리가 일상적으로 욕망하는 대부분의 대상에는, 말하자면 욕망의 조건인 믿음이 있기 때문이다. 다른 이들과 마찬가지로 나는 돈을 원한다. 그러나 단지 돈으로 무엇을 구입할 수 있을 때만 그렇다. 만

|가| 흄은 도덕적 신념이 우리의 '이성'이 아니라 '정념'에서 나온다고 주장했다. 도덕적 신념은 우리가 느끼는 감정이나 정서를 표현한 것일 뿐, 이성처럼 어떤 객관성을 지니는 것은 아니라는 것이다. 흄은 정념보다 이성이 우위를 차지한다는 주장을 반박하기 위해 두 가지 논거를 제시했다. 첫째, 이성만으로는 어떤 의지의 동기도 생겨날 수 없으며, 둘째 이성은 의지의 방향을 결정하는 과정에서 정념과 상반될 수 없다는 것이다. 즉 이성만으로 어떤 행위를 하도록 만들 수 없다는 것이다. 만약 어떤 사람이 운동을 한다면 그 이유는 운동을 하면 건강해진다는 이성에 의해서가 아니라 운동을 함으로써 질병을 피하고 건강을 얻고 싶어 하는 정념의 작용 때문이라는 것이다. 따라서 이성이 우리에게 '만약 ▢▢하면 ▢▢하게 된다'는 지식을 제공한다 하더라도 그것이 어떤 행동을 하도록 이끄는 동기를 제공하는 것은 아니며, 오히려 무엇에 대해 욕구하거나 혐오하는 정념만이 우리의 의지에 관여해 어떤 행위를 하도록 이끄는 동기를 제공하는 것이다. 마찬가지로 경험하거나 또는 그런 경험을 통해 얻은 정보는 그것이 우리에게 쾌락을 주는지 고통을 주는지만 알려줄 뿐, 정작 우리가 어떤 행동을 하도록 하는 요인은 그러한 정보들이 우리에게 불러일으키는 정서적인 반응, 즉 정념이다. 따라서 이성은 인간의 행위에 대해서도 결정적인 역할을 하지 못한다. 이성은 다만 우리에게 목적에 대한 수단을 가르쳐줄 뿐이다. 흄에게 도덕적 바탕은 이성적 법칙이 아니라 도덕 감정이다. 즉 일상생활에서는 우리의 감정이나 정념이 이성에 대해 우위를 갖는 것이다. 흄은 이성은 정념의 노예이며, 오로지 노예여야 하며, 정념에 종사하고 복종하는 것 외에는 다른 어떤 직분도 가질 수 없다고 주장한다.

약 내가 돈으로 원하는 물건을 가질 수 있을 것이라고 믿지 않는다면, 나는 돈을 더 이상 원치 않을 것이다. 그래서 돈에 대한 나의 욕망(나는 욕망을 정념으로는 부르지 않을 것이다. 그래도 괜찮다면 말이다)은 '조건적'이다. 만약 내가 돈으로 사랑을 구할 수 없을 뿐더러(나는 비틀스 콘서트에 처음 갔을 때부터 이것을 깨달았다) 어떤 것도 전혀 구할 수 없다는 것을 알아차렸다면 (그 알아차림이 어떤 계시에 따라 이루어진 것이라 하더라도) 돈에 대한 나의 욕망도 사라질 것이다. 이와 같이 조건적인 욕망은 근원적인 믿음을 비판함으로써 합리적으로 비판될 수 있다. 나는 사과를 원한다. 그런데 당신은 내가 사과 알레르기가 있기 때문에 사과가 내 건강을 해칠 것이라고 말한다. 그러나 나는 맛있는 사과를 먹을 수만 있다면 건강에 좀 해롭더라도 신경 쓰지 않겠다고 말한다. 당신은 이 사과는 별로 맛이 없다고 말한다. 나는 정말로 맛있는 것을 찾아달라고 말한다. 당신은 그런 맛을 지닌 바로 그 사과가 나를 죽일 것이라고 말한다. 그렇다면 그렇게 되겠다라고 나는 말한다. 그런 맛은 나를 죽일 만한 가치가 있을 것이다. 나는 행복하게 죽을 것이다. 이것은 마치 세상의 어떤 것도 그런 맛을 원하는 나의 욕망을 막을 수 없는 것처럼 보인다. 실증주의적 해석에 따르면, 욕망을 비판하는 것은 욕망이 전제하고 있는 믿음을 비판함으로써만이 가능하다. 욕망의 내용에서 조건적 요소를 일단 제거하게 되면 '기본적 욕망basic desires'이라고 부르는 것에 이르게 된다. 기본적 욕망은 세계의 존재 방식에 관해 어떤 가정에도 의존하지 않기 때문에, 세상을 잘못 이해한다는 이유로 욕망을 비판할 수

세계시민주의

는 없다. 그래도 근본적인 문제는 남는다.

흄 자신은 한 유명한 구절에서 사물이 존재하는 방식에 관한 판단과 사물이 존재해야 하는 방식에 관한 판단을 구분했다. 당연히, 규범적 판단은 우리가 생각해야 하고 행위해야 하며 느껴야 하는 것에 속한다. 실증주의적인 해석은 대개 흄의 것으로 여겨지는데, 이는 '존재is'와 '당위ought' 간의 구분이 "결정적으로 중요하다"고 흄이 주장한 데서 부분적으로 기인한다. 욕망과 마찬가지로 당위는 본질적으로 행위 지침이지만, 존재는 그렇지 않다. 그래서 친숙한 문구로 표현하면 "존재로부터 당위를 이끌어 낼 수 없다". 대개 사람들은 존재로부터 당위로 이행하고 싶어 하기 때문에, 이러한 이행은 철학자들이 잘못되었다고 생각하는 다른 많은 이행들처럼 비난 섞인 이름을 갖게 되었다. 이런 이행을 '자연주의적 오류naturalistic fallacy'라고 부른다.

행위에서 믿음이 작동하는 방식과 욕망이 작동하는 방식 간의 구분은 인간의 활동 방식을 해석하는 열쇠가 된다. 욕망은, 보다 정확히 기본적 욕망은 우리가 지향하는 목적을 설정한다. 믿음은 목적을 달성하기 위한 수단을 구체화한다. 이러한 욕망은 그르거나 옳은 것이 될 수 없기 때문에 우리는 목적이 아니라 목적 달성을 위해 채택되는 수단만을 비판할 수 있다. 결국, 실증주의자는 믿음이 목표로 삼는 진리를 사실과 동일시한다. 만약 우리가 어떤 것을 믿고 그 믿음이 참이라면, 그것은 세계의 사실들 중의 하나가 옳다는 것을 의미한다.

실증주의적 견해에서 사실의 본질이 그러한 것이라면, 도대체

가치란 무엇인가? 엄밀히 말해, 실증주의자는 어떠한 가치도 존재하지 않는다고 생각한다. 적어도 세계에는 존재하지 않는다. 전기前期의 루트비히 비트겐슈타인Ludwig Wittgenstein, 1889~1951이 한 말에 따르면, "세계란 사실들의 총체"인 것이다. 어쨌든 여러분은 세계에서 가치를 본 적이 있는가? 철학자 존 매키John L. Mackie, 1917~1981가 주장했듯이, 가치란 설령 그것이 어떻게든 존재한다고 하더라도 매우 낯선 실체일 것이다(매키는 "기이하다queer"이란 단어를 사용했으며, 세계 속에는 실제로 어떤 가치도 없다는 자신의 논증을 "기이함으로부터의 논증argument from queerness"이라고 불렀다). 세계 속에서 우리는 사물의 존재를 믿을 수밖에 없다. 설령 우리가 믿지 않더라도, 사물은 어떤 식으로든 우리와 부딪칠 것이기 때문에, 즉 우리에게 개입하기 때문이다. 그러나 실재는 우리에게 어떠한 것도 욕망하게 할 수 없다. 결국 그렇다면 어떤 기본적 욕망의 옳고 그름을 도대체 어디에서 찾을 수 있겠는가? 어떠한 과학이 그것을 증명해 낼 것인가? 과학은 우리가 어떤 것을 욕구하는 이유를 설명할 수는 있어도, 어떤 것을 욕구해야 한다거나 욕구해서는 안 된다거나 하는 것을 설명해 주지는 못한다.

그렇다면 가치 이야기는 실제로는 특정 욕망에 관해 이야기하는 것이다. 그렇다면 어떤 욕망인가? 우리가 대화에서 보편적 가치(예술이나 민주주의, 또는 철학의 가치)라고 생각되는 것에 호소할 때, 우리는 사실 '모든 사람들이 원하기를 바라는 것'에 관해 이야기하는 것이다. 만약 예술품 전시가 가치 있는 것이라면, 대체로 우리는 모든 사람들이 관람하고 싶어 하기를 바랄 것이다. 만약 민주주의가 가치 있는 것이라고 말한다면, 대체로 우리는 모든 사람들이 민주주의 체제 속에서 살고 싶어 하기를 바랄 것이다. 우리는 일반적인 형식으로 다음과 같이 말할 것이다. 즉, 모든 사람들이 X를 원하기를 바라는 사람은 X가 "가치 있다고 믿는"다. 그러나 그것은 여전히 실제로 복합적인 욕망에 관해 말하는 방식이다. 다시 말해, 몇몇 가치들은 어떤 사실들 덕분에 존재한다. 나는 모든 사람들이 더 안전하기를 염원했기 때문에 천연두에 대한 만능 백신의 가치를 높이 평가할 수 있었지만, 그러나 천연두가 퇴치되었다는 것을 배우자마자 나는 백신의 '가치'를 포기할 수 있었다. 그러나 만약 가치가 무조건적인 욕망을 반영한다면, 이러한 기본적 욕망이 비판될 수 없기 때문에 가치들도 역시 비판될 수 없다. 나는 친절이라는 가치를 높이 평가한다. 나는 친절하기를 원한다. 나는 내가 친절하기를 원하기를 원한다. 나는 사람들 모두가 친절하기를 원하기를 원한다. 사실상, 나는 모든 사람들이 친절하기를 원하기를 '다른 사람들'도 원하기를 원한다. 그러나 나는 이러한 것을 원하지 않는다. 왜냐하면 이 모든 친절이 결국 다른 어떤 것이 될 것이라고 믿기 때문이다. 그렇지만 나는 친절의 가치를 본질적으로, 무조건적으로 높이 평가한다. 누군가가 어떤 친절한 행위가 내가 원치 않는 결과를 낳을 수도 있다는 것을 내게 보여준다 하더라도, 그것 때문에 나는 가치로서의 친절을 포기하지는 않을 것이다. 그것은 다만 친절이 때때로 내가 염려하는 다른 것과 갈등을 일으킬 수 있다는 사실을 내게 보여줄 뿐이다.

아마도 모든 사람들이 가지고 있는, 이와 같은 기본적 욕망들이 있을 것이다. 따라서 모든 사람들이 높이 평가하는 가치들이 있다고 밝혀질지 모른다. 그런 가치들은 '경험적으로 판단컨대' 보편적이라고 할 수 있을 것이다. 그럼에도 실증주의적 견해에 의하면, 그런 가치들이 올바르다는 것을 확립시켜 주는 합리적 토대는 전혀 없다.

만약 이 모든 것이 적어도 지난 두 세기 반 동안 서구에서, 개략적으로 보았을 때 하나의 근사한 철학적 설명 방식이었다는 것을 납득한다면, 그리고 매우 큰 영향력을 가지고 있었다는 것을 납득한다면, 이런 식의 사유에서 나오는 수많은 결과들이 인식 가능한 우리의 상식이 되었다는 점을 알게 될 것이다. 사실들이 있으면 가치들도 있다. 체크![가] 가치들과 달리, 사실들(이것은 믿음을 참이나 거짓으로 만든다)은 세계 내에 존재하는 자연적인 요소들, 즉 과학자들이 연구할 수 있고 우리가 우리의 감각으로 설명할 수 있는 것들이다. 체크! 그래서 만약 다른 곳에 있는 사람들이 여기에 있는 사람들과는 다른 기본적 욕망을 지니고 있다면, 그래서 다른 가치를 가지고 있다면, 우리는 그것을 합리적으로 비판할 수 없다. 이성에 아무리 호소해 봐도 그런 가치는 바로잡을 수 없다. 체크! 그리고 이성에 호소해도 바로잡을 수 없다면, 그들의 마음을 변화시키려는 시도는 이성과는 다른 것, 말하자면

세계시민주의

|가| 사실과 가치를 분리하게 되면 결국 가치의 옳고 그름을 평가할 수 없는 상대주의의 난점을 낳고 된다는 사실을 체스에 비유하고 있다. 체스에서, 바로 다음 차례에 상대편의 왕을 잡을 수 있을 때 '체크'를 외친다. 상대편이 왕을 살릴 수 있는 수를 내지 못하는 경우에는 '체크메이트'를 외치고 게임에 승리하게 된다. '체크'와 '체크메이트'는 장기의 '장군'과 '외통장군'에 비유할 수 있다.

비이성적인 것에 호소해야 한다는 것을 의미한다. 그렇다면 상대주의는 근본적인 가치들에 관해 어떤 대안도 없는 것처럼 보인다. 체크메이트!

이러한 추론이 얼마나 합당하게 생각될지 모르겠다. 그러나 이는 다른 문화에 살고 있는 수많은 학생들의 상상력을 사로잡았다. 그래서 위대한 인류학자 멜빌 허스코비츠Melville J. Herskovits, 1895~1963는 다음과 같이 썼다. "여러 문화들을 관통하는 판단들을 이끌어내는 것은 일정한 조작을 하지 않고서는 불가능하다."[4] 그렇지만 이 말의 의미는 우리들 대부분이 믿고 있는 것과 일치하지 않는다. '가학자Tormentor'[나], 즉 자신처럼 모든 이들도 무고한 이들에게 고통을 주고 싶어 하기를 바라는 '가학자'라면 무의미한 고통을 주는 일이 가치 있다고 생각할지 모른다. 우리는 또한 그가 틀렸다고 말하고 싶을 것이다. 이 '가학자'의 판단이 그의 욕망을 반영하듯이, 우리의 판단이 '단지' 우리의 욕망을 반영하기만 할 뿐이라는 실증주의적 견해에 만족하는가?

## 실증주의의 문제들 Positivist Problems

실증주의 비판가들은 이러한 이의 제기에 반응하며 다양한 움직임을 보여왔다. 그중 하나가, 말하자면 계속해서 공세를 취하는

---

[나] 특정의 인물을 지칭하는 것이 아니라 무고한 이들에게 고통이 유발되기를 원하는 부류의 사람들을 가리켜 'Tormentor'라고 한 것이다.

방법이다. 우리가 지시할 수 없는 많은 사실들이 있으며, 증거를 댈 수 없는 많은 믿음들(시각, 청각, 미각, 후각, 촉각과 같은 감각경험에서 얻은 믿음들)이 있다. 만약 모든 참된 믿음이 각각 하나의 사실과 대응한다고 해보자. 하나 더하기 하나는 둘이 된다는 것은 사실이 아닌가? '그러한' 사실은 정확히 어디에 있는가? '결혼한 총각'이 있을 수 없다고 한다면 그 '증거'는 무엇인가? 결혼하지 않은 총각을 아무리 많이 찾아낸다 해도, 그게 결혼한 총각이 있을 수 없다는 것을 보여주지는 못할 것이다. 내가 아는 한, 자줏빛과 황금빛이 나는 57개의 솔방울이 열린 소나무를 본 사람은 아무도 없을 것이다. 그럼에도 그러한 소나무가 하나도 있을 수 없다고는 아무도 생각지 않는다. 그 문제에 관해서는, 소크라테스가 주장했듯이, 모든 사람이 죽는다는 사실을 누가 부정할 수 있겠는가? 그렇다면 그러한 사실은 어디에 있는가?

요컨대, 실증주의적 해석은 하나의 믿음을 너무 성급하게 일반화하는 경향이 있다. 물론 그런 믿음은 우리가 보고, 듣고, 냄새 맡고, 맛보고, 만질 수 있는 특수하고 구체적인 사물들의 속성에 관한 믿음들이다. 보편자(모든 인간), 가능태와 불가능태(결혼한 총각), 추상적 대상(숫자 2)에 관한 믿음에 대해 우리는 무엇을 말할 수 있는가? 실증주의자는, 우리가 "그 사실은 어디에 있는가?"라는 질문에 대답할 수 없다면, 또는 "나에게 증거를 보여주시오"라는 요구를 충족시킬 수 없다면, 곧 그런 주제에 관해서는 어떤 참된 믿음도 있을 수 없다는 것을 시사하는 듯하다. 실증주의자는 모든 참된 믿음이 '외적' 세계의 사실과 대응한다고 주장한다. 그러나 그럴 경우 우리는 가치뿐 아니라 가능태, 수, 보편적 진리, 그리고 그 이상의 것들에 대한 믿음을 포기해야 할 것이다. 어쩌면 세계 전체를 남김 없이 포기해야 할지 모른다. 처음엔 그럴듯하게 들렸던 실증주의 이론은 이제 매우 값비싼 대가를 치러야 하는 것처럼 보인다. 이는 실증주의자들에겐 수와 보편자와 가능태에 관한 이론이 없다고 말하는 게 아니다. 일단 서로 다른 종류의 진리에 대해 수많은 다른 이야기들이 있다는 것을 파악하게 되면, 관찰 가능한 사실이 곧바로 진리라는 실증주의적 생각은 그렇게 명백하지 않다.

실증주의자에게는 근본적인 난제가 또 하나 있다. 실증주의자는 믿음과 행위를 비이성적인 것이라고 비판할 수 있다고 생각한다. 좋다. 그렇다면 믿음과 행위가 비이성적이라는 것은 하나의 '사실'인가? 만약 그렇다면, 우리는 무고한 사람에게 고통을 주는 것이 잘못되었다고 주장할 때 실증주의자가 우리에게 질문했던 방식으로 '그러한' 사실에 관해서도 되물을 수는 없는가? 사실이라고 말하는 그것은 어디에 있는가? 예를 들어, 초록으로 보이는 것을 실제로 빨강이라고 믿는 것이 비이성적이라는 '사실'은 어디에 있는가? 그리고 어떤 것이 빨강처럼 보일 때 초록이라고 믿는 것이 비이성적이라는 주장은 어떤 증거에 의해 뒷받침되는가? 빨강처럼 보이는 것을 초록이라 믿는 게 이성적이라고 생각하는 이들에게 빨강처럼 보이는 것을 보여주고 그것이 빨강이라고 주장한다고 해도 그들을 설득하기는 어려울 것이다. 실증주의가 우리에게 제기하는 질문들과 마찬가지로, 이러한 질문들은 실증주의자에게도 어려운 것처럼 보인다.

다른 한편, 만일 어떤 믿음이 비이성적이라는 것이 '사실'이 아니라고 한다면, 아마도 그것은 '가치'일 것이다(실증주의자에게는 이것이 선택할 수 있는 유일한 옵션이다). 말하자면, "초록으로 보이는 것이 빨강이라고 믿는 것은 비이성적이다"는 말은 단지 초록으로 보이는 것이 빨강이라고 생각하지 않기를 모든 사람들도 원하기를 우리가 바란다는 것을 의미한다. 그리고 그것이 기본적인 가치라면, 그것은 비판적으로 평가될 수 없다. 실증주의자는 이처럼 터무니없는 발언을 하는 사람에게 어떤 합리적 반론도 하지 못한다. 그러나 확실히 빨강처럼 보이는 것을 초록이라고 생각하는 사람들은 단지 '전혀 다른 생활양식'을 그 자체의 가치로 추구하려는 게 아니다. 그들은 비합리적인 것이며, 그런 식으로 생각해서는 안 되는 것이다.

우리 자신의 가치를 위해 다른 사회에 개입해서는 안 된다는 상대주의의 권고와 실증주의의 신조 사이에는 어떤 단절이 있다. 실증주의의 설명에 따르면, 우리가 어떤 것의 가치를 높이 평가하는 것은 대체로 모든 사람들도 그것을 원하기를 우리가 바라기 때문이다. 그리고 그런 경우라면, 가치란 어떤 의미에서 자연히 제국주의적이다. 실증주의의 토대 위에서 다른 문화에 대한 관용을 주장하는 것은 자기모순인 것처럼 보인다. 기본적인 가치 선택을 위한 어떤 합리적 논증도 없다는 관점을 토대로 한다면, 다른 사람의 기본 가치 선택이 허용돼야 한다는 생각이 얼마나 합리적일 수 있겠는가? 실증주의는 다른 문화에 개입할 동기도 주지 않지만, 또한 개입하지 말아야 할 동기도 주지 않는다(사람들은 식민지 시대 인도에서 전해오는 옛 이야기를 떠올릴지도 모른다. 사티sati[가]를 근절하려고 했던 영국 관리는 한 인도 남성에게서 다음과 같은 말을 들었다. "남편을 화장한 장작더미에 아내를 화장하는 것은 우리의 풍습입니다." 그 말에 대해 그 관리는 다음과 같이 대답했다. "그렇다면 살인자를 처형하는 것은 우리의 풍습입니다").

판단이 '주관적'이라는 것은 두 가지 다른 의미로 사용될 수 있는데, 일부 상대주의자들은 그 두 의미를 혼동했다. 도덕 판단이 욕망을 표현한다는 입장은 한편으로 그러한 판단이 주관적이라는 것을 의미한다. 사람이 어떤 판단에 동의하느냐 하는 문제는 그 사람이 어떤 욕망을 가지고 있는지, 즉 개인적인 특징이 무엇인지에 달려 있다. 그러나 이런 의미에서는 사실 판단도 또한 주관적이다. 어떤 판단을 받아들이느냐 하는 문제는 그 자신이 어떤 믿음을 가지고 있는지, 즉 이 역시 그 사람의 개인적 특징에 달려 있다. 그러므로 이런 면에서 믿음이 주관적이라는 사실로부터, 우리가 마음대로 판단할 '자격이 있다'고 의미될 정도로 믿음이 주관적이라는 것은 도출되지 않는다. 실로, 전자의 주장에서부터 후자의 주장으로 나아가는 것은, 흄의 이맛살을 찌푸리게 했던, '존재'로부터 '당위'로 이행하는 것이다. 이는 자연주의적 오류를 범하는 것이다. 그래서 실증주의적 견해를 따를 때조차도, 가치 판단의 주관성으로부터는 관용을 옹호할 길이 없는 것

상대주의에서 벗어나기

___

[가] "남편이 죽으면 아내도 따라 죽어야 한다"는 인도의 옛 풍습. 아직까지도 시골의 작은 마을에선 이 풍습을 행하고 있어 인도 당국이 사티금지법을 더욱 강화하고 있는 추세다.

이다. 관용은 단지 또 다른 가치일 뿐이다.


## 가치의 회복 ▇▇▇ Values Reclaimed


실증주의적 가치관의 대안은 무엇인가? 우리는 가치에 따라 행위하고, 사고하고, 감정을 느낀다. 우리는 이런 식으로 가치에 '반응'한다. 우리는 위대한 예술작품의 가치를 잘 알고 있기 때문에 박물관에도 가고 연주회에도 가고 책도 읽는다. 공손함의 가치를 알고 있기 때문에 무례를 범하지 않도록 각 사회의 관습을 이해하려고 하며, 우리를 인도하는 가치에 반응하기 때문에 행하고자 하는 대로 행위한다. 마찬가지로 가치는 사고와 감정을 형성한다. 우리가 인식하는 진리와 이성과 가치는 우리의 믿음을 형성한다(그러나 유감스럽게도 결정하지는 못한다). 우리는 세계시민주의적인 본능을 가지고서 우아한 언어적 표현의 가치에 반응하기 때문에, 아칸Akan족<sup>가</sup>의 속담, 오스카 와일드Oscar Wilde, 1854~1900의 연극, 마쓰오 바쇼松尾芭蕉, 1644~1694의 하이쿠俳句<sup>나</sup>, 니체의 철학에서 즐거움을 누린다. '위트'를 존중하는 마음은 우리가 이런 작품들을 즐기게 만들 뿐 아니라 작품에 대한 우리의 반응도 형성한다. 이와 마찬가지로, 친절의 가치를 존중하는 사람은 친절한 사람을 찬양할 것이며, 분별없는 사람을 보면 분노할 것이다. 가령

---

|가| 아프리카 서안의 기니만에 사는 약 900만 명의 사람들.

|나| 5·7·5의 3구 17자로 된 일본 특유의 단시短詩.

세계시민주의

친절을 보편적 가치로 생각하는 사람은 다른 모든 사람들도 친절하기를 원하길 바라는 게 사실이다. 그리고 다른 모든 사람들도 자신에게 동의하기를 바랄 것이므로, 모든 이들이 친절하기를 모든 사람들이 원하는 것을 다른 모든 사람들도 원하기를 바랄 것이다. 그러나 실증주의자는 아마 정확히 반대로 이야기할 것이다. 아마도 우리는 "친절의 가치를 인정하고 있기 때문에" 사람들이 서로 친절하기를 원하기를 바란다. 우리는 사람들이 우리의 의견에 동의하기를 바란다. 왜냐하면 우리의 의견에 동의하는 사람들은 친절할 것이고 다른 사람에게 친절을 권장할 것이기 때문이다. 우리가 보편적 가치, 즉 인간의 기본 가치라고 주장하는 것 모두에 대해서도 마찬가지다. 우리가 보편적인 가치를 가치 있게 생각하는 이유는 다음과 같다. 즉 모든 사람에게는 어떤 특정한 상황에서 특정한 일을 행하고 생각하고 느낄 좋은 이유가 있으며 따라서 이러한 행위와 생각과 느낌을 서로에게 장려할 이유가 있다고 우리가 판단하기 때문이다.

실제로, 사람들은 친절이 좋다는 것을 어떻게 배우는가? 친절한 대우를 받아보고서 다른 사람도 그렇게 대우받길 원한다는 것을 알게 됨으로써 배우게 되는가? 아니면 잔인한 대우를 받고서 그런 대우를 끔찍하게 여김으로써 친절이 좋다는 것을 배우게 되는가? 이런 식으로 배우는 것은 옳지는 않은 듯하다. 친절은 먼저 먹어보고 맛이 있는지 없는지 판단하는 초콜릿과 같은 것이 아니다. 오히려, 친절이 좋다는 생각은 바로 그 개념의 일부인 것처럼 보인다. 친절이 무엇인지 배우는 것은 무엇보다도 그것이 좋다는 것을 배우는 것이다. 친절함은 좋다거나 잔인함은 나쁘다는 것을 부정하는 사람이 있다면, 우리는 그 사람이 친절의 원래 의미를 실제로 이해하지 못한 것은 아닌지 의심할 것이다. 친절이라는 개념 그 자체는 가치를 담고 있으며, 따라서 행위 지침이 된다.

실증주의자는 잔인함이 좋다고 생각하는 사람들을 어떻게 다룰 것인지 틀림없이 물어볼 것이다. 나는 빨간 것이 초록색이라고 생각하는 사람들을 다루듯이 이 문제를 다루어야 한다고 생각한다. 진정으로 잔인한 것이 좋다고 생각하는 '가학자'를 만났을 때, 실증주의자는 우리에게도 있는 바로 그 옵션을 가진다. 즉, '가학자'의 생각을 바꾸어라. 고통을 주지 못하게 하라. 우리로부터 격리시켜라.

이와 같은 근본적인 불일치는 실제로 그리 흔한 것은 아니다. 아무 죄도 없는 평범한 사람을 잔인하게 대하는 것을 진정으로 좋다고 생각하는 사람을 우리는 결코 만나지 못했을 것이다. 동물은 잔인하게 대해도 괜찮다고 생각하는 사람도 있다. 사악한 사람에게 잔인함을 보여주는 것이 더 좋다는 사람도 있다. 또는 자신의 행위가 잔인하다는 것을 깨닫지 못하는 사람도 있다. 그리고 여러 가지 사정을 고려할 경우 잔인성이 정당화될 수도 있다고 생각하는 사람도 있다. 많은 사람들은 테러리스트의 음모를 사전에 적발하기 위해서는 고문이 필요'악惡'일 수도 있다고 생각한다. 그렇다고 해도 필요악으로서의 고문은 정확히 더 나은 선善을 위해서 행해지는 나쁜 일일 뿐이다. 물론 이런 식으로 특정의 잔인한 행위를 옹호하는 것은, 가능하다면 잔인성을 회피해야 한다는 것을 이미 우리가 인식하고 있음을 의미한다.

그러나 실증주의가 안고 있는 가장 심각한 문제는 그 결론에 있는 것이 아니라 그 출발점에 있다. 나는 만약 실증주의자의 이야기를 신뢰할 만한 것으로 만들 수 있다면 그렇게 해야 한다고 생각했다. 그래서 나는 자신의 믿음과 욕망에 따라 행위하는 개인에서 출발했다. 거기에서 출발했다면, 그런 한 개인으로서 내가 가치 있다고 생각하는 것이 무엇인지를 설명해야 한다. 그러나 가치들이 어떻게 작용하는가를 이해하기 위해서는, 개인으로서의 우리를 이끄는 것이라고 가치들을 파악할 게 아니라, 자신의 삶을 다른 이들과 공유하려고 하는 사람들을 이끄는 것이라고 가치들을 파악해야 한다.

철학자 힐러리 퍼트넘Hilary W. Putnam, 1926~은 "의미란 머릿속에 있는 게 아니다"라는 유명한 주장을 했다. 우리는 개인적으로 느릅나무가 너도밤나무에서 나왔다는 것을 모른다 하더라도 느릅나무를 이야기할 수는 있다. 또 원자핵을 도는 전자가 무엇인지를 잘 설명할 수 없다고 하더라도 전자에 관해서 말할 수는 있다. 우리가 이런 단어들을 사용할 수 있는 이유, 더 나아가 이런 단어들로 어떤 것을 '의미' 할 수 있는 이유는, 우리의 언어 공동체 속에서 다른 사람들도 해당 전문지식을 습득하고 있기 때문이다. 전자기학의 전문가인 물리학자들이 있으며, 느릅나무에 관한 모든 것을 알고 있는 식물학자들이 있다. 우리가 이와 같은 사실적인 용어를 사용할 수 있는 것은 이런 사회적 환경에 좌우된다. 즉 우리가 의미하고자 하는 것이 단지 우리 머릿속에 있는 것만으로 이루어지지는 않는 것이다.

우리는 도덕적인 언어를 고립된 개인의 소유물로 생각할 때도 이와 비슷한 우를 범한다. 만약 의미가 머릿속에 있지 않다면 도덕도 마찬가지로 머릿속에 있지 않다. 친절함이나 잔인함의 개념은 일종의 사회적 합의를 함축한다. 친절함은 나쁘며 잔인함은 좋은 것임을 개인이 결정할 수 있다고 생각하는 사람은 루이스 캐럴Lewis Carroll, 1832~1898의 〈거울 나라의 앨리스Through the Looking-Glass, and What Alice Found There〉1871에 나오는 험프티덤프티Humpty-Dumpty|가|처럼 행동하고 있는 것이다. 험프티덤프티에게 단어란 "내가 그 의미를 선택하기로 한 것만을 의미할 뿐, 그 이상도 그 이하도 아니"다. 가치 언어language of values도 결국 언어다. 그리고 현대 철학에서 언어에 대해 내놓은 소견의 핵심 통찰은 언어는 무엇보다도 공적인 것이라는 점, 우리가 공유하는 것이라는 점이다. 모든 어휘와 마찬가지로, 가치 평가적 언어는 본래 상대방에게 말하기 위해 사용하는 도구이지, 우리 자신에게 말하기 위한 도구가 아니다. 언어를 대부분 상대방이 아닌 자기 자신에게 말

세계시민주의

|가| 영어권의 동요에 나오는 의인화된 달걀 캐릭터로, 여기서는 〈이상한 나라의 앨리스Alice's Adventures in Wonderland〉1865의 속편 동화인 〈거울 나라의 앨리스〉에 나왔던 험프티덤프티를 언급하고 있다. 험프티덤프티는 담장 위에 올라가 있는 것을 영광으로 알고 있으며, 담장에서 떨어져서 부서지면 여왕과 부하들이 와서 자신을 다시 원상 복귀시켜 놓을 것이라고 믿고 있는 황당한 권위의식을 갖고 있는 존재다. 여기서 험프티덤프티를 인용한 것은 언어의 사회성을 지적하기 위한 것이다. 험프티덤프티는 하나의 단어에서 많은 의미들을 만들어내지만, 그 어휘들을 순전히 개인적인 차원에서만 사용할 뿐이다. 예컨대 앨리스가 "사람이 나이를 먹는 것은 어쩔 수 없다"라고 하자, 험프티덤프티는 "하지만 두 사람은 달라. 적절하게 돕는다면 일곱 살로 남을 수도 있어"라고 대꾸한다. 여기서 '두 사람'은 '인간의 죽음'으로, '적절하게 돕는다면'은 '죽음이 인간을 적절히 돕는다면', 즉 '자살이나 사고 등으로 돕는다면'으로, '일곱 살로 남을 수도 있어'는 '그대로 죽게 만들어, 널 영원히 일곱 살로 만들어 줄 수도 있어'라는 의미로 사용한다.

하기 위해 사용하는 사람을 뭐라고 하는지 아는가? '미친 사람'이라고 한다.

가치 언어는 우리가 다른 사람들과 삶을 조화시킬 수 있게 해 주는 중추적 방식의 하나다. 우리는 일을 '함께' 수행하고자 할 때 가치에 호소한다. 우리가 영화에 대해 토론하고 있다고 가정해 보자. 당신은 이 영화가 인간 본성에 대한 '냉소적' 관점을 표현하고 있다고 말한다. 이는 내가 영화의 등장인물과 그 행위 동기에 대해 해석할 때 당신의 해석을 받아들이도록 권유하는 데 그치는 게 아니다. 이는 또한 내가 영화를 느끼는 방식을 형성하려는 시도이기도 하다. 이런 식으로 보게 될 때는, 예를 들어 내가 처음에 영화의 등장인물에 대해 느끼는 감정적 반응, 즉 그 등장인물에 대해 갖는 동정심을 더욱 쉽게 거부하게 될 것이다. 만일 내가 그런 감정들을 고수하려고 한다면, 나는 당신의 영화 인물평에 저항할 것이다. 예를 들어, 등장인물은 냉소적인 게 아니라고, '염세적'인 것은 확실하지만 또한 '인간적'인 면도 있는 인물이라는 식으로 말할 수도 있을 것이다. '냉소적', '인간적', '염세적'이라는 단어들은 가치 어휘들에 속한다. 그리고 내 생각엔 이 단어들이 우리의 반응을 형성한다고 본다.

다음과 같은 질문이 나올 수도 있다. 다른 사람들이 이야기를 어떻게 생각하고 느끼는가를 왜 우리가 신경 써야 하는가? 우리는 왜 이야기에 대해 가치 언어로 말하는가? 한 가지 대답은 그것이 바로 인간을 구성하는 한 요소라는 것이다. 사람들은 모든 문화 속에서 이야기에 대해 말을 하고 토론한다. 그리고 적어도 인류가 기록을 남기기 시작한 시점부터 계속 그래왔다. 『일리아스』 와 『오디세이아』, 『길가메시 서사시Gilgamesh Epoth』<sup>가</sup>, 『겐지 이야 기源氏物語』<sup>나</sup>, 내가 가나의 아샨티에서 자라면서 읽은 아난시 Anansi<sup>다</sup> 이야기들 등은 단순히 읽었거나 외운 게 다가 아니었다. 사람들은 일상생활에서 그 이야기들을 언급하고 토론하며 평가 했다. 하나의 공동체에 어떤 이야기도 없고 어떤 이야기적 상상 력도 없다고 한다면, 우리는 이 공동체를 인간적이라고 생각하지 않을 것이다. 따라서 우리가 왜 이야기를 가져야 하는가라는 질 문에 대한 하나의 대답은 이것이다. 이야기는 바로 인간이 행하 는 것들 중 하나이기 때문이다.

그러나 더욱 깊이 있는 대답이 있다. 이야기를 함께 평가하는 것이야말로 우리가 세계에 대해 반응하는 핵심적인 인간적 학습 방법의 하나라는 것이다. 그리고 이와 같은 일정한 반응 태도는 이제 우리가 우리의 관계망인 사회 구조를 유지하는 하나의 방식 이다. 탈레반 집권 당시 한 소녀의 삶을 그리고 있는 아프가니스 탄 영화 〈오사마Osama〉2004를 보자. 영화는 잔혹하고 설교적인 율 법학자(물라mullah)들로부터 이슬람교에서 유래한다고 주장하는 여성상을 강요당해 여성과 소녀 들이 공적인 사회생활에서 쫓겨 나 어두운 곳에 숨어 사는 모습을 보여준다. 또 오사마의 어머니

|가| 수메르, 바빌로니아 등 고대 동양에 널리 알려진 신화적 영웅 길가메시의 모험담을 엮은 서사시.

|나| 11세기 초 일본의 무라사키 시키부紫式部, 978-1016가 지은 장편소설(54권). 황자 히카루 겐지光源氏의 일 생과 그 일족의 생애를 그렸다.

|다| 신화나 옛이야기에 등장하는 장난꾸러기 인물이나 동물을 일컬어 '트릭스터trickster'라 하는데, 아난시는 아프리카 서부의 트릭스터 이야기에 나오는 '거미' 캐릭터로, 하늘의 신을 속이고 골리는 존재다.

가 의사이면서도 여성이라는 이유 때문에 진료할 수 없다는 사실을 통해 인간의 재능이 낭비되고 있음을 보여준다. 동시에, 미약하게나마 저항하는 방식을 알고 있는 여성들이 있으며, 그 여성들을 돕기 위해 때로는 거짓말도 하고 용기도 발휘해야 하는 남성들도 있음을 보여준다. 영화의 말미에서 오사마는 마지못해 어느 나이 많은 물라의 네 번째 부인이 된다. 이는 억압을 가능하게 하는 것은 고통을 주는 사람뿐 아니라 이익을 보는 사람이 있기 때문이라는 것을 상기시킨다. 버나드 쇼George B. Shaw, 1856~1950가 면밀하게 관찰했듯이, 갑에게서 빼앗아 을에게 주는 것은 적어도 주는 사람이 그 을을 지지한다는 것을 확고하게 보증해 주는 것이다.

상응주의에서 벗어나기

　이 영화를 가지고 서로 토론해 보면, 이 영화에 대한 우리의 반응은 우리의 공통된 이해를 더욱 강화시켜 주는 결과를 가져오고, 우리가 공유하는 가치도 강화시켜 준다. '잔혹하다', '황폐하다', '용감하다', '부정직하다', '억압적이다'…… 이런 단어들은 이 영화에 대한 우리의 반응을 형성하게 될 가치 용어들이다. 그리고 이 영화가 말해 주는 이야기가 진실로 아프가니스탄 사회의 전형적인 이야기라면, 영화에 대한 토론은 등장인물들에 관해 우리가 느끼는 것을 결정할 뿐만 아니라 우리가 세상에서 어떻게 행동해야 하는지도 결정하게 될 것이다. 〈오사마〉에 관한 이야기를 나눔으로써 우리는 탈레반 정권을 제거하기 위해 여러 나라들이 연합하는 것이 옳은 일이었는지 숙고할 수 있다. 또한 그렇게 함으로써 다른 곳에서 자행되는 다양한 억압에 대해, 다른 곳에서 발휘되는 용기에 대해, 무심코 지나쳐버린 기회들에 대해 생각하게 된다. 우리는 이를 통해 우리의 가치 평가 어휘를 단련시키고, 그 어휘가 우리의 삶에 작용하도록 한다. 그리고 이미 말했듯이, 그러한 작업이 무엇보다도 우리를 함께 행동하도록 촉구한다.

'이성reason'이라는 단어를 '계산calculation'과 같은 것을 의미하도록 전문적으로 사용해야 한다는 주장이 나올 수 있다. 물론 현대 실증주의자들은 '이성'을 '계산'의 의미로 사용하는 것처럼 보인다. 그렇다면 사람들이 이런 방식으로 말할 때, 엄밀히 말해서 그들은 이성으로 추론하지 않는다고 말하는 것이 적절할 것이다. 그러나 일상생활에서, 가치 언어를 사용하여 대화함으로써 서로의 생각과 정서와 행위를 형성하고자 할 때 우리가 하는 행위는 '이성의 제시offering reason'라고 부르는 것이 자연스럽다.

모든 인류 문명에는 민화, 연극, 오페라, 소설, 단편⋯⋯ 자서전, 역사, 민족지학⋯⋯ 픽션이나 논픽션⋯⋯ 회화, 음악, 조각, 춤⋯⋯과 같이 예전에 몰랐던 새로운 가치를 드러내거나 기존 가치에 대한 우리의 신조를 전복시키거나 하는 방식들이 있다. 이러한 용어들로 무장하고 공동의 가치 언어를 강화한다면, 우리는 세계시민주의 정신 속에서 서로 반응을 공유할 수 있도록 서로서로를 이끌어갈 수 있다. 그리고 우리가 동의하지 않을 때라도, 우리의 반응이 어떤 동일한 어휘로 형성된다는 것을 이해함으로써, 동의하지 않는 것에도 더욱 쉽게 동의할 수 있게 된다. 이 모든 것은 인간의 삶에 관한 진리의 일부다. 그러한즉 실증주의는 이

세계시민주의

런 진리의 일부를 파악하지 못하게 하는 것이다.

왜냐하면 윤리와 도덕에 관한 상대주의가 진리라면, 정말로 그렇다면, 수많은 토론을 거친 끝에 우리 각자는 결국 "내가 서 있는 곳에서는 내가 옳다. 그렇지만 네가 서 있는 곳에서는 네가 옳다"라고밖에 말할 수 없을 것이기 때문이다. 그리고 더 이상 대화가 불가능할 것이다. 우리가 다른 관점을 갖게 되면, 우리는 효과적으로 다른 세계에서 살아나갈 것이다. 그리고 공유된 세계가 없다면, 토론할 필요가 있겠는가? 사람들은 흔히 상대주의가 우리를 관용으로 이끌 것이라고 생각하기 때문에 상대주의를 권고한다. 그러나 우리가 무엇을 생각하고 무엇을 느끼고 무엇을 행하는 것이 옳은지 서로에게서 배울 수 없다면, 우리 사이의 대화는 무의미할 것이다. 그와 같은 상대주의는 대화를 장려하기는커녕, 단지 우리를 침묵하게 할 뿐이다.

상대주의에서 벗어나기

Chapter **3** | 사실을 있는 그대로 보기

Facts on the Ground

## 신령들과 함께 살아가기 　Living with Spirits

몇 해 전 어느 늦은 저녁 가나의 집에서, 나는 아버지와 텔레비전을 보고 있었다. 정규방송이 끝날 무렵이 되자 GBCGhana Broadcasting Corporation, 가나방송에서 국가를 틀기 시작했다. 아버지는 국가國歌를 사랑했기에 따라 불렀다. "신이시여, 우리의 조국 가나를 지켜주소서……." 국가가 끝나고 화면이 꺼지자, 아버지는 정부가 독립운동가歌 가사를 개정한 것이 기쁘다고 말했다. 나는 독립운동가를 초등학교 때 배웠다. 그 노래는 이렇게 시작한다. "가나의 깃발을 높이 들어라." 당시 나는 현대 자유주의의 고전인 존 롤스John Rawls, 1921~2002의 『정의론A Theory of Justice』1971을 읽었던 철학과 대학원 새내기였으므로, 아버지에게 옛날의 그 독립운동가는 신을 믿지 않는 사람들도 행복하게 따라 부를 수 있는 미덕이 있었다고 대꾸했다. 아버지는 웃으면서 "가나 국민 중에는 신을 믿지 않을 정도로 어리석은 자가 없다"라고 말했다.

내가 무신론을 주장하려고 그런 말을 했던 것은 아니다. 가나의 무신론자들이 공중전화 박스 안에서 모임을 가질 수 있을 정도로 소규모라는 것은 사실이니까. 가나인들 거의 모두가 강력한 창조주를 믿을 뿐 아니라 조상과 같은 신령神靈들도 믿는다. 이런 믿음은 장례식, 세례식, 결혼식, 안수례, 생일잔치와 같은 거의 모든 사회적 모임에서 어떤 종교를 믿는가에 관계없이 종교를 믿는 모든 이들이 자기 조상에게 술잔을 올린다는 점을 반영하고 있다. 가나인들은 위스키나 진 또는 슈납스Schnaps[가] 병을 따고 땅에다 조금 따르고는 이름을 불러 죽은 조상들에게 제물을 바치고, 모계가족인 아부수아abusua의 안녕을 돌봐 주도록 요청할 것이다. 이것은 단지 상징적인 행위에 불과한 게 아니다. 그들도 조상들이 문자 그대로 술을 요구한다고 생각하는 것은 아니지만, 조상들을 비롯한 보이지 않는 다른 신령들이 자신의 말을 들을 수 있고 살아 있는 친족들을 도와주는 것으로 응답할 수 있다고 생각한다. 우리 아버지는 영국 런던 법학원 Inns of Court 회원이자 가나 감리교회의 원로이며 베갯머리에서 『성경』 말고도 키케로를 애독했던 사람이었지만 분명히 저런 것들을 믿었다. 그리고 아버지는 그런 사실에 아무 거리낌도 느끼지 않았다. 아버지의 자서전에는 당신이 신령들에게 도움을 청하고 받았던 일화들이 가득 실려 있다. 위스키 병을 따 거실 바닥에 조금 따른 후, 아버지는 18세기에 우리 가문을 번영시켰던 아샨티의 장군 아크로마암핌 Akroma-Ampim에게, 그리고 재종증조부인 야오 앤터니 Yao Anthony에게(공교롭게도 내 이름엔 이들 두 조상의 이름이 섞여 있다), 그뿐 아니라 증대고모(앤터니의 여동생)에게 헌사하곤 했다.

이런 행동들이 모두 상징일 뿐이라면, 이것이 가문의 가치와 같은 어떤 것을 표현한 것이라고 간주할 수 있을 것이다. 그러나 문제는 그 근본적인 믿음이 전혀 상징적이지 않다는 점이다. 만약 조상들이 우리의 말을 듣고 우리에게 도움을 줄 수 있다고 생각하지 않는다면, 우리는 저런 행동을 하지 않을 것이다.

가나에 있는 내 친척들에 대해 여러분이 동의하지 않을 법한

세계시민주의

|가| 독일의 전통 화주火酒(증류주). 독일 및 스위스, 네덜란드, 덴마크 등지에서 접할 수 있다.

또 다른 이유가 있다. 내 친척들 대부분은 주술을 믿는다. 친척들은 통상적인 수단을 사용하지 않고도 싫어하는 타인을 해칠 힘을 가지고 있는 악한 사람들이 세상에 있다고 생각한다. 우리 아버지가 돌아가셨을 때, 우리 누이 한 명은 이모가 우리에게 주술을 부릴지도 모른다고 생각했다. 그래서 상을 치르는 동안 그 이모가 보내 온 어떤 음식도 먹으려 하지 않았고 다른 가족들에게도 먹지 못하게 했다. 그러나 가족이 아닌 다른 사람들이 그 음식을 먹는 것은 괜찮다고 생각했다. 그 음식에 독이 들어 있거나 하는 것은 아니었고, 주술은 해당 사람에게만 영향을 미치기 때문이다. 즉 그 음식은 우리에게만 해가 되었을 것이다. 이모가 강력한 마녀로 간주되었기 때문에, 우리 가족에게 닥친 위험은 음식뿐만이 아니었다. 그래서 나쁜 주술에 대항하는 좋은 주술을 가진 전문가들(실제로 이들 중 많은 사람이 무슬림 말람malaam|나|이다)이 있다는 것은 다행스러운 일이었다. 우리 가족은 누이의 확신에 따라, 우리를 보호하기 위한 제물이 될 하얀 숫양을 샀다.

아샨티 사람들의 신령에 대한 믿음과 주술에 대한 믿음은 광범위하고 복잡하며 서로 연관되어 있다. 그리고 이미 예상했을 테지만, 모든 사람이 동일하게 믿는 것은 아니다. 일부 복음주의 기독교도는 전통적 신령(신령들을 모시는 사당과 사제는 도처에 흩어져 있다)을 악령과 동일시하거나 혹은 킹 제임스King James 번역판 『신약성서』에 나오는 "권품權品천사나 능품能品천사"|다|와 동일시한다. 우리 아버지는 그렇지 않았다. 아버지는 자신이 믿는 감리

---

|나| 이슬람의 종교적 스승을 일컫는 말.

교와 조화를 이룰 수 있도록 신령들에게 간청했었다. 이제 아샨티에 사는 사람들 대부분은 다음과 같은 이론을 믿는다고 말할 수 있을 것이다. 즉 세계에는 주술과 같이 삶에 영향을 끼치는 신령과 보이지 않는 힘들이 많이 있다는 것이다. 그리고 그 이론 중 일부는 (우리가 도움을 기대할 수 있는) 보이지 않는 인격적 존재자들에 대한 내용이기에, 그 이론이 아샨티 종교의 일부였다고 말할 수도 있을 것이다.

물론, 이렇듯 내가 자란 곳은 세계의 대부분 지역과 마찬가지다. 위대한 세계종교들(기독교, 이슬람교, 힌두교, 불교)이 들어온 곳이라도, 그 종교들은 보이지 않는 신령을 믿는 각 지역의 고유한 전통의 토대 위에서 받아들여지는 것이다.

이제, 실증주의자는 이런 고유 전통의 믿음을 근대 과학적 관점에 비추어 보고는 이렇게 말할 것이다. "이런 전통 종교들은 거짓일 뿐 아니라 비합리적이다. 전통 종교들에 과학적 기준을 엄격하게 적용하면 누구라도 전통 종교들을 포기할 수밖에 없을 것이다." 사실, 이것은 그 근거가 전혀 분명하지 않다. 앞장에서, 나는 실증주의자가 생각하는 만큼 (전통 종교의) '가치'들이 가볍지는 않다고 논증했다. 여기서 나는 '사실'들이 그다지 견고한 것은 아니라고 제안하고 싶다. 내가 진리에 대한 회의론자이기 때문에 그렇게 생각하는 것은 아니다(나는 1986년에 『의미론에서의 진리에 대하여 For Truth in Semantics』라는 책을 낸 바 있다). 진리의 발견은 단순

|다| 천사의 아홉 등급 중에서 권품천사는 제7계급으로 종교를 수호하는 천사이며, 능품천사는 제6계급으로 악마의 침입을 경계하는 천사다. 바울은 특히 능품천사를 악으로 보았다.

히 열린 눈과 명석한 두뇌의 문제만은 아니기 때문에 그렇게 생각하는 것이다.

## 아코수아와 논하기    Arguing with Akosua

주술이 우리에게 해를 끼칠 수 있는지에 대한 단순한 질문을 해보자. 아샨티의 내 친척들에게 주술은 존재할 수 없는 것임을 어떻게 납득시킬 것인가? 사람들이 까닭 모를 이유로 병이 나는 건 늘 있는 일 아닌가? 많은 사람들에게는 이 세상에 자신을 싫어하는 사람이 있다고 생각할 만한 이유가 있다. 그래서 사람이 일단 주술을 믿게 된다면, 그 사람은 주술에 관한 일반적인 이론을 긍정하게 되는 경우가 많아질 것이다. 그러나 주술 이론을 배제하고자 한다면, 우선 주술 이론을 더욱 잘 이해하고 있어야 할 것이며, 그런 다음 아샨티의 내 친척들에게 주술 이론이 오해임을 몇 번이고 되풀이해서 설득해야 할 것이고, 주술 이론보다 더 나은 이야기가 있다고 설득해야 할 것이다. 그렇게 하는 데는 매우 오랜 시간이 걸릴 것이다. 이와 같이 실제로 문화적 충돌이 일어날 때, 우리는 그동안 깨닫지 못했던 온갖 종류의 사실을 설명해야 하고, 우리가 알지 못했던 사실의 설명 방식을 보여줄 필요가 있다. 우리의 논의 상대자인 아샨티의 아코수아Akosua에게는 지난해 병을 앓았던 친척 아주머니가 있다. 그리고 그 병의 원인이 며느리의 주술 때문이었다는 것은 모두가 아는 사실이다. 가족들은 말람을 찾아가 양을 제물로 바쳤고, 그 친척 아주머니는 회복되었다. 아코수아는 양이 아무런 관계가 없다면 왜 아주머니가 좋아졌는지 알고 싶어 한다. 어떠한 주술도 없었다면, 자신의 아주머니가 왜 병이 났던 것인지 알고 싶어 한다. 물론 사람들은 이런 의문에 다른 답이 있을 거라고 생각하지만, 그 답이 무엇인지는 확실히 알지 못한다.

　다른 한편, 우리는 바이러스를 만드는 보이지 않는 작은 미립자들이 있음을, 너무 작아 가장 성능 좋은 확대경으로도 볼 수 없지만 건강한 성인도 죽일 수 있을 만큼 강력한 미립자가 있음을 아코수아에게 설득해야 한다. 바이러스가 병의 원인이라고 유럽의 과학자를 설득하는 데 얼마나 오래 걸렸는지 생각해 보라. 우선 병원균 이론의 가설을 세우고 그런 다음 바이러스의 실체를 확인하는 연쇄 추리가 얼마나 복잡한지 생각해 보라. 왜 모든 사람이 이 이야기를 믿어야 하는가? 단지 다른 누구도 아닌 우리가 그렇게 말하기 때문인가? 그리고 과연 우리가, 즉 생물학 전공 교수도 아닌 사람들이 아코수아에게 설득력 있는 증거를 제공할 수 있을까? 아코수아는 우리가 제안하는 실험을 기꺼이 하려고 할지도 모른다. 예를 들어, 우리는 주술사가 사람들을 증오하는 것과 사람들이 아프게 된 것 사이에는 아무런 상관관계가 없다는 것을 증명하려 할 것이다. 그러나 설사 그런 상관관계가 '있다' 한들 무슨 상관인가? 설사 아코수아의 견해가 정확한 예언(주술사에게서 미움을 받는 사람이 그렇지 않은 사람보다 더 자주 병에 걸린다)이라 하더라도 우리는 주술을 믿으려 하지 않을 것이다. 아마 우리는

세계시민주의

다른 대안적인 설명을 할지도 모른다(주술사에게서 미움을 받는다고 생각하는 사람은 병에 걸릴 가능성이 더 높을 수 있다. 그 스트레스를 고려한다면, 아마도 가능하지 않을까?). 그래서 우리의 예측이 맞다 하더라도 아코수아의 설명 역시 맞을 수 있다는 사실은 그리 놀랍지 않다.

자주 회자되고 있는 일화 중에 멀리서 온 한 의료 선교사에 대한 것이 있다. 그 선교사는 사람들이 살균 처리가 되지 않은 우물 물을 자신의 아이에게 먹이는 모습을 혐오스럽게 지켜보았다. 아이들은 자주 설사를 하고 그 때문에 많이 죽는다. 선교사는 물이 겉보기엔 깨끗해도 그 속에는 아이들을 병들게 하는 보이지 않는 미생물들이 있다고 설명한다. 다행히, 그 물을 끓여 먹는다면 박테리아를 없앨 수 있을 것이라고 한다. 한 달 후 선교사가 돌아왔을 때, 사람들은 여전히 아이들에게 오염된 물을 먹이고 있었다. 결국은 이것이다. 한 이방인이 우리가 사는 곳에 와서 아이들이 '주술' 때문에 인플루엔자에 걸렸다고 말한다면 우리들은 과연 밖으로 나가 '양을 잡을'까? 그래서 선교사는 또 다른 생각을 하게 되고 이렇게 말한다. "자, 봅시다!" 그러고는 자신이 증거를 보여주겠다고 말한다. 그는 물을 조금 떠서 끓인다. 그리고 이런 말을 했다. 물속에는 신령들이 있는데, 물을 불 위에 올려놓으면 그 신령들이 달아난다고. 즉 물을 끓일 때 기포가 끓어오르는 것은 달아나는 신령들, 즉 아이들을 병들게 하는 신령들이다. 끓인 물은 신령들이 달아났으므로 마시기에 적당하다. 이제 아이들은 죽지 않는다. 다른 모든 것이 마찬가지겠지만, 믿음에 있어서도 우리는 우리 각자가 있는 곳에서부터 출발해야 한다.

　뉴욕 맨해튼에서는 사람들이 설명할 수 없는 이유들로 병이 났을 때 바이러스와 박테리아에 대해 많이들 얘기한다. 의사들은 대부분 바이러스에 대해 많이 안다고 해도 할 수 있는 것이 별로 없기 때문에 바이러스를 확인하는 데 그다지 많은 노력을 들이지 않는다. 또는 병원에 간다고 해서 바이러스 감염 경로가 크게 바뀌지도 않을 것이다. 요컨대, 일상생활에서 병의 원인을 바이러스에서 찾는 것은 그 원인을 주술에서 찾는 것과 비슷하다. 이는 병이란 설명이 가능한 것이라는 일반적인 확신, 그리고 바이러스가 사람을 병들게 할 수 있다는 확신이 있을 때만 지지되는 얘기다.

　만일 맨해튼에 사는 사람들 대부분에게 바이러스를 믿는 이유를 묻는다면, 다음과 같은 두 가지 대답이 나올 것이다. 첫째, 사람들은 권위에 호소할 것이다. 즉 "과학이 증명했다"라고 말할 것이다. 사람들은 어떻게 과학이 그것을 증명했느냐는 질문을 받고서 마땅한 설명을 할 수 없다 하더라도 그렇게 말할 것이다(그런데 이것은 과학자들의 경우에도 마찬가지다. 의학의 역사에 대한 호기심이 유난히 많은 바이러스학자가 아니라면 말이다). 둘째, 사람들은 바이러스 이론이 설명하고 있는 현상들(HIV나 감기의 확산, 지난겨울 세상을 떠난 증대고모의 죽음, 언젠가 잡지에서 보았던 바이러스 사진 등등)을 직접 지목할 것이다.

　마찬가지로, 쿠마시에 사는 사람들에게 주술을 믿는 이유를 물어도 역시 권위에 호소할 것이다. "조상들이 가르쳐줬다"고 할 것이다. 쿠마시 사람들은 우리에게 주술로 모든 일들을 설명할 수 있다고 주입시키면서, 그동안 보고 들었던 주술의 사례들을 계속 말할 것이다. 20세기의 가장 뛰어난 인류학자의 한 사람인 에드워드 에번스프리처드Edward Evans-Pritchard, 1902~1973는 수단에 거주하는 아잔데Azande족을 다룬 『아잔데족의 주술과 신탁, 마법 Witchcraft, Oracles and Magic Among the Azande』1937이라는 훌륭한 책을 썼다. 주술에 대한 아잔데족의 생각을 매우 상세하게 설명하면서, 에번스프리처드는 이따금씩 저녁이 되어 자신이 살고 있던 아잔데 부락 근처 수풀에서 불꽃의 번득임을 보았을 때 "저기 봐, 마녀다!"라고 생각하는 자신을 발견했다고 진술한다. 물론 그가 실제로 마녀를 믿은 것은 아니었다. 그것의 정체는 아마도 마을을 떠난 누군가가 자신의 길을 안내하고 마음도 안심시켜 줄 횃불을 들고 움직이는 거였을 터였다. 그러나 에번스프리처드는 그 진술을 통해, 사람들은 자신이 믿는 것에 의존해서 세상을 본다는 것을 가르쳐주었다. 사람들은 특수한 경험을 하게 될 때, 이미 가지고 있는 관념들에 의존해서 이치에 맞다고 생각하는 것을 떠올리는 것이다.

## 뒤앙의 발견 ▨ Duhem's Discovery

이런 생각은 전통 종교와 마찬가지로 서구 과학에도 해당된다. 20세기 초, 프랑스의 물리학자 피에르 뒤앙Pierre Duhem, 1861~1916은 과학자들의 행태에 관한 흥미 있는 사실에 주목했다. 과학자가 자신의 이론을 뒷받침할 실험을 하거나 자료를 수집할 때, 다른 이론을 지지하는 과학자들은 그 증거들이 그 과학자의 이론을 뒷받힌다는 것을 부정한다는 것이다. 그 부정하는 방식은 다양하다. 예를 들어, 그 실험이 제대로 이루어지지 않았다고 말할 것이다("시험관이 오염된 것이다"). 또 그 실험 '데이터'라는 것이 아주 부정확하다고 말할 수도 있다("우리도 동일한 실험을 했지만 결과는 달랐다"). 그도 아니면, 오히려 자신의 이론이 그 데이터를 아주 잘 설명한다고 지적할 것이다(원시 유기체가 운석에 실려 와서 지구상의 생명체가 시작되었다는 이론과 원시 바다에서 전기화학적 과정을 통해서 원시 유기체가 창조되어 진화했다는 이론은 둘 다 동일한 화석자료를 가지고 설명하고 있다). 이런 개별적인 관찰에서 시작한 뒤앙은 일반화시킨 주장을 하기에 이르렀다. 즉 어떤 이론을 설명하는 자료들이 아무리 많이 있다고 해도, 그 자료를 똑같이 잘 설명해 주는 다른 이론들이 많이 있을 것이라는 주장이다. 철학자들에게는 이 주장이 '뒤앙의 테제Duhem thesis'로 알려져 있다. 뒤앙에 따르면, 이론들은 증거에 의해 (전문용어로 표현해서) '과소過小결정될underdetermined' 뿐이다.[가]

실증주의에 있어서, 이론이 증거에 의해 결정되지 못한다는 것은 문젯거리다. 만약 과학이 합리적이라면, 그렇다면 우리는 이론을 믿을 수 있게 이성적인 근거를 제시하는 과학적 이론화 과

세계사민주의

|가| 하나의 사실에 수많은 이론·가설 들이 대응할 수 있다는 뒤앙의 테제는 물리학 및 일부 화학에 대한 것이었다. 미국의 철학자 윌러드 콰인Willard Van Orman Quine, 1908-2000이 1951년 발표한 논문 「경험주의의 두 도그마Two Dogmas of Empiricism」에서 이를 수학과 논리학 등 인간의 모든 학문 영역으로까지 확장했다. 그래서 흔히 '뒤앙·콰인의 테제'라 불린다.

정을 원한다. 그리고 아마도 증거가 있다면, 우리가 할 수 있는 가장 최선의 이론을 확립하려고 할 것이다. 그러나 만약 두 사람이 동일한 증거에 대해 서로 다른 이론을 합리적으로 제시할 수 있다면, 근거나 증거와는 다른 무언가가 있어야 할 것이다. 즉 그렇다면 우리가 아무리 많은 증거를 가지고 있다 해도, '사실을 합리적으로 설명할 가능성은 언제나 하나 이상이 될 것'이다. 이것이 의미하는 바는, 과학적 탐구가 아무리 많이 이루어져도 사물의 본질을 하나로만 설명할 수는 없다는 것이다. 만약 실증주의가 욕망을 정당화하면서, 즉 가치를 정당화하면서 이성의 역할을 과소평가한다면, 역으로 믿음을 정당화할 때, 즉 사실을 정당화할 때 실증주의는 이성의 힘을 과대평가하는 것이다.

과소결정성underdetermination은 충분히 우려할 만한 일이다. 그러나 뒤늦게 과학적 사유를 공부한 철학자 노우드 핸슨Norwood R. Hanson, 1924~1967은 과학적 사유에 대한 실증주의자의 견해에도 똑같이 문제가 있음을 주목했다. 실증주의자가 이론에 대한 증거를 확보하는 문제에 대해 사유하는 방식은 다음과 같다. 먼저, 자료를 수집한다. 그다음 그 자료가 어떤 이론을 지지하는지 파악한다. 관찰이나 실험, 즉 기본적인 사실들을 수집하는 것은 이론을 독립적으로 지지해 주기 위해서 사용되게 된다. 핸슨은 자료가 이론적인 속박으로부터 결코 자유롭지 않다는 사실에 주목했다. 갈릴레이Galileo Galilei, 1564~1642가 망원경을 통해 달에 산이 있는 것을 봤다고 말했을 때는 그 망원경이 지구에서 작동하듯 우주에서도 똑같은 방식으로 작동한다고 가정했기 때문이다. 당시 그와 반대 입장에 있었던 몇몇 사람들도 그 점을 지적했다. 그런데 우연히도 그 가정은 옳았다. 그러나 갈릴레이는 그걸 어떻게 알았을까? 당시에는 누구도 망원경을 우주로 가져갈 수 없었다. 갈릴레이는 그 내용을 이론화했을 뿐이다. 그리고 사실상, 자료를 이론적인 관념이 주입되지 않은 언어로 나타내는 것은 대단히 어려운 것으로 드러났다. 핸슨은 이것이 말 그대로 불가능하다고 생각했다.

우리는 이론과 자료를 분리시키는 것이 불가능하다는 핸슨의 생각이 옳았는지 밝히려는 게 아니다. 왜냐하면 분명히 우리는 이론과 자료를 분리시키지 않기 때문이다. 과학자들은 구름층 사진 속에 있는 하전입자荷電粒子[가]의 궤적(핸슨이 가장 잘 알고 있던 과학적 사례가 이것이었다)을 살펴보면서 "보라! 전자의 통로가 있다"와 같은 식으로 말할 것이다. 과학자들은 그것이 합리적이라고 믿고 있기 때문이다. 그러나 물리학을 잘 알지 못하거나 구름층이 작동하는 방식을 모르는 사람들 대부분에게는 사진 속에 보이는 것은 희미한 선일 뿐이다. 핸슨이 간파한 것은 다음과 같다. 즉 우리가 어떤 것을 합리적으로 믿는다는 것은 우리가 이미 믿고 있는 것과 우리가 이전부터 알고 있는 관념들에 의존한다. 만약 전기에 대해 모르는 사람이라면, 즉 전기 관념이 없는 사람이라면, (벤저민 프랭클린Benjamin Franklin, 1706~1790처럼) 번개가 무엇으로 만들어졌는지를 궁금해할 이유가 없을 것이다.[나]

그러나 믿음의 합리성이 이미 믿고 있는 것에 달려 있다면, 그

세계시민주의

---

[가] 전하를 띠고 있는 입자. 전자, 이온, 양성자 따위로, 모든 전자기 현상의 근원이 되는 실체다.

믿음들이 합리적인지 모두를 검증할 수는 없게 된다. 우리가 이미 믿고 있는 것에 비추어 새로운 증거에 반응하게 되면, 그것은 우리에게 새로운 믿음을 준다. 그렇다면 원래의 믿음은 합리적이었을까? 물론 그것을 검증해 볼 수는 있을 테지만, 언제나 또 다른 믿음을 당연한 것으로 수용해야만 원래의 믿음을 검증할 수 있다. 즉 무無로부터는 믿음의 검증 게임을 할 수 없는 것이다. 물론 우리 모두는 가족과 사회의 소속으로 태어나기 때문에, 우리 스스로였다면 개발해 내지 못했을 수많은 믿음이 이미 갖춰진 상태에서 출발했다. 개념과 관념은 우리의 양육 과정에서 발전된다. 일부의 개념과 관념(예를 들어, 색깔 개념이나 세계에 물리적 대상이 있다는 관념)은 우리의 생물학적 본성을 토대로 하고 있지만, 전기, 유전자, 민주주의, 계약, 초자아, 주술 등과 같은 관념들은 우리가 이전에 갖고 있지 않았다면 사용하지 못하는 것들이다.

그렇다면 내 친척들이 가지고 있는 주술에 대한 믿음이 비합리적이라고 할 근거는 어디에도 없다. 내 친척들은 대부분의 사람들이 생각하는 대로만 생각할 것이다. 주술의 개념과 그에 대한 믿음을 물려받았기 때문이다. 우리도 만약 그들의 믿음과 함께 자라고 그들의 경험을 공유했다면, 우리도 그들처럼 믿을 것이다(초자연적 존재자에 대한 믿음은 산업화된 서양에서도 결코 낯설지 않다. 미국인의 반 이상이 천사를 믿는다. 약 40퍼센트나 되는 사람들이 다음 반세기 중 언젠가 예수가 심판을 위해 세상에 부활할 것이라고 생각

사실을 있는 그대로 보기

―――――――――――――――――――――――――――――――――――――――

나] 벤저민 프랭클린은 정치가와 외교관으로 더 잘 알려져 있지만, 자연과학에도 관심이 많아 피뢰침, 프랭클린 난로 등을 발명하기도 했다.

한다).

   과학적 교육을 받은 우리들에게는 중요한 이점이 있다. 더 합리적일 수 있다는 점이 아니라, 세계를 파악하는 데 있어 더 나은 도구를 가졌다는 점이다. 과학 제도는 과학자들이 발전시켜 온 이론과 관념 들이 근대 과학 이전에 사람들이 가지고 있던 것들보다 훨씬 더 뛰어남을 의미한다. 만약 우리가 과학자들의 개념을 이용할 수 있다면, 우리는 세계를 더 쉽게 이해하고 지배할 수 있는 방식으로 현실에 개입하게 될 것이다. 아샨티에서 전통적으로 써왔던 일기예보(이것은 농경문화에서는 매우 중요했다)는 개중에 가장 뛰어난 것이라 하더라도 현대의 과학적 모델을 사용하는 기상청의 일기예보보다는 못하다. 만약 바이러스 검사법이나 치료약 같은 현대 의학의 도움이 없었다면, 그리고 콘돔이 에이즈 전염을 막아줄 것이라는 예측을 이해하지 못했다면, 우리가 아프리카에서 확산된 에이즈에 언제 걸릴지 누가 알겠는가? 산업 사회에서 이성의 진보는 뛰어난 개인들의 추론 능력으로 이루어지는 것이 아니다. 우리가 평범한 사람들도 자신의 관념을 발전시키고 검사하고 세련시키게 할 수 있도록 하는 제도를 발전시켜 왔기 때문에 가능했던 것이다. 주술 이론이 잘못된 것은 주술 이론이 이해되지 않는다는 점이라기보다 그것이 진리가 아니라는 점이다. 그리고 이것을 밝혀내기 위해서는 (과학자들이 질병에 대한 현대의 이해를 점점 발전시켰던 방식과 마찬가지로) 연구, 반성, 분석하는 거대하고 조직화된 제도들이 필요하다.

   실재reality는 오직 하나만이 존재하며, 질병에 관한 세균 이론과 마찬가지로 주술 이론 역시 그 하나의 실재를 이해하려는 시도다. 질병에 관한 최신 의학 이론이 만병통치약은 아니다. 만약 그랬다면 병원에 가기만 하면 병에 대한 정확한 진단을 받아 병세를 알게 되고 확실한 치료를 보장받을 수 있을 것이다. 어떤 미국인이 열이 나자 자신이 감염되었다고 생각한다면, 그는 사람들이 언제 어디서나 하는 행동을 그대로 할 것이다. 즉 자신의 문화 속에서 습득한 그 질병에 대한 개념을 적용할 것이다. 이것이 주술의 경우보다 더 나은 경우라면(이는 내가 믿는 바다), 그것은 그 미국인이 더 나은 사람이기 때문이 아니다. 그에게는 엄청난 자원을 소비해서 더 나은 이야기들을 만들어내는 사회에 살고 있는 행운이 있었기 때문이다.

과학적인 설명이 우리가 살아가는 데 필요한 유일한 이야기는 아니다. 나는 가치 언어가 우리 모두가 직면한 문제를 함께 해결하도록 이끌어준다고 보는 방식에서 출발했다. 그리고 실증주의적 세계관에서도 옳다고 여겨지는 한 가지가 있다. 즉 자연과학의 방법이 사실 파악에 있어 우리에게 진보를 가져다 주었지만 가치에 대한 이해를 증진시키지는 못했다는 것이다. 따라서 우리는 우리 사회보다 과학이 훨씬 덜 뿌리내린 사회의 가치에 관해서도 배울 수 있을 것이다. 만약 과학적 방법이 가치에 대한 우리의 이해를 증진시키지 못한다면, 우리가 과학적으로 우월하다고 해서 우리가 다른 사회보다 가치에 대해 더 잘 이해하고 있다고 생각할 근거는 없기 때문이다. 사실, 긍정적으로든 부정적으로든 우리가 다른 민족들로부터 배울 수 있다는 생각은 매우 일리 있다. 만약 실증주의자가 '우리에게' 일체의 '가치'가 소중하다고 모든 사람들을 설득시킬 수 있는 방법이 항상 있다는 것을 어떻게 보증하는지 묻는다면, 우리는 모든 사람들에게 '사실'들을 항상 설득시킬 수 있다는 것을 어떻게 보증할 수 있는지를 '실증주의자에게' 되물을 수 있다. 왜냐하면 여기서 실증주의자의 질문은 사실들이 가치들보다 더 낫다는 것을 전제하고 있기 때문이다. 그리고 뒤앙이 본 것처럼, 실증주의자들의 입장에서조차 그 주장을 받아들일 만한 근거는 없다.

　　우리가 수많은 사실들을 상이한 방식으로 지지한다는 것을 기억한다면, 다양한 가치들을 여러 가지 방식으로 논증한다는 것이 당혹스럽지는 않을 것이다. 수학적 믿음은 증명으로 정당화될 수 있다. 사물의 색깔에 관한 믿음은 그 사물이 일상적으로 햇빛 아래에서 어떻게 보이는가에 달려 있다. 다른 사람에 대한 심리적 믿음은 그들이 행동하고 말하는 방식에서 입증될 수 있다. 우리 자신의 정신적인 삶에 관한 믿음은 때때로 내적 성찰을 통해 입증될 수 있다. 그렇더라도 결국, 가치와 마찬가지로 사실에 있어서도 다른 모든 사람에게 우리의 관점을 설득시킬 수 있다는 것을 보장해 주는 것은 아무것도 없다. 이러한 제약은 다른 모든 사람들과 마찬가지로 세계시민주의자들도 인정해야 한다. 실증주의자는 다음과 같은 입장을 고수하고 있다. 즉 우리가 사실에 관해 의견을 달리할 때 우리는 사물의 존재 방식을 통해 해결할 수 있지만, 가치의 경우에는 우리 주장을 일치시켜 줄 아무런 근거도 없다는 것이다. 그러나 우리가 이런 생각을 인정한다 해도, 어떤 식으로든 세계가 존재한다는 사실이 세계의 존재 방식에 대해 우리가 합의할 수 있다는 것을 보증해 준다고 생각할 자격을, 우리는 과연 무엇으로 얻을 수 있겠는가? 우리는 최종적인 합의를 상정하지 말고 이웃이 됐든 이방인이 됐든 모든 사람과 대화해야 한다.

Chapter

# 도덕적 불일치

Moral Disagreement

가치 문제에 관한 불일치를 경험하겠다고 우리가 고향을 떠날 필요는 없다. 극장에서 나오는 수많은 관객 중 누군가는 〈사이드웨이Sideways〉2004보다 〈밀리언 달러 베이비Million Dollar Baby〉2004가 더 좋은 영화라고 생각하지만, 친구는 그렇게 생각하지 않는다고 해보자. "너는 전신마비 환자가 자기 인생을 너무나 비관해서 자신을 죽여달라고 하면 원하는 대로 해줘야 한다고 말하는 영화를 어떻게 존중할 수 있지?" 술집에서 일어난 싸움에 대해 진술할 때, 그 싸움에 끼어든 제삼자를 어떤 사람은 용감하다고 말하지만, 어떤 사람은 무모한 행동이라며 차라리 경찰을 불러야 했다고 말할 것이다. 수업 시간에 벌어진 낙태 찬반 논쟁에서, 한 학생은 임신 후 3개월이 되기 전의 낙태가 산모와 태아에게 나쁘긴 하지만 산모가 선택할 경우 법적으로 허용되어야 한다고 말한다. 어떤 학생은 아직 태아인 상태이므로 태아를 죽이는 행위는 다 자란 고양이를 죽이는 행위만큼은 나쁘지 않다고 생각한다. 또 다른 학생은 모든 낙태는 살인 행위라고 주장한다. 만약 우리가 세계시민주의적 연대를, 즉 '서로 다른 사회'에 살고 있는 사람들 간의 도덕적 대화를 장려하고자 한다면, 우리는 이러한 불일치를 예상해야만 한다. 결국, 이러한 불일치는 사회 '내부'에서 발생한다.

그러나 도덕적 충돌은 매우 다양한 방식으로 일어난다. 우선, 우리가 가치를 평가하는 데 사용하는 단어는 매우 다의적이다.

'좋다good', '당위ought'와 같은 몇몇 용어들은 (철학자들이 흔히 그렇게 사용하듯이) 오히려 '얇은thin' 용어다. 이 용어는 승인의 뜻을 담고 있지만, 오히려 실제로는 상당히 무제약적으로 사용된다. 예를 들어 좋은 땅, 좋은 개, 좋은 주장, 좋은 생각, 좋은 사람 등으로 사용된다. 이러한 단어의 의미를 안다고 해서, 우리는 그 단어의 쓰임새에 대해서 충분히 안다고 할 수 없다. 물론, 우리 자신은 좋은 행위라고 도저히 상상할 수 없어도 다른 사람들은 좋게 여기는 행위도 있다. 그런데 그것은 굶주린 아이로부터 음식을 뺏는 것과 같이, 좋은 의미로 생각할 수 없는 그런 행위가 다른 사람에게는 좋은 의미로 사용되기 때문이 아니라, 다른 사람이 그런 행위를 승인하는 것을 우리가 이해할 수 없기 때문이다.

그러나 우리들이 사용하는 대부분의 가치 평가적 언어는 이러한 단어들보다 훨씬 더 '두껍다thick'. 예를 들어 '무례하다'라는 개념을 사용하려면, 예의를 지키지 않거나 타인의 감정을 적절히 배려하지 못한다고 비판하는 행위를 떠올려야만 한다. 누군가가 우연히 내 발을 밟았는데, 의도적으로 그렇게 했다고 여겨 내가 역설적으로 "고맙군요"라고 말한다면, 그것은 무례한 행동이다. 누군가가 나를 위해 어떤 일을 했을 때 비꼬지 않고 고마워하는 것은 무례한 행동이 아니다. '용기'는 칭찬의 말이다. 그러나 그 의미는 '옳다'나 '좋다'와 같은 얇은 용어보다도 더 구체적이고 현실적이다. 용기란 두려움과 손실을 감수하고서도 어떤 행위를 하는 것이다. 현관문을 활짝 열어놓는 것도 용감한 행위에 해당될 수 있다. 그러나 이 경우는 광장공포증을 갖고 있는 사람이거

세계시민주의

나 비밀경찰이 초인종을 눌렀다는 사실을 알고 있던 사람일 경우에만 해당된다.

얇은 개념은 일종의 위치 구분자placeholder 같은 것이다. 옳고 그름의 개념이 실생활에 적용될 때, 이러한 개념들은 특정 사회적 맥락의 복잡함에 두껍게 얽히게 된다. 이러한 의미에서, 미국의 유명한 정치 이론가 마이클 월처Michael Walzer, 1935~가 말했듯이, 도덕은 처음부터 두꺼운 것이다.|가| 즉, 타인과 합의하려고 노력할 때, 우리는 두꺼운 개념들 속에 잠재해 있을 얇은 개념들을 추상해 내게 된다.[1]

얇은 개념들은 보편적인 것처럼 보인다. 우리만 옳고 그름, 좋고 나쁨이라는 개념을 갖고 있는 것은 아니다. 모든 사회에 이러한 얇은 개념들에 상응하는 용어들이 있는 듯하다. 심지어 무례나 용기와 같은 두꺼운 개념조차 도처에서 접할 수 있는 개념들이다. 그러나 실제로 특정 사회에 특유한 개념인 더 두꺼운 개념들도 여전히 존재한다. 그리고 토론에서 한 집단이 다른 집단에는 전혀 없는 어떤 개념을 끌어들일 때, 가장 근본적인 불일치가 발생한다. 이러한 불일치는 논쟁을 통해 합의해야 하는 것이 아니라 단지 이해해야 하는 것이다.

|가| 월처는 『두꺼움과 얇음Thick and Thin: Moral Argument at Home and Abroad』1994에서 '두꺼움'과 '얇음'이라는 메타포로 '특수'와 '보편'의 관계를 표현했다. 월처에 따르면, 모든 사회는 각각의 특수함을 지닌 '두꺼운' 사회이며, 이런 여러 사회의 특수함(두꺼움)의 일부가 겹쳐 공통의 보편성, 즉 '얇음'을 이루게 된다. 즉 보편성은 특수성이 선행되어야만 나올 수 있는 것이며, 그 특수성의 성격에 따라 보편성 역시 가변적으로 달라진다는 것이다. 우리가 다른 사회나 타인을 비판할 때는 우리 사회나 우리 자신의 특수한 입장이 불가피하게 반영되는 '두꺼운' 것이기에, 그들과 협력하거나 연대하기 위해서는 서로 공통된 '얇음'을 통해서 이루는 것이 중요하다고 말했다. 월처는 "도덕은 처음부터 두꺼운 것이며 …… 오직 특별한 경우에만, 즉 도덕 언어가 특정한 목적을 지향할 때만이 얇게 드러난다"라고 했다.

## 가계 문제들 ▨▨▨ Family Matters

가끔 친숙한 가치는 친숙하지 않은 관습 및 제도 들과 서로 얽혀 있다. 예를 들어 어느 지역의 사람이든지 자식에 대한 책임감을 가지고 있다. 그러나 도대체 자식이란 누구를 말하는가? 나는 두 종류의 사회에서 성장했는데, 두 사회는 서로 다른 방식으로 가족을 이해했다. 이들 사회(가나의 아칸족 사회와 어머니 쪽의 영어권 사회)가 수 세기 동안 서로 영향을 주고받았기 때문에 그 차이점들은 부분적으로 감소되고 있지만, 중요한 차이점은 여전히 남아 있다.

세계시민주의

'아부수아'에 대한 아칸족의 개념을 살펴보자. 아부수아는 서로에 대한 사랑과 의무로 맺어진 동일한 조상을 가진 집단이다. 간단히 말하자면, 더 가까운 조상으로 맺어지면 맺어질수록 유대도 더 강하다. 즉 한 가족처럼 보인다. 그러나 아부수아와 가족 간에는 중요한 차이점이 있다. 아부수아의 구성원이 될 자격은 오로지 어머니 쪽과 관계가 있고 아버지와는 관계없다. 가령 여성일 경우, 그 여성의 딸은 엄마의 아부수아에 속하며, 그 딸의 후손도, 그 딸들의 딸들도 대대로 그 아부수아에 속한다. 아부수아의 구성원 자격은 미토콘드리아 DNA처럼 오직 여성들을 통해서만 전해진다. 따라서 나는 내 누이의 자식들과는 동일한 아부수아를 이루지만, 내 남자형제의 자식들과는 동일한 아부수아를 이루지 않는다. 그리고 나와 아버지는 한 여성을 통해 연결된 것이 아니기 때문에, 아버지 역시 내 아부수아의 구성원이 아니다.

간단히 말해, 아칸족 문화에서 가족관은 인류학자들이 말하는 '모계주의'다. 100년 전에는, 어머니의 남자형제(어머니의 가장 나이 많은 남자형제를 워파wɔfa라 한다)가 (영국에서 말하는) 아버지의 역할을 담당하는 것이 대부분이었다. 워파는 누이와 함께 누이의 자녀들(이 자녀들을 워파세wɔfase라 한다)을 먹이고 입히고 교육시킬 책임을 졌다. 기혼 여성들은 워파와 함께 살면서 따로 사는 남편의 집을 규칙적으로 드나드는 경우가 많았다. 물론, 아버지들도 자식들에게 관심이 있었지만, 자식에 대한 의무는 상대적으로 덜 요구되었다. 사실 아버지가 갖는 의무는 오히려 영국에서의 삼촌의 의무와 비슷했다.

타지인들은 남자형제나 여자형제를 일상적으로 부르는 용어(즉 누아nua)가 어머니의 '여자형제'의 자식에게도 동시에 사용된다는 사실 때문에 놀라곤 한다. 그리고 실제로 사람들은 때때로 가나식 영어로 누군가를 부를 때 "아버지와 어머니가 나와 같은 내 누이"라고 부를 것이다. 그런데 이런 말들이 여러 가지 자격을 동시에 지칭한다고 생각할 수도 있을 것이다(가령 누군가가 한 여성을 자신의 작은 엄마라고 부른다면, 다른 한편으로는 자기 어머니의 여동생을 부르고 있는 것일 수도 있다).[가]

내 유년 시절부터, 이 모든 것이 변화되기 시작했다. 아버지들

---

[가] 가나의 경우는 우리나라와 비슷하게 '어머니', '아버지'라는 말을 아버지 쪽의 형제들에게도 쓴다. 우리가 '작은아버지', '작은어머니', '사촌 동생', '사촌 누나' 등으로 부르는 것과 비슷하다. 그런데 영어권에서는 한 가족이 아니라면 모두 '아저씨uncle'나 '아줌마aunt', '사촌cousin' 등으로 구별해서 지칭한다. 영어권 사람들에게는 한 가족 내에서 쓰이는 '아버지', '어머니', '누이' 등의 표현이 다른 친족에게 확장되어 쓰이는 것이 이상하게 보일 수도 있다.

은 아내와 자식들과 함께 사는 것이 점점 늘었고, 누이의 자식들을 부양하지 않았다. 그러나 아버지는 여전히 누이 쪽 조카들의 학교 성적표를 확인했고 용돈도 주었으며, 누이들과 학교 생활에 대해서도 상의했으며, 자신의 아부수아 생활비도 지급했다. 아버지는 집에서 어머니와 우리 형제들과 함께 식사하는 한편, 정기적으로 자신의 누이들 가족과도 식사했다.

요약하자면, 가족의 삶을 구성하는 데도 상이한 방식들이 존재한다. 우리는 대부분 우리가 자란 사회에서 쓰이는 개념에 의존해 이해할 것이다. 내가 보기에, 한 사회에서 자녀 양육의 책임을 분담하는 방식이 하나만 존재하는 상황이면, 어느 하나가 올바르고 그 밖의 다른 모든 방식은 그르다고 말하는 것은 사리에 맞지 않을 것이다. 우리는 자녀 양육비를 등한시하는 아버지를 그릇된 사람으로 생각한다. 아산티의 많은 사람들은, 특히나 과거에는 자녀 부양의 의무를 등한시하는 어머니 쪽 손위 남성들에 관해 같은 생각을 했을 것이다. 만약 그러한 사회 체계를 이해하는 사람이라면 그들의 생각에 동의할 수 있을 것이다. 그러나 동의한다고 해서 자신이 가진 기본적인 어떤 도덕적 신조를 포기했기 때문은 아니다. '좋은 부모가 되는 것'과 같은 얇고 보편적인 가치가 있지만 이것이 표현하는 것은 매우 특수하며, 지역적 관습 및 기대치, 사회적 제도라는 현실과 두껍게 얽혀 있는 것이다.

그러나 우리가 거의 중요한 것으로 인정하지 못하는 다른 지역적 가치들이 있다. 예를 들어 우리 아버지는 '야생동물의 고기', 즉 숲에서 사냥한 동물을 먹지 않았다. 여기에는 사슴 고기도 포함되어 있으며, 아버지가 영국에서 우연히 사슴 고기를 먹었을 때 다음 날 피부에 발진이 일어났다고 말하곤 했다. 그렇더라도, 만약 누군가가 아버지에게 야생동물의 사체를 먹지 않는 이유를 묻는다면 아버지는 그 고기를 좋아하지 않는다거나 고기에 알레르기가 있다고 말하지는 않을 것이다. 만약 아버지가 그런 질문을 하는 사람이 상관할 만한 이유가 조금이라도 있다고 판단한다면, 아버지는 자신이 부시카우Bush Cow족의 후예이기 때문에 야생동물의 사체를 먹는 것이 자신의 '아키와데akyiwadeε'라고 말했을 것이다. 어원적으로 아키와데는 '하지 말아야 할 어떤 것'과 유사한 의미를 갖는다. 그리고 아키와데를 영어로 번역하려고 한다면, 아마 '터부taboo'라고 할 것이다. 물론 터부라는 말은 폴리네시아어로부터 영어로 유입된 말이다. 폴리네시아어에서 터부는 특정 집단의 사람들이 극구 회피하는 종류의 일을 가리킨다.

폴리네시아에서처럼 아샨티에서도 금지된 행위를 하는 것은 사람을 '오염시키는' 것이며, 여기에는 다양한 구제책, 즉 자신을 '정화시키는' 방법이 있다. 우리 모두는 극도의 혐오감을 느끼고 자신을 정화시키고자 하는 욕구를 경험해 보았을 것이다. 그러나 그렇다고 해서 우리에게 실제로 아키와데라는 개념이 있다는 뜻은 아니다. 왜냐하면 이러한 개념(두꺼운 개념)을 갖기 위해서는, 먼저 해서는 안 될 일들이 있다고 생각해야 하기 때문이다. 즉 우리가 어떤 부족의 일원이거나, 우리가 숭배하는 신에게 터부가 되기 때문에 해서는 안 되는 일들이 있다고 하는 것이 먼저다. 그러면 이제 부시카우족이 야생동물의 사체를 먹지 않는 데는 근본적인 이유가 있다고 말할 수 있을 것이다. 어떠한 부족의 동물은 상징적으로 그 부족의 친족인 셈이다. 따라서 그 부족의 동물을 먹는 것은, 부족 구성원의 입장에서는 사람 고기를 먹는 것과 다소 유사하다. 그리고 아마도 이것은 해당 부족 구성원들이 제시하는 하나의 합리화일 것이다. 그러나 전통 아샨티 사회의 아키와데 목록은 이와 같은 방식으로 우리가 이해할 수 있는 것보다는 훨씬 많다. 로버트 러트레이Robert S. Rattray, 1881~1938(그는 아샨티 전통에 관해 처음으로 폭넓은 책을 썼던 식민지 인류학자였다)가 1920년에 언급했던 아딘크라Adinkra 신전은 여러 터부들 가운데 수요일에는 빨간 고추를 먹지 말라는 터부를 가지고 있었다.

나는 우리가 아키와데의 의미를 배울 수 없다고 생각지는 않는다. 사실 이미 내가 이야기했던 것을 기초로 이 말이 어떻게 사용되는지를 꽤 많이 파악하기를 기대한다. 그리고 러트레이의 전 작품을 읽으면 아칸족의 터부에 관해 더 많은 것을 알게 될 것이고 분명 이 개념을 충분히 파악하게 될 것이다. 그럼에도, 아키와데는 우리의 현실적인 사유 속에서 작동하는 관념은 아니다. 우리가 피하고 싶은 행위 중에는 그저 막연히 '터부'라고 부르는 행위가 있다. 예를 들어 근친상간 금기 같은 것이다. 그러나 우리는 근친상간이 터부이기 때문에 금기시되어야 한다고 생각하지는 않는다. 오히려 정반대다. 즉 근친상간은 하지 말아야 할 만한 이유가 있기 때문에 터부가 된 것이다.

우리 아버지가 사슴 고기를 먹지 못하도록 만드는 금기처럼 몇몇 아키와데는 특정한 부류의 사람들에게만 적용된다. 이는 다음과 같이 사실을 은유적으로 표현해 주는 속담에서도 분명히 발견된다.

> 사람들은 통치자, 왕족, 노예의 세 부류로 나뉘지만 모든 사람은 자기 자신의 터부를 가진다. 통치자의 터부는 의견 불일치이고, 왕족의 터부는 불명예이고, 노예의 터부는 자신의 태생을 들춰내는 것이다. Nnipa gu ahodoɔ mmniɛnsa, nanso obiara wɔ n'akyiwadeɛ: ɔhene, ɔdehyeɛ na akoa. Ɔhene akyiwadeɛ ne akyinnyeɛ, ɔdehyeɛ deɛ ne nssamu, na akoa deɛ ne nkyerasɛɛ.

결과적으로 말하면, 아샨티 지역에 살고 있다 하더라도, 아샨티의 구성원도 아니고 신전에 대한 의무도 없는 사람이라면, 많은 터부들의 영향권에서 벗어나 있을 것이다. 그러나 모든 아샨티인에게는 '하지 말아야 할' 일들이 많고 다른 모든 사람들도 그렇게 해주기를 기대하는 일들이 많다. 월경하는 여성과의 접촉이나 최근에 섹스를 한 남성과의 접촉과 관계있는 금기의 경우, 비록 그런 금기가 없는 이방인들이라도 그로부터 영향을 받을 수 있다. 만약 여러분이 그 터부를 알았다면, 터부는 여러분이 어떻게 행위해야 하는지 지침을 줄 수 있다. 예를 들어, 족장에게는 월경하는 여성과 악수를 하는 것이 터부가 되기 때문에, 아샨티의 족장을 방문하는 사람은 모임에 가야 할지 말아야 할지 결정해야 한다.

나는 이러한 터부를 기술하기 위해 '도덕'이라는 용어를 의도적으로 사용하지 않았다. 터부는 확실히 행위, 사고, 감정을 이끄는 가치들이다. 그러나 터부는 우리가 도덕적 가치라고 생각하는 것과 적어도 세 가지 방식에서 다르다. 첫째, 터부는 모든 사람에게 언제나 적용되는 것이 아니다. 야생동물의 사체를 멀리해야 할 의무는 에쿠오나Ekuona[가]족의 구성원에게만 있다. 둘째, 우연히였더라도 일단 터부를 어겼다면 그 사람은 더럽혀진 것이다. 따라서 도덕을 위반한 경우에는 "도덕을 위반할 의도는 없었다"라는 말이 실질적인 변명으로 받아들여질 수 있지만, 터부를 어긴 경우에는 "당신의 의도가 무엇인지는 중요치 않다. 당신은 더럽혀졌으며, 따라서 정화될 필요가 있다"라는 대답을 듣게 될 것이다. 근친상간의 터부를 어긴 오이디푸스Oidipous가 자신도 모르게 어겼다고 해서 사정은 더 나아지지 않았다. 터부와 도덕적 요구 간의 최종적인 차이점은 터부를 어겼을 시 대개 어긴 사람이 더럽혀진다는 것이다. 이는 근본적으로 어긴 사람이 다른 사람들을 어떻게 대우해야 하는 것과는 관련 없는 문제다. 그가 어떻게 스스로 정화 의식을 거쳐야 하는지의 문제다.

오늘날에는 세계 곳곳에서 많은 이들이 아키와데 같은 것을 믿으며, 터부이든 그 밖의 무엇이든 이와 유사한 용어는 확실히 가

세계시민주의

|가| 부시카우족의 아칸어 이름.

치 평가적인 언어의 한 부분으로 굳건히 자리 잡고 있다. 그러나 적어도 오늘날에는 터부를 피하는 것이 사람들에게 여전히 중요하다고 하더라도, 다른 종류의 가치들만큼 중요하지는 않다. 앞서 말했듯이, 이것은 부분적인 이유이기는 하지만, 터부를 위반하는 행위가 몸을 오염시킨다고 할지라도 그 오염은 흔히 의식을 통해 정화될 수 있기 때문에 그렇다. 정통 유대교의 식사 계율도 이와 유사하다. 식사 예법을 지키는 것은 중요하며, 따라서 가능하다면 그 계율을 지키려고 해야 한다. 그러나 만약 우리가 우연히 식사 계율을 어겼다면, 이에 대한 올바른 대응은 죄책감을 갖는 게 아니라 적절한 정화 의식을 거행하는 것이다. 반면, 절도나 강간, 살인 같은 도덕적 위반은 정화를 통해 속죄되지 않는다.

우리 아버지가 자랐던 시대에 비해 오늘날 내 고향 마을에서 아키와데에 대한 관심이 더 줄어드는 이유를 설명하는 역사적 추세가 있다. 우선 하나의 이유는 이러한 터부가 초기 종교 형태와 관련되어 있었는데, 오늘날에는 많은 사람들이 기독교도와 무슬림이 되었기 때문이다. 앞서 내가 언급했던 것처럼, 우리의 초기 종교적 관념은 세계종교를 믿는 독실한 신자들의 삶 속에도 여전히 남아 있지만, 이들 초기 종교는 여호와나 알라와 경쟁하고 난 뒤부터는 그 종교적 관념의 중요성이 전보다 감소된 것이다. 예전에는, 터부를 어길 경우 신이나 조상의 격노를 두려워할 이유가 있었다. 그래서 자신의 몸을 정화함으로써 신이나 조상과 화해하는 것이 중요했다. 그러나 이들의 힘은 오늘날 덜 존중받는다(읽은 기억이 나겠지만, 기독교도인 내 누이가 주술로부터 우리들을 보호하고자 찾아간 것은 무슬림이었다).

또 다른 이유는 터부와 자주 관련이 있었던 정체성(예를 들어, 종족 정체성)의 중요도가 예전보다 훨씬 약화되었기 때문이다. 사람들은 여전히 대개 자신의 종족을 알고 있다. 과거에는 외부인이 아칸족 세계 내의 다른 낯선 지역에 갔다면, 그 지역의 족장으로부터 환대를 받을 수 있었을 것이다. 그러나 오늘날에는 그 지역들에 호텔이 들어서 있고 여행은 일상적인 일이 되었다(따라서 종족의 환대를 요구하는 것은 억압적인 요구가 될 수 있다). 그리고 많은 사람들이 고향을 떠나 살아가는 오늘날에는 가문과 마찬가지로 종족의 중요성은 더 떨어진다.

똑같이 중요한 사실이지만, 내가 생각하기에 쿠마시에 살고 있는 사람들 대부분은 오늘날 자신들의 터부가 지역적이라는 사실을 알고 있다. 즉 외지인들은 무엇이 터부이고 무엇이 터부가 아닌지를 알지 못하며, 설령 안다고 해도 그 자신들만의 터부가 있을 것이다. 따라서 사람들은 점차 터부를 "'우리'가 하지 않는 것"으로 생각한다. "'우리'가 하지 않는 것"으로부터 "우리가 '우연히' 하지 않게 된 것"으로의 이행은 대수롭지 않을 수 있다. 그래서 사람들은 이러한 관행을 큰 관심을 끌지 않는 그저 기묘한 지역적 관습으로 생각할 것이다. 그리고 결국에는 야단법석을 떨거나 소동을 일으키지 않는 관행만이 그나마 관습으로 인정받아 남을 것이다.

## 진정 역겨운 것은 무엇인가 Gross Points

앞서 보았듯이 아키와데는 모든 종류의 관습과 실제적 믿음들(특히 변덕스러운 조상과 신전의 존재) 속에 두껍게 얽혀 있다. 그래서 사람들은 이러한 이질적인 가치를 원시적이고 비합리적인 것으로 폄하하는 반응을 보인다. 그러나 만약 이것이 이질적인 가치들의 본질이라면, 원시적이고 비합리적인 가치는 오늘날 이곳 서구 세계에도 만연해 있는 셈이다. 사실, 아키와데의 근저에 놓여 있는 정서, 즉 반감은 확실히 보편적인 것이다. 이것이 그것을 파악하는 게 어렵지 않은 이유다. 많은 미국인들은 돼지고기는 먹지만 고양이 고기는 먹지 않으려고 한다. 그렇다고 해서 고양이가 돼지보다 더 불결하기 때문에, 혹은 더 총명하기 때문이라고 하기는 어려울 것이다. 그리고 고양이 고기를 '먹을' 사회가 있기 때문에, 우리는 사람들이 두려워하지 않고 즐겁게 고양이를 먹는 것이 가능하다는 점을 안다. 육식을 하면서도 고양이 고기는 먹지 않는 대부분의 미국인들은 고양이 먹는 것을 생각하기만 해도 혐오스럽다는 게 유일한 변명이다. 사실, 우리 모두는 닿기만 해도 내가 오염될 것이라고 생각하는 대상을 갖고 있다. 즉 그것을 만지면 더럽다고 느낄 것이며, 그것을 먹으면 메스껍다고 느낄 것이다. 만약 우리가 그러한 대상과 접촉한다면, 우리는 손을 씻거나 입을 헹구려고 당장에 달려 나갈 것이다. 우리는 우리 자신이 이렇게 반응했을 때 그 반응이 합리적이라고 옹호하는 게 대부분이다. 말하자면, 바퀴벌레나 쥐, 다른 사람의 침이나 토사물

등은 실제로 질병을 옮기고, 고양이와 개의 경우는 혐오스러운 맛이 난다. 그러나 이러한 반응은 우리가 말하고 있는 이야기로는 실제로 설명되지 않는다. 파리도 바퀴벌레와 거의 같은 병균을 옮기지만, 우리는 흔히 바퀴벌레보다 파리가 덜 '오염시킨다고' 여긴다. 그러므로 사람들은 바퀴벌레를 사전에 고온 열처리하면 모든 박테리아가 완전히 박멸된다는 사실을 안다 하더라도, 그 바퀴벌레가 빠진 오렌지 주스를 마시는 것을 상상하면 메스꺼움을 느낀다. 또 초콜렛인 줄 분명히 알더라도, 개 모양으로 생긴 초콜렛은 먹기를 꺼린다.

심리학자들, 특히 이 방면의 실험을 많이 했던 폴 로진Paul Rozin, 1936-은 이러한 혐오를 느끼는 능력을 인간의 근본적인 특징이라고 생각한다. 우리 인류와 같은 잡식성 동물에게는 먹을 것과 먹지 말아야 할 것을 분별하는 것이 중요한 인지적 과제였기 때문에 그런 특성은 진화될 수밖에 없었다. 혐오는 피해야 할 음식에 대처하기 위해 길러진 반응이기 때문에 메스꺼움을 동반한다. 그러나 모든 선천적인 능력과 마찬가지로 혐오 능력도 문화에 의해 만들어질 수 있다. 혐오 능력은 여러 문화권에 속하는 남성들이 생리 중인 여성과 악수를 했다는 사실을 알았을 때 자신의 몸이 더럽혀졌다고 느끼는 것과 '동일한' 능력인가? 그것은 대부분의 미국인이 근친상간을 생각할 때 느끼는 끔찍한 혐오감과 동일한가? 난 아직은 우리가 그 답을 알지 못한다고 생각한다. 그러나 이러한 터부 반응이 만연해 있다는 것은 그 반응들이 인간 본성 속에 깊숙이 자리 잡고 있다는 것을 암시한다.[2]

종교인이든 비종교인이든 대부분의 사람들이 보기에, 특정 성행위(예를 들어, 자위나 동성애, 심지어 합의에 의한 성인 간의 근친상간)에 대한 일부 현대인들의 태도는 세계 곳곳의 다양한 문화권에서 발견되는 터부의 변형일 뿐이다. 예를 들어, 「레위기」 후반부의 이른바 성결법전에서는 자연사한 동물을 먹을 때는 몸과 의복을 깨끗이 해야 하며, 그렇게 하더라도 그날 저녁때까지는 정화되지 않을 것(「레위기」 17장 15~16절)이라고 한다. "아론의 아들"인 제사장들은 「레위기」 22장 5~8절에서 다음과 같은 당부를 들었다. 오염된 사람이나 부정 탄 "벌레"와 접촉한 사람은 반드시 목욕재계해야 하며, 해가 떨어져야 "제단에 바쳐진 성물"을 먹을 수 있다. 같은 장에서, 피를 마시는 것, 신체를 자해하는 것(문신, 제사장이 이발을 하고 면도하는 것, 남성 할례는 아니지만 자신의 몸에 상처를 내는 것), 여러 친지들의 벗은 모습을 보는 것을 금지하면서, 제물에 관한 성결 규례를 세세하게 규정하고 있다. 현대의 기독교도들은 대부분 이러한 규례를 유대교 율법의 일부라고 생각하며, 예수 그리스도가 그런 유대교 율법으로부터 인간들을 해방시켰다고 믿는다. 그러나 이런 구절들과 나란히 남성이 "여성과 동침하듯 남성과 동침하는" 것을 금지하는 유명한 규율들이 발견되고, 이와 함께 근친상간 및 수간을 금지하는 명령도 발견된다. 이는 대부분의 기독교도들이 지금도 여전히 지키고 있는 것이다.[3]

「레위기」의 앞부분에서는 직접적으로든 간접적으로든 생리하는 여성과 접촉하지 말라고 하는 폭넓은 금기와, 그렇게 더럽혀

도덕적 불안인가

진 몸을 정화하는 규례도 발견된다. 물론 남성의 사정 역시도 몸을 더럽히는 행위이므로 비록 몸을 깨끗이 씻더라도 저녁때까지는 정화되지 않을 것이라는 규례도 발견된다.[4] 아칸족의 전통처럼, 이러한 규례들은 형이상학적인 믿음 속에 깊이 박혀 있다. 이스라엘의 자손들은 이러한 규례를 신이 모세에게 내린 율법이라고 반복해서 말했고, 이스라엘 민족에 뿌리박혀 있는 종교와 연관 지어 설명하는 일이 흔하다. 따라서 피를 마시는 행위에 대한 금지를 다음과 같이 설명한다.

세계시민주의

> 육체의 생명은 피에 있음이라. 내가 이 피를 너희에게 주어 제단에 뿌려 너희의 생명을 위하여 속죄하게 하였나니 생명이 피에 있으므로 피가 죄를 속하느니라. 그러므로 내가 이스라엘 자손에게 말하기를 너희 중에 아무도 피를 먹지 말며 너희 중에 거류하는 거류민이라도 피를 먹지 말라 하였나니.[5]

우리는 「레위기」에 있는 여러 가치들이 그 종류에 따라 깔끔하게 분류되지 않는다는 점을 발견할 수 있다. 우리는 부모를 존경하지 않는 것을 그릇된 행위라고 생각하겠지만, 여기서의 '그릇되다'는 이웃의 아내와 섹스하는 것을 그릇된 행위라고 말할 때의 '그릇되다'와는 다른 의미다. 마찬가지로 동물과 섹스하는 것을 그릇된 행위라고, 며느리와 근친상간하는 것을 그릇된 행위라고 할 때와는 다른 것이다. 고백건대, 나는 남성들 간의 섹스를 전혀 나쁘게 생각하지 않는다. 여성과 동침하듯이, 남성이 다른 남성과 동침을 한다고 해도 말이다. 그러나 이런 모든 행위는 성 결법전에 의해 계속 금지된다. 사실 (「레위기」 20장 9~13절에서) 이런 모든 행위는 죽음을 맞을 만한 것으로 여겨진다.

　이러한 행위를 심각하게 받아들이는 사람들에게는 이런 금지가 내면 깊숙한 곳으로부터 나오는 본능적인 반응을 불러일으키기도 한다. 또한 그런 이들은 이러한 금지가 형이상학적이거나 종교적인 문제들에 관한 믿음과도 얽혀 있다고 느낄 것이다. 이런 두 가지 특징이 결합되면, 본능적 반응도 형이상학적 믿음도 공유하지 않는 사람들과 이러한 문제에 대해 논의하는 것이 매우 어려워진다. 그러나 비록 우리들이 심각하게 받아들이지 못하는 가치들에 대해서도 기대할 만한 측면이 있다. 즉 이해의 여지가 있다는 것이다. 우리는 군이 가치를 공유하지 않더라도 어떻게 그 가치가 누군가를 움직이게 하는지를 알 수 있다. 심지어 우리가 (다리우스 왕에게서 심한 모욕을 받았던 인도인들이나 그리스인들과는 달리) 시체가 어떻게 처분되는지에 관해 조금도 개의치 않는다 하더라도, 안티고네Antigonē 역시 실제로 개의치 않았을 것이라고 생각한다 하더라도, 오빠의 시신을 묻어주기로 결심한 안티고네가 우리의 마음을 감동시킬 수 있다.[가]

　그리고 터부 때문에 어떤 행위를 해야 할지에 관해 진정한 불

---

[가] 그리스 신화에 나오는 안티고네는 테베의 왕 오이디푸스의 딸이다. 오이디푸스가 자신이 어머니와 결혼했음을 알고 스스로 눈을 찌른 뒤 테베를 떠나 방황하다 죽자, 두 아들 에테오클레스Eteocles와 폴리네이케스가 왕위 다툼을 벌이다 모두 죽었다. 이때 새 왕이 된 크레온Creon은 폴리네이케스Polyneikēs를 반역자로 몰아 시체를 짐승의 밥이 되도록 내다 버렸다. 안티고네는 금지령을 어기고 오빠 폴리네이케스의 시체를 땅에 묻었고, 그로 인해 감옥에 끌려갔으나 목을 매 자살했다.

일치가 발생하는 한, 많은 사람들은 그런 가치들이 장소에 따라 변화한다는 점을 쉽게 이해할 것이다. 오늘날 아샨티인들은 자신들의 터부가 외지인들에게는 효력을 미치지 못한다는 점을 대체로 받아들이는 편이다. 물론 우리는 아샨티인들이 자신들의 생각을 고수할 것이라는 점을 알고 있다. 그리고 무엇보다 중요한 것은, 이런 지역적 가치들을 가지고 있다 하더라도 우리는 친절함, 관대함, 동정심이나 잔인함, 인색함, 경솔함과 같이 인간 사회에서 널리 받아들여지는 덕과 악을 인식할 수 있다는 점이다. 그래서 마찬가지로 그 가치들이 「레위기」 속의 다양한 혐오들 가운데 흩어져 있듯이, 우리는 보편적이며 터부의 요구사항들을 잘 규율하는 그 가치들에 순간순간 호소한다. 「레위기」 19장은 우리들에게 가난한 사람을 위해 곡식을 나누어 주라고 명하고, 거짓말하지 말고, 사기 치지 말며, 도둑질하지 말라고 명한다. 듣지 못한다고 나쁘게 말하지 말고, 보지 못한다고 가로막지 말라고 명한다. 그리고 친척들을 헐뜯지 말라고 한다. 실로 「레위기」는 "네 이웃 사랑하기를 네 자신과 같이 사랑하라"(19장 18절)와 같이 어쩌면 불가능한 명령을 요구한다. 모두가 다 인정하지는 않는 가치들이 있다. 물론 우리 모두가 인정하는 가치는 많다.

## 논쟁이 되는 용어들    Terms of Contention

세계시민주의자들은 모든 문화가 서로 간에 대화가 가능할 만큼 충분히 중첩된 가치 용어를 가진다고 가정한다. 그러나 일부 보편주의자들이 생각하는 것처럼 동일한 어휘를 가진다고 해서 곧바로 우리 모두가 동의에 이를 수 있다고는 생각하는 것은 아니다. '공손'이라는 용어를 일본어로는 뭐라고 하는지와는 상관없이, 거의 모든 미국인들이 '공손'이라는 두꺼운 개념이 무엇인지를 알고 있다. 그러나 이것은 공손함이 언제 표현되는지에 대해우리가 일치할 수 있다는 것을 의미하지 않는다. 한 기자가 인권 유린으로 유명한 어느 외국 독재자를 인터뷰한다고 가정해 보자. 기자는 정중하게 각하라는 호칭을 자주 사용한다. 그는 "일부에서는 각하가 정치범을 수감하고 있다는 사실을 지적하고 있습니다"라고 말한다. 그 사실은 모두가 아는 사실임에도 "일부"라고 하는 것이다. "각하, 비밀경찰의 고문에 대한 비난이 있는데 어떻게 생각하십니까?"라고 묻는다. 독재자는 "말도 안 됩니다"라고 대답한다. "그런 말은 우리가 이룩해 놓은 발전을 왜곡해 외국인들에게 혼란을 주려는 무리들이 만들어낸 거짓말입니다"라고 말한다. 기자는 다음 질문을 이어간다. 이러한 태도는 공손한 행위인가? 혹은 진실을 밝혀야 하는 기자의 책무를 포기한 행위인가? 아니면 두 경우 모두에 해당될 수 있는가? 만약 이것이 공손한 행위라면, 이러한 상황에서 공손히 행하는 것이 적절한가? 마땅한 답 없이 이런 대화가 장시간 진행되는 건 쉽게 상상이 가는 일이다.

공손함은 우리가 흔히 도덕보다 덜 심각한 것으로 여기는 태도를 가리키는 가치 용어다. 그러나 이러한 종류의 논쟁에서는 더 직접적인 윤리적 용어(예를 들어 '용감하다')와 더 중심적인 도덕적 용어(예를 들어 '잔인하다')도 역시 사용된다. 미덕virtues과 악덕vices을 가리키는 대부분의 용어들처럼, '용기'와 '잔인'을 철학자들은 '구조가 열려 있다open-textured'고 말한다. 즉 이러한 용어들의 의미를 알고 있는 두 사람은 어떤 특정한 경우를 두고 그 용어가 적용되는지 아닌지에 관해서 당연히 불일치할 수 있다.[6] 그 용어의 의미를 파악한다고 해서 그 의미가 향후 모든 경우에 적용될지 어떨지를 분명하게 결정해 줄 규칙이 주어지는 것은 아니다. 거의 반세기 전에, 법철학자 허버트 하트Herbert L. A. Hart, 1907~1992는 열린 구조open texture의 예로 공원에서 '탈것'을 금지한다는 조례안을 제안했다. 이 조례는 어린아이의 호주머니 속에든 5센티미터 크기의 장난감 자동차에도 적용될까? '탈것'은 열린 구조다. 그것은 어느 측면에서나 얘기될 수 있는 것이다. 물론 법률적인 맥락에서는 (공원의 평온함을 해치지 않기 위해) 공원 주위에서 차량을 이용하지 말라는 의미임을 분명히 알 수 있다. 자! 어린아이를 스케이트보드에 태워보자. 그러나 저 원칙은 스케이트보드가 탈것이라는 것을 시사하지 않는가? 그 규칙을 제정한 사람들이 이런 질문에 대한 답변을 염두에 두었다고 생각할 이유가 반드시 있는 것은 아니다. 우리의 언어는 일상적이고 익숙한 경우에는 아주 잘 작동한다. 그런데 관심을 끄는 사건을 만나게되면, 우리의 언어를 동일하게 잘 알고 있는 사람들조차 의견을 달리할 수 있다.

가치 평가적 언어의 열린 구조는 훨씬 더 분명하다. 우리 종조

세계시민주의

할아버지는 기병대를 이끌고 칼 한 자루만 달랑 찬 채 기관총 포상을 향해 돌진했다. 용감한가? 아니면 단지 무모한가? (종조할아버지가 아샨티인이었을 것이라고 추측할지도 모르겠다. 그러나 영국인이고, 1차 세계대전 때 참전하여 터키에 대항해 싸우기까지 했다. 종조할아버지는 자신의 자서전에 '인생은 도박이다Life's a Gamble'라는 제목을 붙이기도 했으니, 기꺼이 위험을 감수한 인물이라고 말할 수 있을 것이다) 아리스토텔레스Aristoteles, BC 384~322는 용기란 위험을 단순히 무시하는 것이 아니라, 그 위험에 '지성적으로' 대응하는 것이라고 주장했다. 어쩌면 그 상황에서 그리고 또 목표가 주어진 때이므로, 기병대를 이끌고 돌격하는 것이 종조할아버지가 할 수 있는 가장 현명한 일이었을 것이다. 그러나 심지어 그 당시의 정확한 상황을 알 수 있는 충분한 이야기를 입수한다고 하더라도, 우리는 서로 끝내 의견을 달리할지도 모른다.

몇 해 전 종교 지도자들의 국제회의에서 이른바 "세계윤리선언"이 발표되었다. 그 선언의 권고 내용은 점성술의 특성 또한 가지고 있었다. 즉 점을 보러 오는 모든 이들에게 들어맞을 만큼 두루뭉술하면서도 놀랄 정도로 정확해 보이는 그런 것 말이다. "우리는 성적으로 부도덕한 어떠한 행위도 범해서는 안 된다." 즉 무엇을 성적으로 부도덕한 행위로 규정하느냐에 대해 우리가 불일치하지 않기만 한다면 이는 아주 적절한 의견일 것이다. "우리는 모든 형태의 지배와 학대를 버려야만 한다." 그러나 우리의 통찰에 따르면, 여성을 지배하고 학대하는 사회가 있다 하더라도, 그 사회의 구성원들 스스로 자신의 사회가 그렇다고 인정하지는 않

을 것이다. 그 사회의 구성원들은 자신들이 여성의 명예와 순결을 보호해 준다고 확신한다. "모든 사람은 인간으로서 완전한 자아실현을 위한 기회균등을 누려야 하며, 우리는 그것을 가능하게 하는 정의로운 사회·경제적 질서를 추구하려고 노력해야 한다." 여기서 기회균등은, 점진적 사회주의를 주장하는 페이비언Fabian주의자들에게는 사회주의를 보증하는 것으로, 근본적 자유주의자 랜디언Randian주의자|가|들에게는 완전히 자유로운 자본주의를 보증하는 것으로 간주될 것이다.

따라서 이제 가장 중심적인 가치들에 대한 얘기로 넘어간다. 살아 있는 소가 죽음의 냄새를 맡을 수 있는 가까운 도살장에서 소를 도축하는 것은 잔인한 행위인가? 아니면 예의 바른 행동을 가르치기 위해 어린아이의 엉덩이 등을 때리는 것이 잔인한 행위인가? 여기서 핵심은 이러한 물음들에 대해 우리가 어떤 한 입장에 설 수는 없다는 게 아니다. 우리가 의견을 달리하는 것은 우리들 중 하나가 바로 그 가치를 이해하지 못하기 때문이 아니라, 그 가치 용어를 새로운 상황에 적용할 때 어떤 판단과 분별을 요구하기 때문이다. 실로, 이 용어들을 어떻게 적용해야 하는가의 문제는 이 용어를 이해하는 문제이기도 하다. 철학자의 어투로 말하자면, 가치 용어들은 "본질적으로 논쟁적essentially contestable이다". 월터 갤리Walter B. Gallie, 1912~1998가 이러한 표현을 소개하면서 썼던 것처럼, 많은 개념들의 경우 그 개념을 적절하게 사용하는

세계시민주의

---

|가| 사회주의와 이타주의는 물론, 종교까지 반대하면서 자유방임주의와 극단적인 개인주의를 추구한 러시아 태생의 미국 작가 · 철학자 에인 랜드Ayn Rand, 1905~1982에 동조하는 사람.

것은 사용자의 입장에서 그 개념들의 적절한 사용에 관한 끊임없는 논쟁으로 불가피하게 이어진다.[7] 내가 줄곧 주장했듯이, 가치 평가적인 언어의 목적은 단지 우리들의 행위만이 아니라 우리들의 사고와 감정까지도 이끌어내는 것이다. 우리가 '용감하다' 와 '겁 많다', '잔인하다' 와 '온화하다' 같은 단어를 가지고 과거의 행위를 묘사할 때, 우리는 사람들이 과거의 행위에 관해 생각하고 느끼는 것을 구현한 것이다. 또한 도덕적 언어에 대한 우리들의 이해도 구현한다. 도덕적 언어가 열린 구조이고 본질적으로 논쟁적이기 때문에, 도덕적 어휘를 공유하고 있는 사람들조차 싸울 일이 많아지게 된다.

도덕적 불일치

## 바보의 황금      Fool's Gold

세계종교회의 지도자들이 동의했던 '황금률' 이 세계 윤리의 토대가 되는 '근본 원리' 였다는 점을 고려해 보자. 황금률은 "자신이 원하지 않는 것을 남에게 요구하지 말라"는 것으로, 부정문을 긍정문으로 표현하자면, "자신이 대우받고 싶은 대로 남을 대우하라"는 것이다. 사실, 황금률이 세계적인 윤리 이념의 가장 유력한 후보이지만, 나는 이것이 왜 큰 효과가 없는지를 간략히 설명할 필요가 있다고 생각한다. 앞으로 살펴보겠지만, 황금률에는 두 가지 다른 해석이 있다. 온건하면서도 소극적인 입장에서 해석하면, 이 격률은 우리가 원하지 않는 일을 다른 사람에게도 요구하

지 말 것을 주장한다. 보다 강하고 적극적인 입장에서 해석하면, 이 격률은 우리가 대우받기를 원하는 대로 다른 사람들을 대우해야 할 것을 명령한다. 그러나 어느 방식이든 이 격률은 매력적인 이념을 담고 있다. 우리가 다른 사람들을 대할 때, 그들의 입장에서 세상이 어떻게 보이는지를 상상해 보자. 이러한 기본적인 도덕의 정서는 널리 퍼져 있다. 공자孔子, BC 551~479의 『논어論語』「위령공衛靈公」편에는 "자기가 원하지 않는 일을 남에게 행하지 말라|가|"라는 말이 나온다. 또 『마하바라타Mahābhārata』 5장 1517절에는 "이것은 최고의 의무다. 즉 당신에게 고통의 원인이 되는 것을 다른 사람에게 행하지 말라"라는 말이 나온다. "그러므로 무엇이든지 남에게 대접을 받고자 하는 대로 너희도 남을 대접하라. 이것이 율법이요, 선지자니라"라는 말은 킹 제임스 번역판 『신약성서』의 「마태복음」 7장 12절에 나온다. 그러나 황금률이 여러 경전에 등장한다고 하더라도, 처음 볼 때와는 달리 그다지 유용하지는 않다.

그 이유를 살펴보기 위해, 먼저 우리가 다른 사람에게 어떤 행위를 할 때는, 우리의 행위가 매우 다양하게 비칠 수 있다는 점을 주목해 보자. 우리의 행위가 이렇게 비칠 때는 상대방이 흡족해할 것이며, 저렇게 비칠 때는 상대방이 흡족해하지 않을 것이다. 가령 우리가 수혈로 여호와의 증인의 생명을 구하려고 하는 의사라고 가정해 보자. 우리가 하고자 하는 것은 생명을 구하는 것이다. 물론, 이는 바로 우리가 그 환자와 같은 위급한 상황에 처할

세계시민주의

|가| 己所不欲 勿施於人.

경우, 누군가가 우리에게 해주길 원하는 행위일 것이다. 우리는 그 환자 역시 이러한 행위를 원할 것이라고 가정할 수 있다. 그런데, 우리는 수혈로써 환자를 구하고 싶을 것이다. 이 역시 우리가 같은 상황에 처했을 경우 의사가 우리에게 해주었으면 하는 행위다. 하지만 안타깝게도 환자는 수혈을 원치 않을 것이다. 알다시피, 대부분의 여호와의 증인은 "너희는 기름과 피를 먹지 말라. 이는 너희의 모든 처소에서 너희 대대로 지킬 영원한 규례니라"라는 「레위기」 3장 17절을 수혈을 금하는 것으로 해석한다. 환자에게는 하느님의 명령에 복종하는 것이 현세에서의 삶보다 더 중요하기 때문에, 이러한 상황에 있어도 환자는 우리가 하고자 하는 행위를 완강히 거부할 것이다. 차라리 환자는 말 그대로 죽는 게 더 낫다고 말할 것이다. 어떤 경전에 어떤 말로 등장하든지, 실제 황금률이 안고 있는 첫째 문제점은 내가 타인을 왜 그렇게 대우하고 있는지를 알아야 할 뿐만 아니라(이는 내 자신과 관련된 행위를 기술하는 것이다), 이러한 행위가 타인에게 어떠한 영향을 줄 것인지에 대해서도 알아야 한다는 것이다.

그렇다면 우리는 어떻게 해야 하는가? 우선, 우리가 그 환자와 같은 상황에 처해 있을 경우 수혈을 받는 것이 참으로 행복할 것이라고 생각할 수 있다. 그렇다면 황금률은 "자, 어서 당신 생각대로 하세요"라고 말한다. 그러나 환자의 상황은 어떤가? 수혈을 받지 않으면 곧 죽을 것 같은 상황인가? 아니면 신의 명령을 어김으로써만 자신의 생명을 건질 수 있는 상황인가? 누군가가 내게 수혈을 해줄 경우 내가 지옥에 떨어질 것이라고 생각한다면, 나

역시 수혈을 원치 않을 것이다. 일단 이러한 입장에서 황금률을 바라본다면, 이제 황금률은 우리를 다른 길로 이끌 것이다. 따라서 내가 다른 사람들에게 어떤 행위를 해야 하는지에 관해 생각할 때, 내 현실적 가치와 신념에 따라 그러한 행위가 내게도 베풀어지기를 원하는지가 중요할까, 아니면 내가 타인의 가치와 신념을 가졌더라도 그러한 행위가 내게 베풀어지기를 원하는지가 중요할까?

안타깝지만, 나는 그 어느 것도 해답이 아니라고 생각한다. 수혈받을 피가 아프리카계 미국인의 것인데 환자는 인종주의자라고 가정해 보자. 우리는 스스로에게 "만약 내가 인종주의자라면 나는 수혈 받기를 원할까?"라고 물을 것인가? 아무래도, 나는 이것이 공자나 예수가 생각한 것이라고는 상상할 수 없다. 그러나 이 경우에 환자가 원하는 대로 해줘서는 안 되는 이유는 단순히 인종주의가 잘못이기 때문인 것만은 아니다. 나는 여호와의 증인이 「레위기」를 잘못 해석했다고 생각한다. 「레위기」 3장은 분명히 신에게 바칠 고기를 먹는 것에 관한 내용이다. 17절에는 기름을 태우고 피를 제단 주위에 뿌려야 한다는 점이 강조되고 있다. 문맥을 살펴보건대, "피를 마시는 것"과 나의 생명을 구하기 위해 다른 사람의 피를 주입하는 행위인 수혈은 명백히 다르다고 생각한다. 그럼에도, 나는 여전히 그 환자가 수혈을 원하지 않는다는 사실은 중요하다고 생각한다. 내게는 그 사실이 중요하지 않을지라도 말이다.

왜 그런지에 대한 명확한 답은 내게도 없다. 어떨 때는, 내가 다른 사람들과 마찬가지로 "내게 수혈을 한다고 하는데 내가 어떻게 좋아할 수 있는가?"라고 반문할 때, 내 자신이 사람들의 믿음과 가치를 공유한다고 생각한다. 그러나 어떨 때는 그렇게 생각하지 않는다. 캐나다 의약품이 미국 의약품보다 품질이 떨어진다고 생각하는 환자를 가정해 보자. 그는 미친 게 아니다. 확실히 책임 있는 위치에 있는 사람들이 그에게 이런 내용을 주입시키기 위해 조직적인 캠페인을 벌이고 있는 현실이다. 나는 그에게 값싼 캐나다 제품의 알약과 값비싼 미국 제품의 알약 중 하나를 처방할 수 있으며, 이 두 제품의 의학적 효능이 완전히 동등하다고 확신하고 있다. 내가 그에게 선택권을 주어야 할까? 잘 모르겠다. 선택 상황이 캐나다산의 질이 떨어진다는 잘못된 믿음을 포함하고 있는지 아닌지를 모르는 상태라면, 그런 상황에서 내게 선택권이 있느냐 없느냐는 무의미하다.

이러한 문제에는 일반적인 어려움이 있다. 칸트는 올바른 행위를 하고자 할 때는 어떤 보편적 원리에 따라 행위를 해야 할지 언제나 확인해야 한다고 주장했다(칸트는 이것을 "준칙maxim"이라고 불렀다). 그리고 모든 사람이 그 준칙을 따라야 할 경우, 자신도 만족하는지를 물어야 한다고 주장했다. 따라서 칸트에 따르면, 예를 들어, 우리는 약속을 깨고 싶다고 해서 그 약속을 깨서는 안 된다. 왜냐하면 모든 사람이 약속을 어기는 것을 우리가 원할 리는 없기 때문이다. 만약 모든 사람이 약속을 깬다면, 어느 누구도 우리의 약속을 믿지 않을 것이다. 이것을 준칙의 '보편화universal-izing'로 부른다. 그러나 내가 다음 장에서 주장하겠지만, 행위의

도덕적 불안지

'이유'보다 행위의 '내용'이 우리에게 더욱더 분명할 경우에는 우리가 어떤 준칙을 따를지 확인하기란 매우 어렵다.

황금률에 담긴 생각은 타인의 이해利害를 진지하게 고려해야 한다는 것이다. 이는 우리가 타인의 상황에 대해 깨닫고 나서 잠시 동안 (모카신을 신고 걷는 것과 같은) 그들의 행동을 따라 해보라고 제안하는 것이다. 이러한 것은 우리 세계시민주의자들이 옹호해야 하는 목적이다. 단지 그런 방식이 쉽다고 말할 수 없을 뿐이다.

## 어떤 가치들이 가장 중요한가?  Which Values Matter Most?

가치에 관해 불일치하는 세 번째 방식이 아직 있다. 우리가 가치 언어를 공유하고 있다고 하더라도, 그리고 이러한 언어를 어떤 특정한 사례에 적용하는 방식에 관해 일치한다고 하더라도, 어느 가치가 더 중요한지에 대해서는 불일치할 수 있다. 예를 들어, 공자는 『논어』에서 자식은 부모를 공경해야 한다고 말한다. 군자君子는 자신에게 친절을 베푸는 사람들에게 관대해야 하며, 자신을 모함하는 사람도 미워해서는 안 된다. 탐욕을 버려야 하며, 자신의 이해관계 때문에 올바른 행동을 그르쳐서는 안 된다. 용기와 지혜와 신의를 겸비해야만 한다. 이것을 극단적으로 단순화하면, 공자는 놀랍게도 폴로니어스Polonius[가] 같은 인물로 비칠 수 있다 (동시에 진부하게도 비칠 수 있다). 그러나 우리가 그와 이러한 가치

|가| 셰익스피어의 비극 〈햄릿Hamlet〉의 등장인물로, 그를 왕으로 오인한 햄릿에 의해 죽임을 당한다.

들을 공유한다는 사실이 우리가 생각하고 느끼는 것에 있어 항상 그의 의견과 일치하리라는 것을 의미하지는 않는다. 공자는 권위에 복종하는 것을 대부분의 사람들이 생각하는 것보다 더 중요시했다. 그 결과 공자는 때때로 우리 모두가 인정하는 많은 가치 요구에 대해 우리와는 다른 방식으로 대응한다. 우리 모두는 '가능하다면' 부모가 싫어하는 배우자와 결혼하지 않는 것이 더 나을 것이라는 데 동의할 것이다. 하지만 대부분의 서양인은 또한 부모가 자신들이 꿈꾸는 연인과 결혼하는 것을 방해하려고 할 경우, 부모에 복종하지 않는 것이 사랑의 이름으로 정당화될 수 있다고 생각한다. 〈로미오와 줄리엣Romeo and Juliet〉1597의 매혹적인 2막 2장에서, 줄리엣은 이름을 버리는 것으로 이 문제를 표현하고 있다. 로미오에게 "아버지를 부정하고 이름을 버리라"고 말한 줄리엣은 자신도 "캐풀릿이라는 성을 버릴 것"이라고 말한다.

……나의 적은 오직 당신의 이름입니다. 당신은 몬터규 집안이 아니라 당신 자신일 뿐입니다. 로미오, 당신의 이름을 버려요. 당신에게 아무것도 아닌 그 이름 대신에 나를 송두리째 가져요.

공자라면 줄리엣이 가족 관계를 단순한 관습(단지 이름, 무의미한 단어)의 문제인 것처럼 이야기하면서 가장 강력한 자연의 도덕적 유대인 부모와 자식 간의 천륜을 끊고자 했다는 사실을 은폐한다고 반응할 것이 확실하다.

그러나 공유된 가치들 간의 이러한 충돌은 단일 사회 내에서도 일어날 수 있고, 실로 한 사람의 마음속에서도 일어날 수 있다. 게오르크 헤겔Georg Hegel, 1770-1831은 비극이란 선과 악의 충돌이 아니라, 두 선善 간의 충돌에서 나온다는 유명한 말을 남겼다. 그리스군 사령관인 아가멤논Agamemnōn은 중대한 트로이 원정에 나설 것이냐와 아내와 딸에 헌신할 것이냐를 놓고 하나를 선택해야만 했다. 이러한 딜레마는 상상소설의 중요 골자가 되지만, 우리들이 갖고 있는 가치들 간의 충돌은, 설령 보통은 덜 자극적이라 하더라도, 일상적으로 일어나는 사건이다.

모르고 잘못을 저지른 사람을 처벌하는 것이 '불공정하다'는데는 대부분 동의할 것이다. 그런데 상당수 세법들은 이해하기가 매우 어렵다. 능력 있는 세무사에게 아무리 훌륭한 상담을 받는다 하더라도 일을 제대로 처리하지 못할 수 있다. 그러다가 결과적으로 탈세하게 되는 날에는 처벌받을 수도 있을 것이다. 내가 앞에서 거론한 원칙에 따르면 확실히 이것은 공정치 못하다. 문제는 그것이 법률을 개정할 만큼 충분히 공정치 못한 일인가 하는 것이다. 사람들의 의견은 일치하지 않을 수도 있다. (법을 개정해야 하는 경우라면) 결국 법 개정에 따라 늘어날 세법의 집행 비용을 우려하는 말이 나올 수 있다. 간단히 말해, 효율성도 역시 하나의 가치다. 그리고 자신이 이해하는 대로의 세법을 충실히 이행하고자 노력했던 경우엔 처벌받지 않는다는 규칙이 있다면, 법정은 자신이 그런 진정성을 가지고 있음을 증명하고자 하는 사람들로 발 디딜 틈조차 없을 것이다. 이는 어쩌면 사람들을 부추기고 그 진정성을 '가장' 하게 하여 세법에서 신종 도덕적 해이를 낳을 수도 있다. 세법의 정당성 여부에 관한 논쟁은 미국에서 충분히 논란거리가 될 수 있다. 그러나 가치들이 충돌하는 것으로 이보다 훨씬 더 심각한 경우들이 있다.

형사상의 처벌을 살펴보자. 합리적인 사람이라면 누구나 무고한 사람을 처벌하는 것을 바람직하게 생각하지 않을 것이다. 그러나 인간이 만든 제도들이 불완전하고, 우리의 지식이 틀릴 가능성이 늘 있으며, 배심원들도 선입견에서 자유로울 수 없다는 점은 누구나가 알고 있다. 따라서 때로는 무고한 사람도 처벌될 수 있다는 점을 안다. 이는 형사 처벌을 금해야 한다는 주장으로 보일 수도 있지만, 당연히 우리는 범죄자를 처벌하는 것을 중요하게 생각한다. 무엇보다도, 범죄자를 처벌하지 않을 경우 더 많은 범죄가 생길까 두려워하기 때문이다. 자, 다시 돌아와 보자. 우리가 어떤 가치들, 즉 인신과 재산의 보호, 정의, 응보 등의 가치에 합의한다 하더라도, 이런 가치들과, 무고한 사람을 처벌하는 부정의를 피해야 하는 것 사이의 균형을 어떻게 잡는가에 대해서는 의견 일치를 보지 못할지도 모른다. 이런 점 때문에 사형에 관해 의견을 달리하기도 한다. 법학자 찰스 블랙Charles L. Black, Jr., 1915~2001에 따르면, "변덕caprice과 착오mistake"는 사형 재판에서 불가피하게 발생하며 무고한 사람을 죽이는 것 역시 감수하기에는 너무나 중대한 실수다.[8] 사형제를 옹호하는 많은 이들은 죽어도 마땅한 사람들을 처벌하는 것이 중요하다고 믿는다. 사실 이러한 엄청난 실수를 저지를 수 있다는 점을 유감스럽지만 받아들여야 한다는 것이 더욱 중요하다는 것이다. 이들은 범죄자를 처벌하는 사건들에서, 처벌하지 않는 것은 오히려 더 큰 잘못을 저지르는 것이라고 생각한다. 이렇듯, 사형제 논쟁의 양편에는, 동일한 가치를 공유하고 있지만 가치의 무게중심을 달리 두는 사람들이 서 있다는 것을 발견할 수 있다.

## 이방인과 논쟁하기     Disputing with Strangers

세계시민주의

우리는 가치에 관한 세 가지의 불일치를 확인했다. 즉 우리는 가치를 평가하는 언어를 공유하지 못할 수 있고, 동일한 언어를 다르게 해석할 수 있으며, 동일한 가치에도 무게중심을 달리 둘 수 있다. 이러한 문제들은 각각 상이한 사회에 살고 있는 사람들이 논쟁에 참여할 경우 더 쉽게 발생한다. 대체적으로 우리는 이웃과 가치 평가적 언어를 공유한다. 그리고 가치에 대한 평가는 본질적으로 논쟁적이기 때문에, 다른 사회 출신의 사람들이 가치 평가를 공유하고자 노력할 때 불일치의 범위는 통상 더 커질 것이다. 그렇지 않겠는가? 아마도 당신과 나는 어떤 것이 공손한 행위인지에 대해 의견이 반드시 일치하지는 않을 것이다. 즉 '공손'의 범위를 가지고도 불일치가 있는 것이다. 다른 사회에서도 우리의 단어 '공손하다'와 대체로 비슷한 단어가 있을 것이며, '예절'과 비슷한 개념을 가지고 있을 것이다. 그러나 이러한 얇은 가치 평가적 단어가 삶의 상이한 방식 속에 녹아 있다는 사실들에서 추가적인 차원의 차이점들이 생길 것이다. 마지막으로, 하나의 생활양식에 대해 사회마다 평가가 다른 이유는 각 사회가 서로 다른 가치에 무게중심을 두기 때문이다.

아랍 세계 및 대부분의 중앙아시아와 남아시아에는 남성들이 자신의 누이나 딸, 아내의 순결을 자신의 명예와 결부시키는 사회가 있다. 서구 사회의 남성들도 자신들의 아내나 딸이 성폭행당할 경우 수치스럽거나 불명예스럽다고 느낀다. 그러나 아랍 및 일부 아시아 사회 출신이 아닌 한, 성폭행당한 여성을 처벌하는 것을 해결책으로 생각하지는 않을 것이다. 우리는 친척이 이룬 성취가 우리의 영광임을 이해하기 때문에 그것이 동시에 수치가 될 수 있음을 안다. 그러나 지금 우리 사회에서 가족의 명예는 다른 사회에서 중요하게 생각하는 만큼은, 또 생각했던 만큼은 중요하지 않다. 따라서 서로 다른 문화권에서 가치에 관해 대화를 하자면 결국에는 불일치에 다다를 수밖에 없다는 결론을 내릴지도 모른다. 실제로, 우리는 그런 대화가 이해보다 오히려 갈등을 낳을까 두려워한다.

이러한 결론은 세 가지 문제를 안고 있다. 첫째, 우리는 행위 자체에 대해서는 동의할 수 있다 하더라도 행위의 '이유'에 대해 동의하지 않을 수 있다. 둘째, 우리는 가치들에 대한 합의에 이르거나 이르지 못하는 과정에서 합리적 논증의 역할을 과대평가한다. 셋째, 대부분의 가치 충돌은 처음부터 서로 양립할 수 없는 가치들에서 나오는 것은 아니다. 나는 이러한 주장을 다음 장에서 펼쳐 보이겠다.

도덕적 불일치

Chapter  관행의 우선성
The Primacy of Practice

## 지역적 합의 Local Agreements

사람들은 아샨티인들이 근친상간을 아키와데로 간주하여 기피한
다는 이야기를 듣는다면 반가울 것이다. 근친상간을 아키와데로
간주하는 이유를 받아들이지 않는다 하더라도, 우리는 근친상간
이 잘못이라는 아샨티인의 생각에는 동의할 수 있다. 만일 도둑
질을 하지 못하도록 하는 것에 내가 관심이 있다면, 도둑질을 억
제하려는 이유가 황금률을 믿기 때문이든, 인격적 완전성에 대한
신념 때문이든, 아니면 신이 도둑질을 싫어한다고 생각하기 때문
이든 내게는 상관없다. 나는 가치 언어가 사고, 행위, 감정의 공
통 반응을 형성하도록 도와준다고 말했다. 그러나 행위의 문제가
쟁점이 될 때는, 사고와 감정의 차이가 사라질 수 있다. 우리가
대화를 시작할 때 원칙에 대한 동의를 먼저 하지 않는다는 것은
일상생활을 봐도 알 수 있다. 터무니없는 이론에 사로잡혀 있는
사람을 제외하고, 어느 누가 무슨 영화를 보러 갈 것인지, 저녁식
사로 무엇을 먹을 것인지, 언제 잠잘 것인지를 논의하기에 앞서
원칙에 대해 동의하자고 주장하겠는가?

　사실, 주체나 시민으로서 우리들이 정치적으로 공존할 수 있는
이유는 어떤 관행의 정당성에 대해서는 의견을 달리하더라도 적
어도 관행 자체에 대해서는 동의할 수 있기 때문이다. 무어인의
지배 아래 있었던 중세의 스페인에서, 그리고 후에 오스만튀르크
의 지배 아래 있었던 근동 지역에서, 유대인과 기독교도 들은 오
랫동안 무슬림의 통치 아래 살았다. 이들이 일시적 타협을 통해

관행의 우선성

공존할 수 있었던 것은 다양한 공동체들이 보편적 가치에 동의할 필요가 없었기 때문이다. 렘브란트Harmensz van Rijn Rembrandt, 1606~1669 시대가 거의 시작되던 17세기경 네덜란드에서는 세파르디Sephardi[가] 유대인 공동체가 점차 네덜란드 사회에 통합되기 시작했으며, 기독교와 유대인 공동체 간에는 수많은 사회적 교류와 지적 교류가 이루어졌다. 유대인에 대한 기독교도의 관용은 근본 가치에 대한 명시적인 동의에 의존한 것이 아니었다. 실제로 종교적 관용의 역사적 예들(어쩌면 이런 예들을 다문화주의의 초기 실험이라고까지 부를 수 있을지 모르겠다)은 우리에게 우리 사회에 관한 가장 명백한 사실을 상기시켜 준다.

세계시민주의

미국인들은 미국 연방헌법에 제정된 법체계에 따라 통치를 받겠다는 의사를 공유한다. 그러나 그렇다고 해서 누구나 어떤 특수한 주장이나 가치에 동의하라고 요구받는 것은 아니다. 권리장전[나]은 다음과 같은 것을 말해 준다. "의회는 특정 종교 단체의 설립에 관여하거나 자유로운 종교 활동을 금지하는 법률을 제정해서는 안 된다……." 그렇지만 종교를 다루고 있는 수정헌법 제1조가 어떤 가치에 기초하는지에 관해 우리는 동의할 필요가 없다. 그러한 가치는 목적 자체로서 종교적 관용인가? 아니면 개인적 양심에 최고의 가치를 두는 프로테스탄트적 신조인가? 그것은 사람들에게 종교적 일치를 강제하는 것이 단지 시민들 사이의 불

|가| 스페인·포르투갈계의 유대인.

|나| 미국 의회가 1791년에 연방헌법에 덧붙여 통과시킨 헌법 수정안으로, 개인의 기본적 인권을 보장하는 내용을 담았다. 수정헌법 조항 27개 중 첫 10개 조항이 이에 해당한다.

화로 귀결될 뿐이라는 것을 인정하는 신중함인가? 아니면 모든 종교가 그 나름의 가치를 가진다는 회의주의인가? 그것은 종교로부터 정부를 보호하는 것인가? 아니면 정부로부터 종교를 보호하는 것인가? 혹은 그것은 이런저런 목적들의 어떤 조합인가?

　미국의 법률학자 캐스 선스타인Cass R. Sunstein, 1954~에 따르면, 우리가 헌법에 대해 이해하는 방식은 일련의 "불완전하게 이론화된 동의"다.[1] 예를 들어 의회가 명백한 근거를 제시하지 않은 채 이슬람 사원의 건축을 금지하는 법률을 통과시킬 경우, 대부분의 사람들은 의회의 행위가 잘못되었다는 점에 동의한다. 우리들 중 많은 이들은 (비록 우리가 수정헌법 제1조가 어떤 가치를 구현하고 있는지에 동의하지 않는다 하더라도) 의심할 여지 없이 그 수정헌법 제1조를 언급할 것이다. 그러나 다른 사람들은 자신의 판단 근거를 어떤 특정한 법률이 아닌 다른 것에서, 가령 민주주의에 대한 이해에서 찾거나 무슬림의 평등한 시민권 등에서 찾을 것이다. 하지만 그 가운데 어느 것도 헌법에 명시적으로 언급되어 있지 않다. 어떠한 합의된 해답도 없다. 더욱이 핵심은 그러한 것이 있을 필요도 없다는 것이다. 우리는 함께 사는 것을 유익하게 해주는 공존의 가치가 무엇인지에 대한 합의 없이도 함께 살 수 있다. 다시 말해, 우리는 왜 그것이 옳은지에 관해서는 동의하지 않더라도, 무엇을 해야 할지에 관해서는 동의할 수 있다.

　나는 그러한 주장을 과장하고 싶지 않다. 미국인들에게는 우호적으로 함께 살아가도록 하는 널리 공유된 가치들이 있다는 데 의심의 여지가 없다. 그러나 각자 '자신들의' 가치를 반영하기 위

관행의 우선성

한 공유된 가치 이론이나 공동의 이야기가 있기 때문에 미국인들이 성공적으로 함께 사는 것은 아니다. 그들 각자는 자신의 익숙한 삶의 형태를 유지하며, 그들의 이웃 역시 대체로 그들에게 익숙한 사람들이다. 이러한 안정된 삶의 형태가 심각하게 붕괴되지 않는 한, 미국인들은 삶의 방식에 관해 동료 시민들이 그들 자신이나 자신의 이론에 동의하지 않는다고 해서 크게 신경 쓰지 않는다. 요컨대, 미국인들은 자신들이 하려고 하지 않는 어떤 일을 동료 시민들이 한다고 '들을' 때 대체로 자유주의적 반응을 보이는 경향이 있다. 즉 대부분 그것이 자신의 일이 아니며 또한 정부의 일도 아니라고 생각한다. 일반적으로 미국인들에게는 동료 미국인들이 눈에 띄게 자신과 다르다 하더라도, 서로 미국인다움을 공유하고 있다는 사실이 중요한 것이다. 다만 바로 그들이 공유하는 것이 우리가 통상적으로 가정하는 것만큼 실질적이지 않을 뿐이다.

## 우리의 생각 바꾸기 Changing Our Minds

그렇다면 이제, 경계를 초월한 대화를 의미 있게 하는 것은 곧 가치들에 대한 우리의 이성적인 합의가 아니라는 사실이 그리 놀랍지 않을 것이다. 물론 우리가 생각을 바꿀 수 없다는 얘기를 하려는 게 아니다. 대화에서 우리가 주고받는 근거들이 우리와 기본적인 가치 판단을 공유하지 않는 사람들을 설득하는 데는 그다지

도움이 되지 않을 것이라는 얘기다(바꿔 말하면, 이것이 사실 판단에도 똑같이 적용된다는 것을 기억하자).

결국, 그 이유는 우리가 판단을 할 때 숙고된 원리를 사실들에 적용하고 나서 해답을 연역해 내는 경우는 드물기 때문이다. 우리는 흔히 사건이 벌어진 후에야, 비로소 우리가 한 행위나 계획을 정당화하려고 한다. 다시 말해 사건이 벌어진 후에야, 일이 있기 전에 직관적으로 결정했던 것을 합리화하려고 한다. 그래서 우리가 직관적으로 옳다고 생각하는 많은 것들을 옳은 것으로 간주하는 이유는 바로 그것들이 우리에게 익숙하기 때문이다. 만약 우리가 사는 사회가 아이들에게 매를 드는 사회라면, 아마 다른 사회 구성원과 마찬가지로 우리는 아이들에게 매를 들 것이다. 그런 행위가 아이들의 잘못을 고치고 아이들에게 옳은 것을 가르치는 좋은 방법이라고 생각할 것이고, 매 때문에 일시적인 고통이 생기더라도 결국 아이들이 전보다 더 좋아질 것이라고 믿을 것이다. 변덕을 부리는 아이를 보고는 어쩌면 아이의 부모가 아이를 훈육하는 방법을 잘 모른다고, 즉 부모가 아이에게 매를 충분히 들지 않는다고 생각할 수도 있다. 물론 당연히, 아이를 너무 심하게 혹은 너무 자주 때리는 사람들이 있을 거라는 점을 인정하기도 할 것이다. 그래서 아이에게 매를 드는 것이 때로는 잔인하다는 점을 인정하기도 할 것이다.

앞에 나온 예로 다시 돌아가자면, 여성 할례 관행에 관해서도 동일하게 이야기할 수 있을 것이다. 만약 우리가 여성 할례를 정상적인 것으로 받아들이는 사회에서 성장했다고 가정해 보자. 할

편행의 우선성

례를 잘못된 관행으로 생각하는 사람을 만날 경우, 우린 아마도 처음에는 당혹해할 것이다. 그러나 곧 그에게 할례를 하는 이유를 제시할 것이다. 가령 변형되지 않은 성기는 미적으로 아름답지 않고, 젊은이들은 할례 의식을 통해 성인이 되는 과정에서 자신의 용기를 보여줄 수 있는 기회를 얻게 되며, 할례 의식을 치르러 갈 때의 흥분과 의식을 치르고 돌아왔을 때의 자부심을 젊은이들에게서 볼 수 있다고 말할지도 모른다. 또 할례를 겪어보지 못한 사람이 우리의 성행위가 유쾌한지 어떤지 아는 체하는 것은 매우 이상하다고 말할 것이다. 어떤 사람이 외부로부터 우리의 관행을 그만두도록 강제하려 한다면, 우리는 그 관행이 우리의 문화적 정체성의 표현이라고 옹호하려 할 것이다. 그러나 할례에 찬성하는 우리도, 반대하는 그들도 비슷한 정도의 자기합리화를 하는 것일 수도 있다. 할례를 비판하는 이들은 할례를 성기를 훼손하는 행위라고 말하지만, 이는 익숙하지 않은 관행에 대한 반사적인 대응에 지나지 않을 뿐이다. 또 그들은 할례의 의학적 위험을 과장하며, 여성의 할례가 여성의 품위를 떨어뜨린다고 말한다. 그러나 남성의 할례에 대해서는 그렇게 생각하지 않는 듯 보인다.

나는 이러한 비판들을 찬성하지도 않으며, 또한 문화 내에서 그리고 문화를 초월하여 이루어지는 많은 논의에서 나타나는 논증의 어려움이나 이성의 빈곤을 떠들고 다니지도 않을 것이다. 그러나 다음과 같은 단순한 사실은 인정하자. 즉 우리가 하는 일은 대부분 우리가 '평소에 하는 일이기' 때문에 하는 것이다. 우

세계시민주의

리는 아침 8시 30분에 일어난다. 왜 '그' 시간인가? 우리는 커피와 시리얼을 먹는다. 왜 죽을 먹지 않는가? 우리는 아이들을 학교에 보낸다. 왜 집에서 아이들을 가르치지 않을까? 우리는 일해야 한다. 그렇지만 왜 그 직업인가? 논증(나는 논증을 이미 주장된 정당화를 주고받을 때 필요한 공적 행위라고 생각한다)은 일상대로 움직일 때가 아니라 변화를 생각하고 있을 때 일어난다. 사람들이 변하도록 만드는 것은 원리에 근거한 논증도 아니고 가치에 대한 긴 토론도 아니다. 바로 점진적으로 획득된, 사물을 보는 새로운 방식이 사람들을 움직인다.

예를 들어, 우리 아버지는 여자나 남자 모두 전통적으로 할례를 받지 않는 사회에 살았다. 게다가 할례는 아키와데였다. 족장은 흠이 없는 사람이라고 생각되었기 때문에, 할례는 족장의 지위를 유지하는 데 큰 장애물이었다. 그럼에도 자서전에서 밝히고 있듯이, 아버지는 십대 때 할례를 받기로 결심했다.

저 행복한 시절에 있었던 풍습처럼, 아둠Adum의 젊은 여성들은 축제가 벌어지는 그 주 내내 달빛 비치는 밤이면 근처 공터에 모여 초저녁부터 밤늦게까지 민요를 부르고 춤추며 즐겼다.

……그러던 어느 날 저녁, 이 여성들은 갑자기 우리를 당혹스럽게 하는 새로운 노래를 부르기 시작했다. 그 가사 내용은 극히 세속적일 뿐만 아니라 우리 남성과, 남성의 상징인 용기에 대한 아주 대담한 도전을 담고 있었다. 그보다 더 당혹스러운 것은 오랫동안 사람들 사이에서 존중되어 온 우리 선조들의 전통, 즉 할례를 해서는 안

된다는 금기를 깨도록 우리에게 요구했다는 것이다.

"할례를 하지 않은 남자 성기는 혐오스러워. 할례를 하지 않은 사람들이 할례를 받을 수 있게 우리가 돈을 빌려줄 수도 있어. 우리는 할례를 하지 않은 사람들과는 절대 결혼하지 않을 거야."[2]

처음에 아버지와 친구들은 그 여성들이 곧 누그러질 거라고 생각했다. 그러나 잘못된 생각이었다. 결국 아버지는 친구들과 상의한 끝에 스스로 무슬림 할례 전문가인 완삼wansam을 찾아가 할례 시술을 받았다(아버지는 그것이 인생에서 가장 고통스러운 경험이었으며, 만일 다시 그런 경험을 해야 할 상황에 놓인다면 결코 하지 않을 것이라고 했다. 물론 아버지는 마음의 준비를 할 시간도 없었고, 또래 아이들과의 교우 관계도 망쳤으며, 만일 그 관행이 아칸의 전통이었다면 누렸을 명예도 갖지 못했다).

아버지는 이러한 결정을 하게 된 이유를 다음과 같이 제시했다. 아버지와 친구들은 "그 여성들이 비록 금기인 여성 할례를 하려고 하지 않았다 하더라도 미래의 연인이자 부인으로서 남성들에게 할례를 받도록 요청할 자격이 있으며, 우리는 그 요청을 들어주어야 한다"라고 생각했다. 그러나 이러한 설명은 하나의 의문을 낳는다. 왜 아산티의 중심부에서 이 젊은 여성들은 아둠의 젊은 남성들에게 전통도 아닐뿐더러 금기에도 해당하는 할례를 요구하는가? 하나의 가능성은, 어쨌든 그 여성들이 마음속으로 할례 행위를 현대적이고 세련된 것으로 생각했을 수 있다는 것이다. 만약 그런 이유였다면 아버지도 호의적이었을 것이다. 아버지는 어떤 측면에서는 전통적인 사람이었지만, 20세기 초 쿠마시에 살던 많은 사람들처럼, 아버지 또한 새로운 음악과 기술과 가능성을 가져온 근대적 세계에 고무되어 있었다. 자신의 사회에서 할례를 자발적으로 하기 위해서는, 확실히 그는 아둠의 젊은 여성들의 탄원을 들어야만 했을 뿐 아니라 그 배후에 있는 충동도 이해하고 동의해야만 했다. 앞서 말한 것처럼, 할례를 받게끔 부추긴 것은 그것이 구식이 아니라는 바로 그 사실인지도 모른다. 할례는, 특히 전통적인 정치적 지위에 오를 수 있는 가능성을 상실한다는 것을 의미하기 때문에, 근대성에 자신의 운명을 거는 방법이 되었다.

아둠의 젊은이들 사이에 일어난 이와 같은 새로운 유행은 피어싱과 문신을 즐기는 미국 젊은이들의 취향 변화와 유사한 것이었다. 설령 그 정도에 있어서는 아둠의 유행이 더욱 두드러진 변화이긴 하지만 말이다. 그리고 그 변화 역시 단순히 논증과 논쟁의 결과가 아니었다(배꼽 피어싱에 관해 십대와 논쟁을 벌여본 사람이라면 누구나가 알듯이, 두 당사자가 아무리 많은 논증을 벌였다고 하더라도 그렇다). 한 젊은 '야만인'에 대해 노래한 〈반항하는 식인종The Reluctant Cannibal〉이라는 오래된 '플랜더스 앤드 스완Flanders & Swann'의 노래에는 어떤 사회심리학적 진리가 숨어 있다. 그 젊은 야만인은 식탁을 밀어내고 "나는 사람을 먹지 않을 거예요. 사람을 먹는 건 잘못이에요"라고 선언한다. 그의 아버지는 자신의 생각을 가지고 최선을 다해 설득한다("그러나 사람들은 항상 사람들을 먹어왔어 / 그 밖에 먹을 게 뭐가 있니? / 만약 주주Juju가 사람들을 먹지 말도록 했다면 / 우리를 고기로 만들지는 않았을 거야"). 그렇지만 아들은 사람을 먹는 것은 잘못이라는 자신의 새로운 확신만을 되풀이한다. 아들은 그것을 확신하고 있고, 되풀이해서 그렇게 말할 것이며, 마침내 싸움에서 승리할 거라고 웅변할 것이다.

　다른 예로 중국에 있었던 전족纏足 풍습을 보자. 전족은 1천 년 동안 지속됐으나 일단 흔들리기 시작한 뒤로는 불과 한 세대가 지나기도 전에 대부분 근절되었다. 1910년대와 1920년대에 있었던 전족 반대 운동은 발을 묶었을 때 일어나는 폐해를 알리는 데 집중했는데, 그 사실들은 당시 대부분의 사람들도 이미 알고 있는 것이었다. 어쩌면 그 캠페인이 전 세계에는 그런 풍습을 가진 나라가 한 군데도 없다는 쪽으로, 즉 그런 풍습 때문에 중국이 "체면을 잃고" 있다는 점을 강조했더라면 더 나았을 것이다. 사회 구성원들이 그런 풍습을 그만두고 더 나아가 자신의 아들을 전족한 여성과는 결혼시키지 않겠다고 맹세하면서, 전족을 하지 않는 자연스러운 발을 가진 사회가 되었다. 전족 반대 운동이 효력을 나타냄에 따라 발을 묶은 나이 든 여성들에 대한 비난이 산더미처럼 쏟아져 그 여성들은 묶은 발을 풀어야 하는 고통을 견뎌야 했다. 과거에 아름다운 것으로 여겨졌던 것이 추하게 되었으며, 꾸밈을 위한 장식이 오히려 볼썽사나운 것이 되었다(전족 반대 운동의 성공은 당연히 건전한 방향으로의 발전이었지만, 그렇다고 해서 희생자가 없었던 것은 아니었다. 남편감을 찾기 위해 과거에 자신의 발을 묶었던 몇몇 여성들을 생각해 보자). 이성에 호소하는 것만으로는 관

──────────────────────────────
|가| 중앙아프리카 요루바Yoruba족의 종교에서 사물에 들어 있는 초현실적인 힘을 언급하는 말.

습이나 관습의 폐지를 설명할 수는 없는 것이다.

다른 사회에서도 역시 사정은 마찬가지다. 불과 2~3세대 전만 하더라도 대다수 산업사회의 대다수 사람들은 중산층 여성들이 현모양처가 될 것이라고 생각했다. 그 여성들은 시간이 남을 때 자선사업이나 취미 생활에 참여할 수도 있었다. 그중 일부는 소설을 쓰거나 그림을 그리고 음악이나 영화 감상 같은 예술 활동을 할 수도 있었을 것이다. 그러나 법률가, 의사, 성직자, 율법학자와 같은 '학문적 직업'에는 그 여성들에게 적절한 자리가 없었다. 만약 그들이 교수가 되었다면 젊은 여성들을 가르쳤겠지만 아마 결혼을 하지 못한 채로 남아 있었을 것이다. 그들은 자신이 사는 지역 정도를 제외하고는 정치 쪽으로도 진출하지 못했을 것이다. 또한 과학계에서도 환영받지 못했다. 오늘날 이러한 가정들이 많이 변화되었는데, 그렇다면 이런 변화들 가운데 논증의 결과인 것이 얼마나 되는가? 그 변화의 핵심은 바로 우리가 어떤 일을 행하는 새로운 방식에 익숙해진 결과가 아닌가? 낡은 방식을 고수하는 논증은, 완곡하게 표현해서 그다지 좋은 게 아니다. 단순히 낡은 성차별주의적 관행의 '근거'가 문제였다면, 여성운동은 2~3주 내에 성공할 수 있었을 것이다. 내가 알기로는 여성에게 이상적인 삶은 가정을 이루고 가정을 지키는 것이라고 생각하는 사람들이 여전히 있다. 그것이 존경할 만한 선택이라고 생각하는 사람은 더 많다. 하지만 여성들을 강제로 이러한 역할에 제한시키려 한다면 대다수 서구인들은 끔찍해할 것이다. 논증은 여성운동을 하는 여성에게도, 그에 대응하는 남성에게도 모두 중요하다. 나는 이것을 부인하려는 것이 아니다. 그러나 그들이 이룩한 가장 중요한 성과는 우리의 습관을 변화시켰다는 것이다. 1950년대에는 대학을 졸업한 여성이 법학 전문대학원이나 경영 전문대학원에 가려고 했다면, 이에 대한 자연스러운 반응은 "왜?"였다. 지금은 "왜 안 돼?"다.

또 다른 예를 고려해 보자. 한 세대 전 유럽과 북아메리카에서 동성애자는 사회적으로 거부되었으며 동성애 자체가 불법이었지만, 이제 레즈비언과 게이 커플은 점차 자신의 가족과 사회, 법에 의해 인정받고 있다. 이것은 주류 종교 집단의 지속적인 반대와 암묵적이고 완고한 사회적 비난 분위기에도 불구하고 사실이다. 만일 여기에 철학적 추론 기준을 적용한다면, 양 진영의 논증은 일부 유익한 것도 있겠지만 대부분은 좋지 않은 논증일 것이다. 그러나 사회과학자들에게 이러한 변화를 낳은 것이 무엇인지를 묻는다면, 사회과학자들은 그 이유들에 관해 곧바로 이야기를 시작하지는 않을 것이다. 그들은 결론적으로 일종의 역사적 관점이 바뀌었다고 설명할 것이다. 오히려 사회생활과 언론 매체에서 '공개적으로 게이'임을 밝힌 사람들이 등장하는 빈도가 증가하면서 우리의 습관이 바뀌었다. 지난 약 30년 동안, 많은 미국인들은 게이의 '성행위'라는 사적인 활동보다는 게이 '사람들'이라는 공적인 범주에 대해 생각하기 시작했다. 심지어 동성 간 성행위를 지속적으로 혐오하는 사람조차도 이제는 이들을 존중하고 배려하지 않기는 어렵게 되었다(그리고 그들 가운데 어떤 이들은, 우리 모두가 부모로부터 배웠던 것처럼 어떤 식으로든 다른 사람들의 성생활에 대해 너무 많이 생각하는 것은 좋지 않다고 배웠다).

이제 나는 사람들이 자식들의 요구를 받아들이는 문제, 동성애를 의학적 질환으로 다루지 않는 문제, 교회의 견해와 자신의 입장을 달리하기도 하는 문제, 스스로를 동성애자임을 밝히는 문제 등에 대해, 사람들이 항상 모든 단계에서 서로 다른 이야기를 하고 서로 다른 이유를 제시할 수 있다는 사실을 부인하지는 않는다. 하지만 그러한 이야기를 간단히 정리하면, 기본적으로 사람들이 레즈비언과 게이에 대해 익숙해졌다는 것이다. 나는 우리가 다른 곳에 사는 사람들에 대해 배워야 하고, 그들의 문명, 주장, 잘못과 성취에 관심을 기울여야 한다고 주장하고 있다. 그러나 그렇게 해야 하는 이유는 그것이 우리를 합의에 이르게 하기 때문이 아니라 우리들이 서로 익숙해지는 데 도움을 주기 때문이다. 만일 그렇게 하는 것이 목적이라면, 우리가 가치에 대해 서로 일치하지 않을 수도 있다는 사실로 인해 우리는 더 이상 좌절할 필요가 없다. 서로를 이해하는 것은 어려운 일일지 몰라도, 분명히 재미있는 일일 수는 있다. 하지만 그것은 우리가 합의에 도달해야 한다는 것을 요구하지는 않는다.

## 선을 위해 투쟁하기    Fighting for the Good

나는 우리가 기본적인 가치에 합의하지 않고도 조화롭게 살 수 있다고 말해 왔다(아마도 함께 어울려 살려는 세계시민주의적 가치를

제외하고 말이다). 이것을 바꿔 말할 수도 있다. 즉 우리는 가치들에 합의하고 있더라도 서로 대립할 수 있다. 서로 적대시하는 집단들은 '선善' 관념이 서로 일치하지 않기 때문에 오히려 다투는 경우가 드물다. 반대로 대립과 갈등은 두 집단이 동일한 것을 선이라고 생각할 때 흔히 일어난다. 팔레스타인인과 이스라엘인, 특히 계율을 엄격히 지키는 무슬림과 유대인 모두 예루살렘 성전과 특별한 관계를 가진다는 사실이 분쟁의 근원이었다. 문제는 그들이 예루살렘의 중요성에 동의하지 않는다는 것이 아니라 정확히 양자 모두 진심으로, 그리고 부분적으로는 동일한 이유 때문에 예루살렘에 관심을 가진다는 것이다. 이슬람교 성립 초기에 무함마드는 자신의 추종자들에게 예루살렘을 향해 기도하도록 설교했다. 왜냐하면 무함마드 자신이 메카에서 유대인들과 함께 살았고 그들에게서 예루살렘 이야기를 배웠기 때문이다. (우리가 9장에서 보게 되겠지만) 다른 여러 사회 가운데 서구의 가장 고약한 적이 대체로 가장 서구화된 집단 가운데서 나왔다는 것도 우연이 아니다. "나를 닮은 나의 형제인가?Mon semblable mon frère?|가|" 우리가 마음에 두고 있는 '형제'가 오로지 카인|나|뿐이라면 그렇다. 우리 모두는 이제 미국의 쌍둥이 빌딩과 펜타곤에 대량 학살을 저질렀던 알카에다Al-Qaeda의 보병들이 사막의 베두인Bedouin족도, 글자를 모르는 아랍 농부도 아니었다는 사실을 안다.

---

|가| 토머스 엘리엇Thomas S. Eliot, 1888~1965의 장시 〈황무지The Waste Land〉1922의 1부 마지막 구절.

|나| 『구약성서』 「창세기」에 나오는 아담과 하와의 맏아들. 야훼가 자신이 바친 제물은 받지 않고 동생 아벨이 바친 제물은 받자 동생을 질투하여 죽였으며, 그 벌로 떠돌이 신세가 되었다.

사실, 여기에 더 넓게 적용될 수 있는 본보기가 있다. 가나에서 영국인과 격렬하게 투쟁하고 독립운동을 조직한 이는 누구인가? 농장주나 소작농이 아니다. 부족장도 아니다. 바로 서구에서 교육받은 부르주아들이었다. 1950년대에 콰메 은크루마Kwame Nkrumah, 1909~1972(그는 미국 펜실베이니아에서 대학을 다녔고 런던에서 거주했다)가 민족주의 대중운동을 조직했을 때, 그 핵심에는 영국군으로 참전한 경험이 있는 퇴역 군인들, 도시의 시장에서 네덜란드어 신문이나 잡지를 팔았던 여성들, 식민주의 정책에 따라 세워진 공장에서 일했던 노동조합원들, 식민지 중학교에서 영어를 배우고 영어로 쓰인 교과서로 역사와 지리를 공부했던 이른바 '베란다 소년들veranda boys|다|'이 있었다. 인도에서 영국의 지배에 저항하는 운동을 이끈 사람은 누군가? 바로 모한다스 간디Mohandās Gāndhī, 1869~1948였다. 그는 영국 법원에서 교육받은 인도 태생의 남아프리카 변호사였다. 또한 인도인 자와할랄 네루Jawaharlal Nehru, 1889~1964도 있었다. 그는 새빌 로Savile Row|라|의 정장을 즐겨 입었고 자신의 딸|마|을 영국에 유학까지 보냈다. 그리고 파키스탄을 세운 무하마드 진나Muhammad Ali Jinnah, 1876~1948도 있다. 그는 런던에 있는 링컨 법학원Lincoln's Inn을 다녔으며 열아홉 살에 법정 변호사가 되었다.

윌리엄 셰익스피어William Shakespeare, 1564~1616의 작품 〈템페스트 The Tempest〉에서, 오만한 식민지 지배자 프로스페로Prospero에 의

|다| 식민지 시절, 가건물에서 공부한 소년들.

|라| 런던의 고급 양복점 거리.

|마| 인디라 간디Indirā Gāndhī, 1917~1984. 인도에서 1966~1984년 사이에 네 번의 총리직을 수행했다.

해 징용된 섬의 원주민 캘리번Caliban은 프로스페로에게 다음과 같이 소리쳤다. "당신은 내게 언어를 가르쳤지만 내게 무슨 이익이 있는가! 하지만 나는 당신을 어떻게 저주할지 알고 있다." 프로스페로에게서 "멸시받은 노예abhorred slave" 캘리번이 전 세계 문학적 민족주의자들에게 식민지 저항의 상징적 인물이 되었다는 것은 놀라운 일이 아니다. 그리고 그들은 캘리번을 차용하면서 또한 셰익스피어를 차용했다. 프로스페로는 캘리번에게 다음과 같이 말했다.

> 야만인인 네가
> 네 자신의 의미를 알지 못하고 가장 잔인한 짐승처럼
> 지껄일 때, 나는 네 목적을
> 알 수 있도록 말語을 선물했다.

물론 식민주의의 영향들 가운데 하나는 원주민에게 유럽의 언어를 제공했을 뿐만 아니라 그들의 목적을 실현하는 데 도움을 주었다는 것이다. 아프리카와 아시아에 건설된 유럽 제국의 종말을 가져왔던 1945년 이후, 독일과 일본에 맞서 연합국의 승리를 이끌어주었던 민주주의, 자유, 평등이라는 언어가 전후 세계의 독립운동과 해방운동에도 큰 영향을 주었다. 이것은 가치들 간의 갈등이 아니라 동일한 가치의 관점에서 표현된 이해관계의 갈등이었다.

그 핵심 논점은 다른 곳에서와 마찬가지로 서구에도 적용된다.

미국인들은 낙태에 대해 아주 격렬하게 논쟁한다. 이러한 갈등을 미국인들은 대립하는 가치 언어로 표현한다. 즉 그들은 낙태 찬성론pro-choice자이거나 낙태 반대론pro-life자다. 그러나 이것은 오직 상대 진영이 주장하는 가치를 각 진영이 인정할 때만이 말이 되는 논쟁이다. 의견의 불일치는 가치의 중요성에 관한 것이다. 두 진영 모두 인간 생명의 존엄성을 존중하지만, 인간 생명이 왜 소중한지, 또 생명은 어디서부터 시작되는지와 같은 문제에 대해서는 의견을 달리한다. 이런 불일치를 무엇으로 부르든, 둘 중 어느 한쪽이 생명의 가치를 인정하지 않는다고 생각하는 것은 잘못이다. 그리고 이것은 '선택' 문제에서도 똑같다. 사람들이 자신이 원하는 의료 기술을 선택할 수 있도록 허용하는 것이 중요한가에 관해서 미국인들은 의견을 달리하지 않는다. 다만 낙태가 두 사람, 곧 태아와 임산부의 문제인지, 또는 아버지를 포함한 세 사람의 문제인지, 아니면 단 한 사람에게만 관련되는 문제인지에 대해 의견을 달리할 뿐이다. 더욱이 어느 쪽 입장을 지지하든 분별 있는 사람이라면 어느 누구도 사람의 생명을 구하거나 사람들에게 의학적 선택의 자율성을 허용하는 것이 유일하게 중요한 것이라고는 생각하지 않을 것이다.

어떤 이들은 동성애에 관한 논쟁을 거론할 것이고, 그 논쟁에는 적어도 동성애를 성도착으로 간주하는 사람들과 간주하지 않는 사람들 간의 갈등이 실제로 있다고 말할 것이다. 그것은 가치의 갈등이지 않을까? 음, 그건 아니다. 대부분의 미국인들은 어느 입장에서든 성도착이라는 개념을 이해하고 있다. 성도착이 잘못인 이유는 성적 대상이 부적절한 성적 욕망의 대상이기 때문이다. 그러나 모든 사람들이 두 여자끼리나 두 남자끼리와 관련된 행위라는 사실만으로 그 행위 자체가 잘못이라고 생각하는 것은 아니다. 또 그러한 행위가 잘못이라고 생각하는 모든 이들이 그 행위를 불법이라고 생각하는 것은 아니다. 그리고 그 행위가 불법이라고 생각하는 모든 이들이 게이나 레즈비언은 배척되어야 하다고 생각하는 것은 아니다. 다시 말해서, 현재의 문제는 성도착의 의미, 가치로서의 성도착의 지위, 성도착을 어떻게 적용할 것인가에 관한 싸움인 것이다. 그것은 가치의 용어로서 본질적으로 논란이 되는 성도착의 성격을 반영하고 있다. 우리의 관심이 동성 간의 성행위(적어도 현재로서는 미국에서 위헌이다)를 법률로 금지하는 문제에서 동성 간의 결혼 문제로 전환할 때, 그 논쟁에 참여하는 모든 진영은 성적 자율성과 내밀한 부부 생활의 가치, 가족의 의미, 그리고 성도착에 관한 토론을 통해 성의 적절한 사용 등과 같은 쟁점을 진지하게 고려해야 할 것이다.

이러한 갈등이 더욱 격화되는 이유는 한쪽 진영에서 배타적으로 주장된 가치와 다른 진영에서 배타적으로 주장된 가치가 서로 대립해서라기보다는 '동일한' 가치의 의미를 두고 벌이는 싸움이기 때문이다. 부분적으로는 그것은 우리가 의미의 지평을 서로 공유하고 있기 때문이며, 믿음과 습관의 방식으로 다른 가치들을 너무나 많이 공유하고 있어서 극도로 날카롭고 괴로운 사람들 간의 논쟁이기 때문이다.

그러나 낙태 문제와 동성 결혼에 관한 논쟁이 미국인들을 가장 격렬하게 분열시키는 까닭은 미국인들이 하나의 사회와 정부를 공유하고 있기 때문이다. 그들은 이웃이고 동료 시민들이기에, 그들 모두를 지배하고 있는 법률이 논란이 되고 있는 것이다. 그들 자신의 몸이 관련된 문제이며, 그들의 어머니, 이모, 누이, 딸, 부인, 친구들의 몸이 관련된 문제이고, 죽은 태아가 그들의 자식들이거나 자식의 친구일 수도 있다.

우리는 국제인권조약에 대해 생각할 때 이 점을 기억해야 한다. 인권조약이 아무리 국내법보다 효력이 약하다 하더라도 엄연히 법이다. 우리가 인권법으로 이방인에 대한 관심을 표현하고자 할 때, 그리고 정부에 그것을 제정해야 한다고 촉구할 때, 우리의 행위는 지구 상의 모든 국가들의 법률을 변화시키고자 하는 것이다. 우리는 국내적으로뿐만 아니라 국제적으로도 노예제를 무효화시켰다. 그리고 그렇게 한다는 것은, 최소한 우리는 노예제 폐지가 바람직하다고 생각한 것이다. 이것은 세계 어디에서나 더 이상 논란의 여지가 없는 사실이다. 어떤 사람도 노예 상태를 옹호하지 않는다. 그러나 국제인권조약은 빚 때문에 지게 된 속박도 노예 상태로 규정한다. 남아시아에서는 빚에 의한 속박이 중요한 경제 제도다. 나는 그러한 속박을 옹호할 생각은 없다. 그럼에도, 그것을 통해 수입을 얻고 그에 기대어 살아가는 사람들이 화를 낸다 하더라도 우리는 놀라지 말아야 한다. 낙태가 미국에서 허용되는 것을 반대하기 위해 낙태를 시술한 의사를 살해하는 것이 영웅적 행위라고 생각하는 이웃들이 있는 한(단지 소수일 뿐이라 하더라도), 우리는 단순히 화가 나서 우리에게 폭력을 가했다고 말하는 이방인이 있다고 해서(단지 소수일 뿐이라 하더라도) 놀라지 말아야 한다.

나는 이집트와 알제리, 이란, 파키스탄에서 서구를 강도 높게 비판하는 이슬람주의 운동이 인기를 얻고 있다는 사실이 온전히 이해되지는 않는다. 그러나 그 뿌리들 가운데 하나는 알고 있다. 다소 유행은 지났지만 적절하다고 생각되는 용어로 말하자면, 그것은 '여성 문제'다. 외부에서 자신들의 사회를 강제한다고 느끼는, 즉 유럽이나 미국으로 간주되는 세력이 이슬람 세계에 남성과 여성 사이의 관계를 재형성하도록 압력을 가해 오고 있다고 느끼는 무슬림들이 있다(대부분 젊은이들이다). 그들이 느끼기에, 이러한 압력은 일정 부분 서구의 언론 매체로부터 나온다. 서구의 영화와 텔레비전 프로그램은 말로 표현하기 힘든 외설물로 가득 차 있다. 서구의 패션 잡지들은 정숙하지 못한 여성들을 보여준다. 그들이 생각하기에, 무슬림 세계의 많은 거리에 그런 여성들이 등장한다면, 거의 저항할 수 없을 만큼 남성들을 유혹하는 도발이 될 것이다. 그런 잡지들은 그 나라의 출판물에도 영향을 미친다. 즉, 출판물도 불가피하게 똑같이 그들을 유혹하는 것이다. 서구 사회에서는 여성들이 거의 벌거벗은 채로 낯선 남성 옆에서 함께 수영하는 것을 허용하며, 그것은 아무런 문제가 되지 않는다. 하지만 무슬림 여성과 아이들이 이러한 정숙지 못한 뉴

세계시민주의

스를 듣지 못하게 하기란 어려운 일이며, 하물며 그러한 뉴스가 불가피하게 만들어내는 유혹으로부터 무슬림 남성들을 보호하는 것은 더 어렵다. 인터넷이 확산됨에 따라 훨씬 더 어려워질 것이고, 마찬가지로 아이들, 특히 여자 아이들은 매체의 영향을 받아 이러한 자유를 요구할 것이다. 무슬림들은 우리가 여성과 남성이 어떻게 행동해야 되는지에 관한 생각을 자신들에게 강요하고 있는 것이 더욱 나쁘다고 말한다. 우리는 여성의 권리에 대해 말한다. 우리는 이러한 권리를 존중하는 인권조약을 작성한다. 그런 다음 우리는 그들도 이러한 권리를 보장하기를 원한다.[3]

전 세계의 많은 사람들과 마찬가지로, 나도 물론 국제인권조약을 지지한다. 나는 남성들처럼 여성들도 투표하고, 밖에서 일할 권한이 있어야 하며, 아버지나 오빠, 남동생, 남편의 물리적 폭력으로부터 보호받아야 한다고 믿는다. 그러나 또한 나는 이러한 자유가 가져올 변화가 일상생활에서 남녀 간의 권력의 균형을 변화시킬 것이라는 것을 알고 있다. 나는 이것을 어떻게 아는가? 서구에서 이러한 변화 과정이 후기 국면에 접어들었을 무렵에 나는 성년의 대부분을 서구에서 보냈기 때문이다. 그리고 그 과정이 아직 완성되지 않았다는 것도 알고 있다.

최근의 미국 역사는 이러한 쟁점들에 대한 사회의 태도(더욱 중요하게는 아마도 관습)가 한 세대 정도 만에 급진적으로 바뀔 수 있다는 것을 보여준다. 그러나 이는 동시에 누군가는 낡은 태도를 유지할 것이라는 점도, 그리고 전체 변화 과정은 시간이 걸린다는 점도 암시한다. 남녀 관계는 추상적이지 않다. 그 관계는 우리

일상생활의 내밀한 구조를 이루는 한 부분이다. 우리는 남녀 관계에 관해 강렬한 감정을 갖고 있으며, 기존의 생각들도 많이 물려받았다. 무엇보다도 우리는 젠더gender에 관해 뿌리 깊은 '관습'들을 가진다. 남성과 여성이 어느 날 외식하러 나간다고 하자. 우리의 관습대로라면, 여성이 제안했다고 하더라도 남성이 데이트 비용을 지불한다. 남성과 여성이 엘리베이터 문 앞에 동시에 다가간다고 하자. 남성이 뒤로 물러난다. 남성과 여성이 영화관에서 키스를 한다고 하자. 아무도 신경 쓰지 않는다. 두 남성이 길에서 손을 잡고 걸어간다고 하자. 이 경우 사람들은 당혹해한다. 그리고 자신의 아이가 그 두 남성을 보지 않았으면 한다. 사람들은 아이들에게 그것을 어떻게 설명해야 할지 모른다.

대부분의 미국인들은 동성 결혼에 반대하고, 낙태에 대해 서로 대립한다. 또 미국인들은 사우디아라비아에서 여성은 운전면허증을 딸 수 없다는 사실에 놀라워한다(심지어 끔찍하게 생각한다). 추측건대, 동성 결혼은 20년 전만큼 반대하지는 않는 것 같다. 사실 20년 전만 해도 미국인들은 대부분 동성 결혼을 비웃었을 것이다. 동성 결혼을 인정하는 미국인들에게도 왜 찬성하는지에 대한 똑떨어지는 이유가 없을 것이다. 그들에게는 동성 결혼의 찬성이 그저 당연하게 느껴질 뿐이다. 찬성하지 않는 사람들에게 동성 결혼이 당연히 잘못된 것처럼 보이는 것과 마찬가지다. (그리고 아마도 그들은 추상적인 어떤 부부에 대해 생각하고 있는 것이 아니라, 짐과 존이나 진과 제인처럼 구체적인 인물에 대해 생각하고 있을 것이다) 어리면 어릴수록 동성 결혼은 괜찮다고 생각하는 사람들이 많을 것이다. 만일 젊은이가 동성 결혼을 반대한다고 한다면, 그 이유는 교회나 모스크, 절 등지에서 종교적인 반대를 정기적으로 주입받았을 가능성이 크다.

　나는 철학자다. 나는 이성을 믿는다. 그러나 나는 대학 생활을 하면서 아무리 영리한 사람이라도 이성만으로는 쉽게 바뀌지 않는다는 교훈을 얻었다. 심지어 가장 지적인 영역에서도 해당된다. 전후 세대의 가장 위대한 석학 가운데 한 사람인 수학자 요한 폰 노이만Johann von Neumann, 1903~1957은 다음과 같이 장난스럽게 말하기를 좋아했다. "수학에서는 이해하는 것이 아니라 단지 익숙해질 뿐이다." 강단 밖의 더 큰 세계로 나가 봐도, 사람들은 자신이 이성적인 사람으로 '보이는지'의 여부를 항상 신경 쓰는 것은 아님을 알 수 있다. 이미 말했듯이, 대화가 생각과 느낌에 대한 합의를 보장해 주지는 않는다. 그렇지만 만일 대화의 취지가 설득이며, 대화의 진행이 찬성과 반대에 따라 점수를 매기는 논쟁이라고 생각한다면, 그것은 잘못 생각한 것이다. 파우스트Faust가 말했던 것처럼, 통상 행위가 먼저다. 원리가 아니라 관행이 우리가 평화롭게 모여 사는 것을 가능하게 해준다. 우리가 소설을 읽거나 영화를 보거나, 혹은 자신이 살고 있는 곳과는 다른 장소에서 회자되는 예술작품에 주의를 기울일 때, (민족이든, 종교든, 혹은 그 밖의 어떤 것이든) 정체성을 초월한 대화는 상상적 참여와 더불어 시작한다. 그래서 나는 문자 그대로 이야기뿐만 아니라 은유metaphor로서, 다른 사람의 경험과 생각에 참여하는 것도 '대화'라는 말로 표현한다. 그리고 여기서 상상력의 역할은 강조되어야 한다. 왜냐하면 만남이 적절히 이루어진다면, 그 자체가 본질적으로 가치 있기 때문이다. 대화는 어떤 것에 대한 합의, 특히 가치에 대한 합의에 도달해야만 하는 것은 아니다. 그것은 사람들이 서로에게 익숙해지도록 도움을 주는 것으로도 충분하다.

우 리 시 대 의 이 슈 │ 세 계 시 민 주 의

Chapter  │ 상상의 이방인들
Imaginary Strangers

## 왕을 기다리며    Waiting for the King

어머니와 나는 넓은 베란다에 안내되었다. 무더운 날이지만, 높은 천장에서는 여덟 대의 선풍기가 빠른 속도로 돌아가고 있고, 정원 쪽에서 불어온 미풍이 차양막 사이로 살랑여서 별로 덥지는 않다. 우리 앞 연단에는 빈 왕좌가 있다. 그 팔걸이와 다리는 윤이 나는 황동으로 장식되어 있다. 등받이와 앉는 자리는 어렴풋이 에르메스Hermès 스카프를 연상케 하는 천으로 감싸여 있다. 그 연단 몇 걸음 앞쪽에는, 남자들이 두 줄로 늘어서서 마주 보고 의자에 앉아 있다. 어깨를 드러낸 채 가슴을 감싸고 있는 복장 차림들이었다. 그들 사이로 왕좌로 이어지는 길이 나 있다. 왕좌 바로 주위에는 다른 부류의 사람들이 있는데, 몇몇은 한쪽 어깨를 토가toga|가|식 복장으로 감싸고 있어 높은 신분임을 알 수 있다. 그들 앞으로 왕좌의 가장 가까운 곳에는 한 청년이 앉아 있다. 양어깨를 드러내어 놓은 채 왕좌 위로 우산을 펴 들고 있다.

사람들은 속삭이듯 조용히 대화한다. 바깥 정원에서는 공작새 몇 마리가 날카로운 울음소리를 내고 있다. 우리는 아샨티 왕인 아산테헤네오세이 투투 2세Otumfuo Nana Osei Tutu II, Asantehene, 재위 1999~를 기다리고 있다. 오늘은 쿠마시의 수요 축제일이다. 왕은 여기에 몇 시간 정도 앉아 있을 것이며 사람들은 다가와 악수를 하고 몇 마디 말을 건네며 존경을 표할 것이다.

마침내 연주자가 숫양의 뿔로 된 호른을 불었다. 우리가 기다

|가|  고대 로마의 남성이 시민의 표적으로 입었던 넉넉하고 긴 겉옷.

리던 사람이 왔음을 알리는 것이다. 호른의 곡조는 아산테헤네를 코토코헤네kotokohene, 즉 '호저豪豬[가] 추장'이라고 명명했다[나]. 호저 추장이라고 부르는 까닭은 호저가 수많은 가시를 갖고 있고 그 가시 하나하나가 왕국을 위해 목숨을 바쳐 싸울 용사를 의미한다고 보기 때문이다. 코토코헤네가 왕좌에 앉을 때까지 모든 사람들은 서 있었다. 이어 우리가 앉았고, 뒤에 있는 남성 합창단이 플루트 연주에 맞춰 코토코헤네를 칭송하는 노래를 부른다. 왕은 이 음악이 흐르는 중에 잠시 나를 쳐다보며 미소를 보내지만, 대부분 무표정하게 거기 앉아 있다. 왕은 현재까지 5년째 재위하고 있지만, 평생 그 자리를 지켜온 것 같은 위엄을 보인다.

이날의 관례에 따라, 왕은 우선 왕족들과 전임 왕들의 자제와 손자 들에게 인사를 할 것이다. 그러나 그들과 악수하지는 않을 것이다. 그들은 다가와 허리를 굽히거나 몸을 낮추며 인사를 할 것이다. 남자들은 아샨티의 모든 족장들과 마찬가지로 양쪽 어깨를 드러내고 있다. 우리는 차례를 기다릴 것이다. 그리고 차례가 되어, 왕의 통역관이 우리를 한 사람씩 소개할 것이고, 우리는 한두 마디 대화를 나눌 것이다.

내 차례가 되자, 통역관은 나를 우리 아버지의 아들로, 프린스턴 대학 교수로, 몇 병의 네덜란드 슈납스(네덜란드 술은 수 세기 동안 서아프리카 왕족에게 선물한 것이다)와 돈(100만 시디cedis, 약 100

---

|가| 뻣뻣한 가시털이 빽빽이 나 있고 목에는 긴 갈기가 있는 포유동물. 위험이 닥치면 몸을 밤송이처럼 동그랗게 하며, 주로 밤에 활동한다.

|나| 호른이 만들어내는 소리들은 인간의 말투 패턴을 흉내 낸 것이다(아샨티 지역에서 쓰이는 아샨티트위어는 성조 언어임). 따라서 사전에 고지를 받은 참석자들에게는 '코토코헤네'처럼 들리게 된다.

달러)을 선물한 사람으로 소개한다. 내가 다가서며 몇 마디 말을 하자, 왕은 내게 미국은 어떤지 물었다.

"좋습니다. 다음에 언제 미국에 오십니까?"라고 나는 말했다.

"곧 갈 겁니다. 제임스 울펀슨James Wolfensohn, 1933~을 보러 갈 예정입니다."

공식적으로는 가나 공화국의 일부인 아샨티의 왕은 당시 세계은행 총재를 곧 방문하게 될 터였다.

이는 거의 수백만에 달하는 가나인들에게도 비교적 익숙하지 않은 광경이다. 그러니 가나에 처음 온 영국 사촌들과 미국 친구들에게는 대단히 이국적인 것으로 보이는 경우가 많았다. 가나의 관광산업은 확실히 이러한 반응에 의존해 유지된다. 대다수 외국인들은 아프리카 전통인 수요 축제를 진기하게 생각할 것이며, 그런 생각은 오늘날 왕이 조상들의 오래된 의자에 경의를 표하는 의식을 거행할 때는 더욱 분명해질 것이다. 그러나 우리가 왕을 기다리고 있을 때, 선풍기 아래에서 휴대전화로 통화하는 사람들이 있었다. 그리고 왕에게 인사하기 위해 내 뒤를 따라오던 12명의 보험사 대표들은 정장 차림을 하고 있었다. 내 옆을 지나던 족장들은 내게 인사를 하며 프린스턴 대학에 관해 물었다. 그리고 베란다 옆 사무실에서는, 21세기 아동 교육에 대한 필요성, 에이즈, 지역별 과학기술대학 등의 21세기 이슈들에 관한 회의가 열리고 있었다.

항상 그렇듯, 오늘날 우리는 세계 어디를 여행하든 수백 년 된 전통에 뿌리를 둔 이와 유사한 의식들을 볼 수 있다. 그러나 조금

새로운 점이 있다면, 어느 곳을 가든 그곳과는 아주 멀리 떨어진 지역과 친밀한 연관성을 느낄 수 있는 요소가 있다는 것이다. 워싱턴, 모스크바, 멕시코시티, 베이징 등이 그 보기다. 내가 어렸을 때, 길 건너에 있던 커다란 집에는 여러 세대가 함께 살았는데, 그중 한 가족은 사내아이들이 유난히 많았다. 그중 내 나이 또래인 한 소년과는 좋은 친구가 됐다. 그 친구는 지금 런던에 산다. 그 친구의 형인 에디는 우리 아버지가 돌아가시기 전 병으로 고생할 때 돌봐 줬는데, 지금 자기 아내의 나라인 일본에 산다. 또 다른 형제가 있는데 한동안 스페인에 가 있었고, 최근에 듣기로는 두세 명의 다른 형제들은 미국에 살았다고 한다. 형제들 중 몇 명은 여전히 쿠마시에 살고, 한두 명은 아크라에 산다. 일본에 사는 에디는 지금쯤 아내의 말인 일본어로 말할 것이다. 그래야 한다. 그러나 에디는 가나의 공식 국어인 영어를 쓰는 것은 불편해했다. 나와 이따금 전화할 때면, 아샨티트위어Ashanti Twi|가|로 말하길 좋아한다.

　궁의 건물들은 여러 해에 걸쳐 확장되었다. 내가 아주 어렸을 때, 우리는 혼인 관계로 내 종조부가 된 선왕프렘페 2세Osei Agyeman Prempeh II, 재위 1931~1970을 방문하곤 했다. 선왕은 세이셸Seychelles|나|에서 망명 생활을 했으며, 뒤에 축소된 형태로나마 복구된 아샨티 왕국으로 돌아왔다. 그때부터는 작은 건물에 살았는데, 그 건

세계시민주의

|가| 가나의 공용어는 영어이지만 9개의 부족 언어도 정부의 지원을 받아 쓰이고 있다. 아칸Akan어, 다가레 · 웨일Dagaare/Wale어, 다그바네Dagbane어, 당그메Dangme어, 에웨Ewe어, 가Ga어, 곤자Gonja어, 카셈Kasem어, 은제마Nzema어다. 아샨티트위어는 아칸어의 지방 언어다.

|나| 아프리카 동부 인도양에 있는 공화국. 115개의 작은 섬으로 이루어져 있다.

물은 영국인들이 선왕 바로 이전의 왕에게 건물을 짓도록 허용했던 곳이다. 지금은 박물관이 된 그 건물은 현재의 왕이 살고 있는 대형 건물(이 건물은 종조부의 후계자인 나의 삼촌오포쿠 와레 2세Opoku Ware II, 재위 1970~1999이 지었다)과 이웃하고 있어 더 위축되어 보인다. 그 건물 옆으로는 우리가 앉아 있던 베란다와 인접해서 사무실들이 나란히 서 있었고, 이것은 삼촌의 후계자인 현재의 왕이 최근에 완공했다. 어머니의 모국인 영국은 20세기 전환기에 아샨티를 정복했다. 이제 21세기로 접어들면서, 아샨티 왕실은 19세기와 마찬가지로 권력의 중심에 자리 잡았다. 가나의 대통령 역시 이 세계 출신이다. 대통령은 궁정 거리 맞은편에 있는 오요코Oyoko 왕족의 일원으로 태어났다. 그러나 그는 다른 세계에 속하기도 한다. 그는 옥스퍼드에서 수학했고, 런던의 4대 법학원의 한 곳도 다녔으며, 가톨릭교도이기도 하다. 그의 방에는 교황에게 인사를 하고 있는 그의 사진이 걸려 있다.

## 고향 가기 Going Home

나는 쿠마시에서 자랐지만, 가나에서 살지 않은 지 30년이 넘었다. 오늘날 많은 사람들이 그러듯이, 예를 들어 영국에 사는 10만 명이 넘는 가나인들이 그러듯이, 나는 어린 시절의 기억을 담고 있는 고향에서 멀리 떨어져 산다. 많은 사람들이 하듯, 나는 이따금 그곳으로 돌아가 가족과 친구들을 방문한다. 또 많은 사람들처럼, 난 고향에 가면 그곳에 속하기도 하고 그렇지 않기도 하다는 것을 동시에 느낀다. 궁에서 시간을 보낼 때는, 나는 무엇이 일어나고 있는지를 알며 사람들도 내가 누군지 안다. 그래서 어떤 의미에서, 나는 조화를 잘 이룬다. 내게 놀라운 것은 아무것도 없다. 나는 어떻게 처신해야 하는지를 안다.

그런데 쿠마시에는 더 이상 내가 사는 곳이 아님을 끊임없이 알려주는 것들이 있다. 가령 모든 게 느리고 서비스도 신뢰할 수 없어 짜증이 난다. 휴대전화 고장 같은 흔하게 있는 일이 일어나기라도 하면, 당장 수리하는 게 불가능할 것이다. 누군가 중앙 우체국으로 내려가야 하고, 그런 다음 수리가 끝날 때까지 기다려야 한다(며칠이 걸릴지, 몇 주가 걸릴지 아무도 모른다). 나와 대화하는 사람들은 모두 공손하겠지만 드러머의 아주 느린 박자처럼 움직일 것이다. 간단히 말해, 나는 도시 쥐가 시골 쥐를 방문해서 느끼는 기분을 느낀다. 그러나 사실은 미국 뉴저지 근교에 있는 내 집이 더 시골이다. 거기서 나는 작은 도시(2000년 조사로는 인구 2,696명)의 외곽에 산다. 반면, 쿠마시는 인구 50만 명이 넘는 가나 제2의 도시다. 그 중심부에는 면적이 거의 12만 제곱미터에 달하는 케제티아Kejetia 시장이 있는데 서아프리카에서 가장 큰 시장으로 통한다. 거기서 상인 수천 명이 아보카도avocado |가|, 자전거, 카뷰레터에서부터 얌yam |나|, 주키니호박zucchini |다|에 이르기까

---

|가| 녹나뭇과의 상록수로, 열매는 노란색이며 독특한 향이 나 요리 재료로 많이 쓰인다.

|나| 맛과에 속하는 덩굴성 풀을 말하는 것으로 우리나라의 마, 참마 등도 이에 속한다.

|다| 오이 비슷한 서양호박으로, 애호박보다 크고 통통하다.

지 영문으로 표기된 갖가지 상품들을 팔고 있다.

쿠마시에 온 모든 관광객이 놀라게 되는 얘기가 따로 있다. 즉 주민들이 끊임없이 관광객에게 무언가를 요청한다는 것이다. 그 사람들은 단순히 거지들이 아니라, 신체장애를 겪고 있는 사람들이다. 즉, 시각장애 노인들(그들은 눈이 멀쩡한 아이들을 동반하고 관광객이 타고 있는 차창으로 몰려들곤 한다), 목다리를 짚고 있는 소아마비 환자들, 손가락이 썩어버린 한센병 환자들이다. 보통 상당한 지위에 있는 사람들도 다음과 같이 요청할 것이다. "선물 좀 가져왔어요?" "저를 미국으로 데려가 줄 수 있나요?" "돌아가서 시계(또는 휴대전화나 노트북컴퓨터) 좀 보내줄래요?" 그들은 우리에게 비자나 항공권, 일자리 등에 대해 도움을 청한다. 마치 우리가 단순히 산업화된 세계에 산다는 이유로 우리가 접하게 되는 권력과 부에 대해 그들이 너무 과도한 의미를 부여하는 것처럼 보일 것이다.

이렇게 계속되는 요청을 이해하려면 먼저 가나의 삶을 이해해야 한다. 성공하기 위해서는 인맥을 만들어야 한다는 것은 몇 세기 전이나 지금이나 변함없는 사실이다. 즉 운전면허증, 여권, 건축 허가, 직업 등을 얻어내기 위해서는 자신의 의지로 해결할 수 있는 사람이 되거나 일자리를 줄 수 있는 사회적 지위를 가진 사람을 알아둘 필요가 있다. 대다수 사람들에게는 그런 능력이 없으므로 후원자를 찾아야 한다. 이런 사회에서 누군가에게 무언가를 요청한다는 것은 그 누군가에게 자신의 후원자가 되어달라고 하는 것이다. 즉 요청하는 사람은 그 누군가에게 자신의 일자리를 마련해 줄 만한 지위가 있다고 생각하고 있다는 표시다. 따라서 무언가를 요청한다는 것은 존경을 표하는 것이다. 이런 설명이 있어야 다음의 오래된 아샨티 속담을 이해할 것이다.

누군가 당신을 싫어한다면 당신에게 아무런 요청도 하지 않을 것이다. Obi tan wo a, ɔnsrɛ wo adeɛ.

로마인들에게는 이런 의존자들을 가리키는 용어가 있었다. 바로 '클리엔테스clientes'다. 우리의 용어 '클라이언트client, 고객'는 보호자patron와 피보호자client의 상호의존성의 의미를 완전히 잃어버렸다. 오늘날 (손님을 얕잡아 보는 고급 레스토랑이나 부티크를 제외하고는) 클라이언트는 왕이다. 반대로 로마에서는, 지난 몇 세기 동안의 아샨티와 마찬가지로 보호자가 지배자였으며 클리엔테스는 성공을 위해 보호자를 필요로 했다. 보호자의 지위는 자신의 클리엔테스들을 보호하는 데 있었다. 즉 주인과 노예는 서로에게 의존했다. 이것은 철학자들이 흔히 헤겔에게서 인용하는 말인데, 헤겔은 『정신현상학Phänomenologie des Geistes』1807에서 주인이 노예의 존중에 의존하고 있음을 분석한 것으로 유명하다. 그러나 로마인이라면 누구라도 이런 교훈을 우리에게 가르칠 수 있을 것이다. 호라티우스Quintus Horatius Flaccus, BC 65~8의 『송시Carmina』의 세 번째 권은 "오디 프로파눔 불구스Odi profanum vulgus|가|"라는 구절로 시작한다. 이는 부분적으로 부와 지위의 부담감, 즉 보호자가 된

세계시민주의

|가| '나는 상스러운 천민들이 싫다'의 뜻.

다는 것의 부담감에 관한 시다. 호라티우스는 "필요한 만큼만 욕망하는" 사람이 되면, 그래서 부자가 겪는 파산의 위험에 노출되지 않게 되면 안전하다는 것을 이야기한다. 그리고 시 초반부의 한 지점에서는 로마의 광장에 들어서는 선거 후보자 무리에 관해서도 이야기하는데, 한 사람은 고귀한 혈통 출신이고, 한 사람은 좋은 평판을 얻은 사람이라고 이야기하며, 그리고 세 번째 사람에 관해서도 다음과 같이 말한다.

> 그 사람이 보호하는 클라이언트 무리가 더 위대할지도 모른다.

그 세 번째 사람은 더 많은 클라이언트를 거느릴 것이다. 아우구스투스Augustus, BC 63~AD 14 시대 로마에서는 많은 식솔을 소유하는 것이 곧 신분을 나타내는 원천이었다. 즉 그로 인해 세간의 존경을 받게 되고, 심지어 공직에 선출되었을 수도 있다.

쿠마시 출신이 아닌 사람에게 쿠마시의 세계는 (내가 말했듯이) 낯설고…… 충격적이며, 아마도 다채롭기도 하겠지만, 확실히 이질적이게 보일 것이다. 그곳 사람들이 근심하는 많은 것들, 즉 그들이 짊어진 많은 과제들이 우리의 근심거리나 과제가 되지는 않을 것이다. 그러나 그 점이 쿠마시 사람들과 우리의 많은 이웃들을 구별해 주지는 않는다. 우리는 환생했을 수도 있고 그렇지 않을 수도 있다. 어느 쪽이든 우리는 다른 쪽에 있는 사람들과는 다른 입장을 가지게 될 것이다. 그리고 쿠마시의 오순절교회|나|파와

---

|나| 미국에서 시작된 기독교의 한 종파로, 『신약성서』 「사도행전」의 오순절 성령강림을 사모하여 조직한 것.

기독교 주류 교파들 간에도 그런 동일한 구분이 이루어질 수 있다. 더욱 중요하게는, 이 세계가 낯설어 우리가 충격을 받는다 하더라도, 그럼에도 우리는 이 세계를 이해할 수 있다. 쿠마시에서 어떻게 처신해야 할지를 모르더라도, 반세기 전에 우리 어머니가 영국에서 쿠마시로 이주해 왔을 때 했던 것처럼 그 방법을 터득할 수 있을 것이다. 물론, 나의 아샨티 친척들은 "이방인은 결코 완전한 아샨티인이 될 수 없다ɔmamfrani nnyini kronkron"라고 말한다. 우리 어머니가 그랬던 것처럼, 어떤 곳으로 이주해 간 사람이 30대 나이에 그곳 언어를 새로 배운다고 한다면, 모든 것을 이해하리라고 기대할 수는 없다.

그런데 실제로 어떤 믿음을 공유하고 있지는 않더라도, 그 믿음을 가지고 있다고 '상상' 할 수는 있다. 확실히 우리는 왕실 조상의 오래된 의자들 위에 제물을 바쳐 그 조상을 기쁘게 하는 것이 중요하다고 생각지 않는다. 그러나 만약 조상의 신령이 현재의 삶을 더 좋게 하거나 더 나쁘게 할 수 있다고 믿게 된다면, 당연히 아샨테헤네의 제사 의식을 원할 것이다. 가나에 갔을 때 친구나 지인에게서 끊임없는 요청을 받는 게 다소 당황스러울 것이다. 그러나 보호자와 피보호자 관계의 기초 원리를 이해한다면, 왜 그런 요청을 하는지 이해할 수 있다.

마지막으로, 대부분의 일상생활은 우리에게도 아주 친숙하다. 가나 사람들은, 아니 모든 사람들은, 사고, 팔고, 먹고, 신문을 읽고, 영화를 보고, 잠자고, 교회나 모스크에 가고, 웃고, 결혼하고, 사랑하고, 간통하고, 장례식에 가고, 그리고 죽는다. 대개는, 누군가 우리가 모르는 언어를 번역했거나 우리에게 낯선 상징이나 관습을 설명했다면, 우리가 그 사람들이 무엇을 왜 하는지 이해하는 데 우리의 이웃을 이해하는 만큼 이상으로 어려움을 더 많이 (물론 더 적지는 않겠지만) 겪지는 않을 것이다.

## 우리에게 보편적인 것이 필요한가? ▒▒▒ Do We Need Universals?

세계 곳곳에서 온 방문객이 아샨티를 그렇게 쉽게 이해할 수 있는 이유는 무엇인가? 문화심리학자들이 내놓는 한 가지 답변은 마음의 장치는 어느 곳에서나 동일하다는 것이다. 이것이 사실이라면 분명 의미 있는 이야기지만, 이런 주장을 분석할 때는 좀더 신중할 필요가 있다. 어느 곳에서나 사람들은 붉은색, 초록색, 노란색, 푸른색을 본다. 그렇지만 또한 어느 곳에나 태어날 때부터 눈이 먼 사람들도 있다. 그리고 일반인보다 더 많은 색을 보는 테트라크로매트tetrachromat[가]가 있으며, 일반인보다 더 적은 색을 보는 다양한 종류의 색맹도 있다. 그렇다면 인간의 색채 지각color vision이 어떤 의미에서 보편적이라는 것인가? 세계 최고의 음악가들과 수학자들은 지구의 도처에서 태어난다. 그러나 그들 마음의 장치에는 우리 모두가 공유하지 못하는 특별한 무엇이 있다. 유클리드Euclid 기하학에는 '당나귀의 다리pons asinorum'[나]로 알려진

|가| 색깔을 구별하게 해주는 원추세포가 네 종류이거나, 색채 정보를 전달하는 독립된 경로가 네 개 있는 사람 (유기체). 보통 사람은 세 종류의 원추세포를 갖고 있는 트라이크로매트trichromat다.

179

상상의 이해인들

정리定理가 있다. 이에 따르면 당나귀로 비유되는 수학적 무능력자는 다리를 건널 수 없다. 누구나 스즈키鈴木鎭一, 1898~1998 교습법에 따라 첼로를 배울 수 있을 것이다. 하지만 마침내 요요마Yo-Yo Ma처럼 연주할 수 있는 사람은 단지 소수일 것이다. 그렇다면 수학과 음악에 대한 인지 능력이 어떤 의미에서 보편적이란 말인가? 우리는 어느 곳에 가든 친절하고, 타인을 동정하는 사람을 발견할 수 있다. 그러나 반反사회적 이상성격자와 정신질환자도 지구 전역에 분포되어 있다. 어떤 의미에서 친절함과 동정심이 보편적이란 말인가? 각 물음에 대한 대답은 인간 '모두'가 이런 특징이나 능력을 갖는 것은 아니라는 점이다. 오히려, 그것들은 충분히 큰 규모의 인간 집단에서 나타나며, 특히 모든 사회에서 나타나는 통계적 평균일 뿐이다.

그런데 이 특별한 기능과 능력이 이런 방식으로 배분된다는 것은 아주 우연적이다. 어떤 골짜기에서는 사는 사람들 모두가 적록 색맹이었다고 생각해 보자. 인류학자, 심리학자, 언어학자 들이 그곳에 몰려들 것이며, 그래서 허버트 웰스Herbert G. Wells, 1866~1946가 단편 「눈먼 자들의 나라The Country of the Blind」1904에서 의미했듯이, 그곳에선 오히려 방문자가 불리한 입장에 놓이게 될 것이다(우리 포유동물은 색채 지각이 없어도 꽤 활동을 잘한다). 하지만 그런 상상의 나라는 없기 때문에, 기본적인 색채 용어들이 인간의 모든 언어에서 작동하는 특정한 패턴이 나타나는 것 같다. 브렌

|나| 유클리드 기하학에서 '이등변삼각형의 두 밑각은 같다'고 하는 정리로서, 둔한 학생ass은 이해하기 곤란하다는 뜻이다. 또는 초심자에게는 어려운 문제 등의 의미로 사용하기도 한다.

트 벌린Brent Berlin과 폴 케이Paul Kay가 자신들의 책 『기본 색채 용어: 그 보편성과 진화Basic Color Terms: Their Universality and Evolution』1969에서 보여주었듯이, 기본적인 색채 용어들이 작동하는 방식에는 (다소 복잡한) 비교문화적 유형이 있다. 기본적인 색채 용어는 대체로 '하늘색sky blue' 같은 용어가 아니라 '파란색blue' 같은 용어인데, 그 의미는 복합 의미로 구성된 것이 아니다. 언어에 따라 기본적인 색채 용어들의 수에 차이가 난다. 그러나 벌린과 케이의 주장에 따르면, 언어들에는 항상 검정색과 하얀색이 있으며, 그리고 기본 색채 용어들이 더 추가된다면 동일하게 빨간색으로 시작해서 노란색이나 초록색으로 이어지고, 그런 식으로 해서 전체 열한 가지 기본 색채가 추가된다.[1] 벌린과 케이의 색채 이론은 이후의 연구로도 검증되지 못했다. 그럼에도 대체적으로 오늘날 광범위하게 수용되고 있다.

색채 언어는 가장 표준적인 사람의 기본적인 특징(즉 우리의 망막과 시각피질이 작동하는 방식과 타고난 언어 학습 능력)이 실제로는 경험과 문화에 의해 형성된다는 것을 보여주는 좋은 사례다. 어떤 사람이 오직 검거나 흰 옷만 입고, 모든 것이 검거나 희게 칠해진 집에 들어가, 똑같이 차려입은 사람들에 둘러싸여, 검고 흰 음식만 접하게 된다면, 그는 오직 그런 색채 용어들만 이해할 수 있을 것이다(물론 색채들의 이름은 시각에 기반한다). 다른 한편, 우리에게 자주색에 대한 단어가 있는지의 여부는 우리가 자주색을 띠고 있는 어떤 것을 본 적이 있는가에도 달려 있고, 또한 우리가 어떤 언어 자원들을 가지고 있는가에도 달려 있다.

비교문화적 분석은 어떤 기본적인 정신적 특징들이 실제로 (그 특징들이 어디에서나 표준적이라는 의미에서) 보편적으로 존재한다는 것을 밝혀준다. 또한 그 분석은 인간의 기본적인 정신적 특징에 대해서, 보기 드문 몇몇 특징들(예를 들어, 다른 사람들을 이해할 능력이 없는 이른바 자폐증) 역시 모든 인간에게서 발견됨을 확인시켜 준다. 이런 특징들 즉 우리의 생물학적 본성들에 기초한 문화들은 엄청난 다양성을 낳지만, 동일한 것 또한 많이 있다. 이렇게 되는 이유를 부분적으로 들자면, 생물학에서와 마찬가지로 문화 면에서도 인간의 환경은 비슷한 문제를 낳기 때문이다. 그리고 사회도 생물학의 자연선택과 같은 동일한 해결책을 마련하는 경우가 자주 있는데, 이는 그 방법이야말로 가장 유효하기 때문이다. 도널드 브라운Donald E. Brown의 저서인 『인간적 보편자들Human Universals』1991에는 "보편적인 사람들"이라는 흥미로운 장이 있는데, 이 장에는 인간이 공유하는 많은 특징들이 기술되어 있다. 모든 학문에 반론이 있듯이, 이 장에도 심각하게 파고드는 학자들은 인정하지 않을 만한 주장들이 담겨 있다. 그렇지만 우리가 생물학적 공통점과 인간 상황이 안고 있는 공통의 문제들에서 출발했기 때문에(공통의 기원을 가지므로 문화적 특징을 공유하는 것도 당연할 것이기에) 인간 사회가 마침내 깊이 있는 많은 것들을 공통적으로 가지게 되었다는 주장은 무시하기 어렵다.[2] 그 공통의 것으로는 음악, 시, 춤, 결혼식, 장례식과 같은 풍습들, 예의, 환대, 정조, 관용, 호혜, 사회 갈등 해소와 비슷한 가치들이 있으며, 선과 악, 옳고 그름, 부모와 자녀, 과거, 현재, 미래와 같은 개념들이 있다. 비트겐슈타인은 "설령 사자가 말을 할 수 있다고 해도, 우리는 사자를 이해할 수 없을 것"이라고 했다. 그에 따르면, 우리가 서로 이해하기 위해서는 공유된 인간 본성이 있어야 한다.

그러나 중국의 한 마을에 사는 사람들과 소통할 수 있는 나의 능력과 쿠마시 또는 쿠알라룸푸르 또는 캘러머주Kalamazoo에서 일어나는 일을 이해하는 당신의 능력은 모든 인간이 공유하는 것에만 의존하지는 않는다. 보통 사람 두 명이 만났을 때는 대개 다른 모든 보통 사람들이 공유하는 것뿐만 아니라 그 외의 많은 것들도 공유한다. 이는 여행을 통한 사회 접촉의 결과이자, 오늘날 우리 모두를 연결하는 물질적이고 상징적인 상품 무역의 결과다. 다른 민족에 관한 세계시민주의적 호기심이 매번 모든 인간이 공유하는 그런 특징들을 찾으려 함으로써 시작되어야 하는 것은 아니다. 어떤 경우에는 전혀 다른 우리 두 사람이 공유하는 자그마한 것에서부터 시작된다. 점성술이나 곤충들이나 전쟁사 혹은 제논Zēnōn ho Eleatēs, BC 490?~430?의 역설[가]에 흥미를 느끼는 사람들은 세계 도처에서 발견된다. 이런 것들에 대한 그 어떤 관심도 인간에게 보편적인 것은 아니다(나는 세 대륙을 돌면서도 제논의 역설에 관심 있는 사람을 찾지 못했다). 그럼에도 이와 같은 관심들은 다양한 사회의 사람들을 연결할 수 있고 실제로 연결한다.

상냥한 이웃들

[가] 고대 그리스의 철학자 제논이 스승 파르메니데스Parmenidēs, BC 515?~445?의 일원론을 옹호하기 위해 내놓은 진술로, '다자多者'와 '운동'이 존재한다는 반대파의 주장은 자기모순에 빠지게 된다는 것을 증명한 역설이다. 그중 가장 대표적인 것이 '아킬레우스의 논증'으로, 거북을 앞지르려고 하는 아킬레우스가 거북이 있는 지점에 이르려고 해도 거북은 원래의 지점보다 조금이라도 앞으로 나아가 있으므로 아킬레우스는 거북을 앞지를 수는 없다는 논증이다.

결론은 충분히 명백하다. 즉 비교문화적 대화에 참여하기 위해서는 무엇보다도 대화하는 사람들이 공유하는 것들이 있어야 한다. 그것들이 보편적일 필요는 없다. 중요한 것은 개별 사람들이 공통적으로 갖는 무엇이다. 우리가 공유하는 것을 충분히 찾았을 때, 그 후 우리가 아직 공유하지 못한 것도 찾을 수 있으리라는 가능성도 존재한다. 이 점이 세계시민주의적 호기심의 결과물들 중 하나다. 우리는 서로에게서 배울 수 있다. 또는 우리는 단지 다른 생각, 느낌, 행동 방식 들에 흥미를 가질 수도 있다.

난 세계시민주의적 기획에 대해 회의하는 자들이 갖는 공통된 의문에 대해 진지하게 답변할 수 있는 중요한 실마리가 여기에 있다고 생각한다. 회의주의자는 말한다. "당신은 우리에게 모든 인간에게 관심을 가지라고 요청하고 있다. 그러나 우리는 단지 우리와 정체성(민족적, 가족적, 종교적, 또는 그와 비슷한 것들)을 공유하는 사람들에게만 관심이 있다. 그리고 그런 정체성은 모든 내内집단에는 그에 대응하는 외外집단이 존재한다는 사실에서 심리적인 힘을 얻는다. 미국에 대한 사랑은 얼마간은 미국의 적을 증오하거나 싫어하는 일이어야 한다. 즉 우호는 투쟁의 딸인 것이다. 그리고 인류라는 정체성으로서 인간이 안고 있는 문제점은, '우주전쟁'이 발발하기 전에는, 모든 내집단을 결속시킬 수 있는 어떤 외집단도 없다는 것이다." (인간주의자들은 동물들이 외집단이 될 수 있다고 응수하려 할 때가 있다. 내게는 이것이 인간 심리에 비춰 볼 때 거짓으로 보인다. 외집단은 언어, 기획, 문화를 가지는 생물체, 즉 '사람'들이어야 한다) 회의주의자의 논박에 설득력이 있는 것은 우리가 이방인들에 대해 도덕적 관심을 가질 수 없다는 것이 아니라, 그 관심이 추상적이어서 공유된 정체성에서 나오는 온정과 힘이 없다는데 있다. 인간성이란, 이런 의미에서, 결코 정체성이 아니다.

우선, 이 모든 것이 옳다고 가정해 보자(8장 말미에서 보겠지만, 나는 이런 반론이 심각하게 잘못되었다고 생각한다). 그래도, 이방인들과의 관계란 항상 개별 이방인들과 맺는 관계가 될 것이다. 그리고 공유된 정체성에서 나오는 온정은 대개 쓸모가 있을 것이다. 몇몇 미국 기독교도들은 수단 남부 지역에서 고통을 겪는 동료 신자들에게 돈을 보낸다.[가] 작가들은 국제펜클럽을 통해 세계 도처에 투옥된 작가들의 자유를 위한 캠페인을 벌인다. 스웨덴 여성들은 서아시아의 여성 인권을 위해 활동한다. 펀자브 지방 인도인들은 캐나다와 영국에 정착한 펀자브 사람들의 운명을 걱정한다. 나는 타 지역의 어떤 사람들, 특히 탄압을 받는 사람들에게 관심이 많은데, 이는 단지 내가 그 사람들의 철학 저술들을 읽었고, 그 사람들의 소설에 감탄했으며, 텔레비전에서 그 사람들의 테니스 경기를 보았기 때문이다. 만일 다른 사람들에게도 적절한 상황만 주어진다면, 그들도 그렇게 할 것이다.

우리가 이방인에 대한 이해를 추상적으로 상상하려 할 때, 비교문화적 소통의 문제는 이론상으로 굉장히 어려워 보일 수 있다. 그러나 다음과 같은 인류학의 커다란 교훈이 있다. 이방인이 더 이상 상상의 산물이지 않고 실질적이고 현실적인 존재가 되어 인간의 사회적 삶을 공유할 때, 우리는 이방인을 좋아할 수도, 싫

상상의 이방인들

---

|가| 수단은 북부의 이슬람계와 남부의 아프리카 토속 신앙 및 기독교 세력 간의 갈등으로 오랜 내전을 겪고 있다.

어할 수도 있고, 그에게 동의할 수도, 동의하지 않을 수도 있지만, 그것이 우리나 이방인 모두가 원하는 것이라면, 우리는 마침내 서로를 이해할 수 있다는 것이다.

Chapter 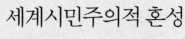 7 │ 세계시민주의적 혼성

Cosmopolitan Contamination

세계화가 모든 것을 동질화해 버린다고 불평하는 이들은 세계화가 동질성을 위협한다는 사실도 마찬가지로 놓쳐버리는 경우가 자주 있다. 이러한 현상은 쿠마시에서도 분명히 찾아볼 수 있다. 아샨티의 수도 쿠마시는 누구에게나(정서적으로나 지식적으로나 그리고 물론 물리적으로도) 열려 있으며, 세계 시장에도 통합되어 있다. 그렇다고 해서 이러한 세계 시장이 쿠마시를 서구화나 미국화, 영국화하거나 하지는 못한다. 쿠마시는 여전히 쿠마시일 뿐이다. 쿠마시는 세계에서 하나밖에 없는 도시이기에 결코 동질적이지는 않다. 나는 영국인, 독일인, 중국인, 시리아인, 레바논인, 부르키나파소인, 코트디부아르인, 나이지리아인, 인도인 등의 민족적 특성을 사람들에게 설명할 수 있다. 나는 조상 때부터 수 세기 동안 이 도시에서 살아왔던 아샨티인들의 특징을 소개할 수 있으며, 또한 수 세기 동안 떠돌아 다녔던 하우사Hausa족[가]의 가계도 찾아줄 수 있다. 쿠마시에는 가나의 전 지역에서 온 사람들이 살고 있어, 가나의 수많은 지방 언어들을 들을 수 있다. 현재의 쿠마시 사람들은 100년 전이나 200년 전보다 훨씬 더 다양한 지역에서 온 사람들이긴 하지만, 예전에도 쿠마시는 이미 전국 각처에서 몰려드는 사람들로 붐볐다. 메카 순례 여행을 떠난 최초의 아샨티인이 누구인지는 모르나, 그 여행은 아샨티 왕국보다

---

|가| 아프리카의 나이지리아 북부에서 니제르 남부에 걸쳐 사는 민족으로, 이슬람교가 아프리카에 들어올 당시 이슬람화하였다.

훨씬 더 오래전에 생긴 무역로를 따라 이루어졌을 것이다. 아주 오랜 세월 동안 내 고향과 세계를 연결시켜 준 것은 금과 소금, 콜라나무 열매, 그리고 슬프게도 노예들이었다. 무역이 이루어진 다는 것은 곧 여행자가 있다는 것을 의미한다. 만일 세계화를 최근에 이루어진 새로운 것이라고 생각한다면, 쿠마시의 인종절충주의는 세계화의 결과가 아니다.

그러나 쿠마시에서 오른쪽으로 32킬로미터 정도 달리다가 주도로를 벗어나 곳곳에 웅덩이가 팬 울퉁불퉁한 붉은 비포장길을 따라 운전해 가다 보면, 얼마 지나지 않아 쿠마시와는 달리 매우 동질적인 마을 한 곳에 다다를 수 있을 것이다. 마을 사람들 대부분은 쿠마시뿐 아니라 여러 언어가 뒤섞여 통용되는 몇몇 대도시도 가본 적이 있지만, 그 마을에는 (공립학교에서 사용하는 영어를 제외하면) 하나의 생활언어만 사용되고, 아샨티 가문들도 몇 있으며, 얌과 같은 전통적인 작물들과 19세기 후반에 수출용 상품으로 들여온 코코아와 같은 새로운 작물들을 재배하는 농경 생활도 볼 수 있다. 마을에 전기가 들어올 수도 그렇지 않을 수도 있다(쿠마시와 그렇게 가까운데, 아마도 전기가 들어올 것이다). 세계화에 의해 생겨난 동질성을 거론할 때 이야기되는 것은 다음과 같은 것들이다. 즉 마을 사람들은 라디오를 갖고 있기 때문에 마을 사람들에게서 월드컵 축구나 무하마드 알리Muhammad Ali, 1942~, 마이크 타이슨, 힙합에 관한 이야기들을 들을 수 있을 것이다. 그리고 기네스 맥주병이나 코카콜라 병(가나 고유의 맛있는 저장맥주인 스타맥주나 클럽맥주까지)도 볼 수 있을 것이다. 그러나 다시 보면, 라디오에서 흘러나오는 언어는 세계적인 언어가 아닌 현지어일 것이고, 마을 사람들이 가장 잘 아는 축구 팀도 가나의 축구 팀일 것이다. 누군가가 코카콜라를 마신다는 사실을 안다고 해서 그 사람의 생각이 어떤지 알 수 있겠는가? 이들 마을은 2세기 전보다는 더 많은 지역과 연결되어 있지만, 그렇다 하더라도 이들 마을의 동질성은 여전히 지역적인 것이다.

세계화 시대에도 (뉴저지에서처럼 아샨티에서도) 사람들은 여전히 지역적 동질성pockets of homogeneity을 갖고 있다. 이런 지역적 동질성은 그 특징이 1세기 전보다 약화되었을까? 물론 그럴 것이다. 하지만 대부분 더 좋은 방향으로 약화되었을 것이다. 대부분의 사람들이 의료 시설의 도움을 받고, 깨끗한 식수를 마시며, 학교에 다닌다. 이러한 생활 방식이 일반화되었다고 하더라도 이것을 누리지 못하는 사람들의 경우, 이러한 혜택은 축복이 아니라 개탄의 대상이 되기도 한다. 그리고 차이가 점차 사라져간다 하더라도, 새로운 형식의 차이, 예를 들어 새로운 헤어스타일, 새로운 유행어, 심지어 이따금씩 새로운 종교들을 창안해 내고 있다. 따라서 어느 누구도 세계의 여러 마을이 똑같다(또는 거의 똑같아지고 있다)고 말할 수는 없을 것이다.

그러면 이 지역의 사람들은 가끔씩 자신들의 정체성이 위협받고 있다고 느끼는 것은 무엇 때문인가? 세계, 즉 그들의 세계는 변화하고 있지만, 그들 중 일부는 그 변화를 좋아하지 않기 때문이다. 세계 경제의 가속화는(카카오나무들을 보라. 초콜릿은 전 세계 사람들이 먹고 있다) 이 지역 사람들의 현재의 삶을 만들어냈다. 만

세계시민주의적 오염

약 경제가 변한다면, 만약 코코아 가격이 1990년대 초처럼 다시 폭락한다면, 그들은 새로운 작물이나 생계 수단을 찾아야 할 것이다. 이러한 변화가 일어난다면 심란해하는 사람들이 있을 것이다(이런 변화로 신이 날 사람들이 있는 것과 마찬가지다). 선교사가 마을에 들어오고, 마을 사람들 중 많은 이들이 기독교도가 되었지만 전통적인 관습은 그대로 유지됐다. 그러나 새로 들어온 오순절교회 포교자들은 이전의 교회에 도전하면서 전통적인 관습을 우상숭배라고 비난한다. 그래서 여기서도 몇몇 사람은 그것을 좋아하지만 몇몇은 그것을 싫어한다.

무엇보다도 친족 관계가 변하고 있다. 우리 아버지가 어렸을 때는, 남자는 마을의 족장이 허가한 땅에서만 농사를 지었으며, 자신의 아부수아, 즉 (남동생들을 포함해서) 자신의 모계가족과 함께 그곳에서 일했다. 수확기에 다른 일손이 필요할 경우, 그는 북쪽에서 이주해 온 노동자들을 고용했을 것이다. 새 집을 지을 필요가 있을 경우, 그는 그렇게 했을 것이다. 또 부양가족을 먹이고 입혔고, 아이들을 교육시켰으며, 결혼과 장례까지도 치러주었다. 그는 여자형제 쪽 한 조카에게 농장과 아부수아에 대한 책임을 넘겨줄 수 있었다.

오늘날에는 모든 것이 변했다. 물가는 코코아 가격이 따라오지 못하게 치솟았고, 곡물 운송비는 유류비 인상으로 더욱 늘어났다. 하지만 그 도시에서, 다른 지방에서, 그리고 세계의 여러 지역에서 젊은이를 위한 새로운 가능성이 생겨나고 있다. 예전 한때라면 마을 남성은 자신의 조카들에게 아부수아를 떠나지 말 것을 강요하기도 했을 것이다. 하지만 이제 젊은이들에게는 떠날 권리가 있다. 이제 아부수아를 이끄는 가장은 어떤 경우에도 부양가족 모두를 먹이고 입히고 교육시킬 만큼 넉넉하지 못할 것이다. 가족 단위로 농사짓던 시대는 지나가 버렸다. 그런 방식의 삶에 익숙했던 사람들은 그런 시대가 가버리는 것을 슬프게 바라본다. 거대 농산물 회사에 농토를 내준 미국의 가족 농가가 그랬던 것과 같다. 우리는 그들의 심정을 이해할 수 있다. 그러나 우리는 그들 고유한 문화를 보호한다는 명분으로 그들의 자녀들에게 농촌을 지키라고 강요할 수도 없으며, 독특한 지역적 동질성으로 인해 더 이상 경제적 가치를 창출하지 못하는 수많은 섬 지역에 보조금을 무한정 지급할 수도 없다.

또 우리가 그런 걸 원해서도 안 된다. 세계시민주의자들은 인간의 다양성이 중요하다고 생각한다. 사람들은 다른 사람들과 협력해서 자신의 삶을 꾸려나가는 데 필요한 선택을 할 권리가 있기 때문이다. 1세기도 훨씬 전에 존 밀John S. Mill, 1806~1873이 『자유론On Liberty』1859에서 한 사회 내의 다양성에 대해 언급했던 내용은 전 세계의 다양성에 대한 논의로도 충분한 기능을 한다.

사람들이 다양한 취향을 가진다는 것이 사실이라면, 이것은 사람들이 하나의 모델을 따르도록 해서는 안 되는 이유가 된다. 그러나 다양한 개인들은 또한 자신들의 정신적 성장을 위해 다양한 조건들이 필요하며, 모든 다양한 식물들이 동일한 물리적 환경과 기후 조건에서 생존할 수 없듯이, 마찬가지로 다양한 개인들도 동일한 도덕적 환경에서 건강하게 살아갈 수 없다. 한 개인의 고귀한 본성을 계발하는 데 도움이 되는 것이 다른 사람에게는 장애가 되기도 한다. …… 만약 다양한 개인들의 생활 방식에 상응하는 다양성이 없다면, 사람들은 정당한 몫의 행복을 얻지도 못하고, 본성적으로 도달할 수 있는 정신적·도덕적·미적 수준까지 성장할 수도 없다.[1]

자유로운 사람들에게는 자신들의 삶을 영위할 수 있는 최선의 기회가 허용되어야 하기 때문에 우리가 다양하고 폭넓은 인간 조건들을 보존하고자 한다면, 사람들이 벗어나고 싶어 하는 차이 속에다 사람들을 가두어 다양성을 강제하고자 해서는 안 된다. 그런 '차이의 공동체[가]'는 구성원들의 자발적인 헌신 없이는 유지될 수 없을 것이다.

## 결코 바꾸려고 하지 마라 ▨ Don't Ever Change

우리는 당연히 사람들에게 본래의 문화적 관행을 유지하라고 강요해서는 안 된다고 생각하더라도, 세계시민주의자라면 세계 도처에서 '문화 보존'에 힘쓰고 '문화제국주의'에 저항하는 사람들을 지지하는 사람들이 아닌가라고 생각할지도 모른다. 그러나 이러한 표어의 배후에는 가끔씩 재미있는 가정들이 숨어 있다. '문

|가| 다른 집단이나 공동체와의 차이를 고수하면서 자기 집단의 정체성을 고집하는 소규모의 폐쇄적 공동체를 지칭한다.

화 보존'을 살펴보자. 이는 전승하고 싶은 예술을 유지하는 데 도움을 주는 일이다. 가령 시 낭송을 원하는 사람과 시 낭송을 듣고 싶은 사람이 있다면, 나는 웨일스예술협회Welsh Arts Council가 마련한 랜디드노Llandudno의 웨일스 방랑시인 축제를 적극 추천하고자 한다. 나는 쿠마시에 있는 가나민족문화센터Ghana National Cultural Center를 이용할 수 있어서 기뻤다. 왜냐하면 거기서 이루어지는 수업이 활력 있고 기운찼기 때문이다. 거기서는 아칸족의 전통 춤과 북을 배울 수 있다. 화질이 떨어지는 초기 할리우드 영화의 필름을 복원하는 일, 고대 스칸디나비아어, 고대 중국어, 에티오피아어로 된 필사본을 보존하는 일, 말레이족, 마사이Masai족, 마오리족의 설화를 기록하고 분석하는 일을 계속해야 한다. 즉 이 모든 것들은 가치 있는 인류의 유산이다. 그러나 '문화'(넓은 의미에서 문화 유물)를 보존하는 것은 '문화들'|내|을 보존하는 것과 다르다. 그리고 문화들의 보호자들은 파푸아뉴기니의 훌리Huli족, 토론토의 시크교도, 뉴올리언스의 몽Hmong족|다| 등이 자신들의 '본래' 생활 방식들을 유지할 수 있게 하기 위해 열심히 노력하고 있다. 그러나 어떤 방식이 문화를 본래대로 유지하는 방식인가? 자오Zao족이 붉은색의 화려한 머리 장식을 계속 유지하도록 하기 위해 베트남의 야구 모자 수입을 막아야 하는가? 왜 자오족에게 묻지 않는가? 그들이 이러한 선택을 해서는 안 되는가?

|나| 다수의 '개별 문화들'을 말한다.

|다| 중국 남부와 베트남, 라오스, 태국, 미얀마 등에 거주하는 소수민족으로 마오족苗族의 일파다. 베트남 전쟁 때 미국 중앙정보국CIA의 지원을 받아 반공전선에 나섰으나 미군 철수 뒤 라오스, 베트남 정권의 탄압을 받아 태국으로 피신하거나 미국, 프랑스 등지로 대거 망명했다.

문화보호론자들은 이렇게 말할지 모른다. "그들에게는 실질적 선택권이 '없다'. 시장에는 서양 옷들이 헐값에 나와 있고, 그들이 입었던 비단은 더 이상 구입할 만한 가격에 나오지 않는다. 만약 진정으로 원하는 것을 가질 수 있는 상황이라면, 그들은 여전히 전통의상을 입을 것이다." 이것은 더 이상 본래성authenticity에 관한 논증이 아니라는 것을 주목하자. 그들은 진정으로 하고 싶어 하는 것, 다시 말해 그들이 관심을 갖고 유지하고자 하는 정체성을 표현해 주는 그 무엇을 할 경제적 여유가 없다는 것이다. 이것이 바로 수많은 공동체에서 사람들이 괴로워하는 본질적인 문제다. 너무도 가난하기 때문에 자신들이 원하는 삶을 살지 못한다. 이것이 사실이라면, 논의 대상은 우리가 그들이 더 잘살도록 도울 수 있는지의 문제다. 그러나 만약 그들이 더 부유해지고 난 뒤에도 여전히 티셔츠를 입고 돌아다닌다면, 그들이 더 잘살도록 도와주는 것이 그들이 본래 생활을 유지하는 데 도움이 되지는 않을 것이다.

이것은 현실 세계에서는 문제가 될 것 같지 않다. 여유가 있는 사람들은 대개 이따금씩 전통의상을 입고 '싶어' 한다. 미국의 젊은이들은 무도회에서 턱시도를 입는다. 나는 한때 스코틀랜드식 결혼식에 들러리를 선 적이 있다. 신랑은 물론 스코틀랜드식 전통의상 킬트[가]를 입었다(나는 가나 전통의상인 켄테kente [나]를 입었다. 우리를 큰 소리로 불러 모은 백파이프 연주자 앤드루Andrew는 내 귀

|가| 스코틀랜드 고지의 남성용 체크무늬 주름치마.

|나| 화려한 색의 수직포手織布 무늬가 특징이다.

에다 대고, "우리가 입고 있는 옷은 모두 사실 우리 부족의 전통의상이야"라고 속삭였다). 쿠마시에서 전통의상을 입을 여유가 있는 사람들은, 자신들이 2세기 동안 그래왔던 것처럼, 자신들의 옷 켄테, 특히 본위레<sub>Bonwire</sub> <sup>|다|</sup>에서 형형색색의 비단 조각으로 짠 가장 '전통적인' 옷을 입고 싶어 한다(아샨티 밖에서의 수요가 늘어났기 때문에 가격은 일부 올랐다. 질 좋은 남성용 켄테는 오늘날 가나인의 연평균 수입보다 더 비싸다. 이러한 현상은 나쁜가? 본위레 사람들에게는 나쁘지 않다). 그러나 최초의 본래 문화가 무엇인지를 찾으려는 것은 양파의 껍질을 벗기는 행위와 비슷할 것이다. 대다수 사람들은 인도네시아 자와 섬의 날염포를 서아프리카 전통 옷으로 잘못 알고 있는데, 이것은 네덜란드인이 팔고 간혹 짜기도 했던 자와의 바틱<sub>batik</sub> <sup>|라|</sup>과 함께 건너온 것이다. 헤레로<sub>Herero</sub>족<sup>|마|</sup> 여성들이 입고 있는 옷도 19세기 독일 선교사들의 의복에서 유래한 것이다. 물론 이 복장이 여지없이 헤레로족 의상으로 보이는 까닭은 이 복장을 만드는 데 사용되는 옷감이 확실히 비非루터파적 색채를 띠고 있기 때문이다. 그리고 우리의 전통의상 켄테도 마찬가지다. 켄테의 옷감인 비단은 아시아산이었고, 유럽 무역상을 통해 항상 수입됐던 것이다. 즉 이러한 전통도 한때는 혁신이었다. 그러면 이러한 전통을 비전통적이라는 이유로 거부해야 할까? 얼마나 멀리까지 거슬러 올라가야 할까? 쿠마시에서 몇 킬로미터 정

---

|다| 가나 제2의 도시인 쿠마시 인근의 도시로, 수직포 켄테를 생산하는 수공예촌이다.

|라| 납이나 수지를 이용하여 무늬를 새기는 염색법 또는 이러한 염색을 한 천을 말한다.

|마| 아프리카 남서부 나미비아 일대에 사는 사람들로, 반투족의 일파다.

도 떨어져 있는 과학기술대학 졸업식에서 졸업생들이 (오늘날 하워드 대학이나 모어하우스 대학에서처럼) 켄테식 줄무늬가 있는 유럽 스타일의 가운을 입었다고 비난해야 할까? 특수한 문화들은 지속 '과' 변화를 동시에 거치면서 형성되며, 각 개인들이 자크 Jaques의 말대로 '인생의 7가지 단계'|가|를 거쳐도 살아남는 것처럼, 한 사회의 정체성도 이러한 변화를 통해 존속한다.


## '문화제국주의'의 문제점 ▩▩ The Trouble with "Cultural Imperialism"

문화보호론자들은 '문화제국주의'의 해악을 지적함으로써 자신들을 정당화하는 경우가 잦다. 그리고 문화제국주의의 희생자는 반드시 예전의 식민지 '원주민natives'만이 아니다. 사실, 프랑스 사람들은 자신들이 미국 영화를 보고 싶어 하고 영어권 인터넷 사이트를 방문하는 것을 지적하기 위해 자주 '문화제국주의'를 거론하는 경향이 있다(당연히, 프랑스 영화에 대한 미국인들의 취향도 장려되어야 할 것이다). 이것은 확실히 매우 이상하다. 할리우드 영화를 프랑스인들에게 강요하는 어떠한 군대도 없고, 어떠한 제제 위협이나 정치적 무력 과시도 없는데 말이다.

　여기에는 본질적인 쟁점이 숨어 있다. 하지만 제국주의는 아닌

---

|가| 셰익스피어의 5대 희극 중 하나인 〈뜻대로 하세요As You Like It〉1623에서 극중 인물인 자크는 인생에는 7가지 단계가 있다며 독백으로 읊조린다. 그 7가지 단계는 유아infancy, 아동childhood, 연인lover, 군인soldier, 정의justice, 노년lean and slipper'd pantaloon, 제2의 아동기second childishness다.

것 같다. 프랑스 영화산업은 정부 보조금을 필요로 한다. 전적으로는 아니지만 그 부분적인 이유는, 영어 사용자가 프랑스어 사용자보다 훨씬 더 많기 때문에 미국 영화산업은 이점이 크다는 것이다(이는 100퍼센트 완전한 설명은 아니다. 영국 영화산업 역시 보조금을 필요로 하는 것 같기 때문이다). 이유야 어떻든, 프랑스인들은 여전히 프랑스 영화가 프랑스적 삶에 깊이 뿌리내리고 있어야 하고 미국 영화와 경쟁할 수 있을 만큼 성장하기를 바랄 것이다. 보조금을 지원받은 영화들 가운데에는 그 자체로 뛰어난 영화들이 있는 경우가 자주 있기 때문에 세계시민주의적 문화를 풍성하게 해왔다. 지금까지는 잘돼 가고 있다고 생각한다.

가령 미국은 영화 보조금 지원을 금지하려는 자신들의 숨은 의도를 세계무역기구WTO를 통해 정당화하려고 한다. 그러나 미국 내에서조차 공영방송 프로그램에 보조금을 지원하는 일이 완전히 정당하다고 믿는 사람들이 많다. 우리는 오페라 극단과 발레 극단에 면세 혜택을 준다. 시와 주정부는 스포츠 경기장에 보조금을 지원한다. 민주 국가의 시민들이 원하는 공공 문화 가운데 시장에 의해서만 산출될 수 있는 부분이 얼마나 되는가 하는 것은 경험적 문제이지, 자유시장 이데올로기에 호소해서 해결될 문제가 아니다.

그러나 이러한 사실을 인정한다고 해서 문화제국주의 이론가들이 원하는 것을 받아들인다는 것은 아니다. 넓은 의미에서, 문화제국주의 이론가들의 밑그림은 바로 다음과 같다. 자본주의라는 세계 체제가 있으며, 여기에는 중심과 주변이 있다. 중심(유럽과 미국)에는 다국적 기업이 있다. 이들 중에는 미디어 사업에 종사하는 기업들이 있다. 이들이 전 세계를 돌아다니며 판매하는 미디어 상품들은 일반적으로 자본주의의 이익을 촉진시킨다. 이들은 영화, 텔레비전, 잡지뿐만 아니라 다국적 기업의 다양한 비미디어 상품들에 관한 소비도 장려한다. '미디어문화제국주의'의 주요 비평가인 허버트 실러Herbert I. Schiller, 1919~2000는 미디어문화제국주의란 "시스템을 통해 의식을 형성하고 구성하려는 중심부 권력의 형상이자 문화 관점"이라고 말했다.[2]

이런 이야기를 믿는 사람들은 잡지사와 방송인 들의 말을 사실 전달 대신에 광고 지면을 팔고 있는 것으로 간주해 왔다. 이러한 증거가 미디어문화제국주의를 입증하지는 못한다. 실제로 미국의 TV 드라마 〈댈러스Dallas〉가 네덜란드에서 그리고 아랍계 이스라엘인, 모로코의 유대 이주민들, 키부츠 구성원들, 이스라엘의 새로운 러시아 이주민들 사이에서 왜 성공하게 되었는지에 대한 조사가 이뤄진 바 있다. 또 호주와 브라질, 캐나다, 인도, 멕시코에서 TV 매체의 실제 영향력을 검토한 바 있다(텔레비전이 일상생활에 미치는 영향력은 영화를 훨씬 능가한다). 또 남아프리카공화국 소피아타운Sophiatown의 예술가들이 미국의 대중문화를 어떻게 받아들이는지에도 주목했고, 전통 부족인 줄루족 출신 대학생들과 더불어 미국의 TV 드라마 〈우리 삶의 나날들Days of Our Lives〉과 〈용감한 것과 아름다운 것The Bold and the Beautiful〉에 관해 토론하기도 했다.[3]

이 연구들을 통해 두 가지 사실이 발견됐다(여러분도 이미 짐작했을 것이다). 첫째, 프랑스뿐만 아니라 호주, 브라질, 캐나다, 인도, 멕시코, 남아프리카공화국에서처럼, 사람들은 텔레비전에 자신의 지역 이야기를 담은 프로그램이 나올 때 더 좋아한다는 점이다. 가나에서 10년 이상 동안, 거의 모든 사람과 화제에 올릴 수 있는 유일한 프로그램은 〈오소포 다지에Osofo Dadzie〉라는 아샨티트위어로 방영된 지역 드라마였다. 이 드라마는 각 에피소드에서 현대의 일상적인 삶의 문제에 대한 진지한 메시지를 보여주는 유쾌한 프로그램이었다. 우리는 멕시코인들이 자국 드라마(텔레노벨라스telenovelas)를 얼마나 좋아하는지 알고 있지 않은가?(실제로 영어로 어설프게 더빙된 채 방영되는 가나에서조차 대부분의 사람들이 알고 있다) 학술 연구에 따르면, 사람들은 자신들의 고유한 문화와 밀접한 TV 프로그램을 더 좋아하는 경향이 있다[4](할리우드 블록버스터는 전 세계에서 특별한 인기를 누리고 있다. 그러나 미국 영화 평론가들이 늘 불평하듯이, 액션 장면 비중이 높고 재치 있는 농담으로 가볍게 처리하는 할리우드 영화의 성격은 부분적으로나마 방콕이나 베를린에서도 통용될 수 있는 것으로 결정된다. 문화제국주의 이론가들의 관점에서 볼 때, 이것은 바로 제국주의를 정당화하는 경우가 되기도 한다).

둘째, 사람들이 이와 같은 미국 상품들에 어떻게 반응하는가의 문제는 각자의 현재의 문화적 맥락에 달려 있다는 점이다. 미디어학자인 래리 스트렐리츠Larry Strelitz는 남아프리카공화국의 콰줄루나탈KwaZulu-Natal 출신 대학생들과 이야기를 나누면서, 그 학생들이 결코 수동적인 사람이 아님을 알았다. 그중의 한 사람이었던 시포Sipho는 자신이 "매우, 매우 강한 줄루 남성"이고 미국 드라마 〈우리 삶의 나날들〉을 보면서 "특히 인간관계에 관한" 교훈을 얻었다고 말했다. "만약 남자가 여자에게 사랑한다고 말할 수 있다면 여자도 똑같이 말할 수 있어야 합니다"라는 대사가 시포에게 확신을 주었다고 한다. 더욱이 드라마를 본 뒤 시포는 "아버지에게도 이야기할 수 있어야 한다. 아버지는 그저 아버지라기보다는 친구여야 한다는 사실을 깨달았다"라고 말했다. 하지만 사람들은 이런 이야기가 바로 다국적 자본주의의 지배권력이 의도하고 있는 메시지라고 의심한다.

그러나 시포의 이러한 반응은 또한 우리가 그동안 되풀이해서 발견해 왔던 사실들을 증명해 주고 있었다. 즉 문화 소비자들은 얼간이들이 아니며, 저항할 능력이 있다는 것. 그래서 시포는 또한 다음과 같이 말했다.

> 우리 문화에서, 여자들은 대략 스무 살이 되어야 남자와 관계를 가질 수 있다. 그러나 서양 문화에서, 여자는 아주 이른 열다섯이나 열여섯 살에 관계를 가질 수 있다. 우리는 그런 문화를 받아들여서는 안 된다. 우리가 받아들여서는 안 되는 또 다른 서양 문화는 어른을 대우하는 방식이다. 나는 우리 가족을 양로원에 보내고 싶지 않다.[5]

미국 TV 드라마에서 '양로원'은 친절한 사람들로 가득 찬 안전한 곳일지도 모른다. 그렇다고 해서 이것이 시포를 납득시키지는 못한다. 네덜란드의 〈댈러스〉 시청자들이 본 것은 갑부들이 엄청나게 소비하면서 얻게 되는 쾌락('문화제국주의' 이론가들은 이 드라마의 모든 에피소드에서 이 메시지를 발견했다)이 아니라 돈과 권력이 사람들을 비극으로부터 보호하지 못한다는 내용이었다. 아랍계 이스라엘인들은 이 드라마를 남편에게 학대받는 여성들이 아버지의 품으로 되돌아가야 한다는 것을 확인해 주는 프로그램으로 보았다. 멕시코 드라마를 본 가나 여성들은 섹스에 관한 한 남성은 믿을 수 없는 존재라고 생각했다. 그 드라마가 가나 여성들에게 다른 메시지를 전하려 했다 해도, 가나 여성들은 그것을 받아들이려 하지 않았을 것이다.

문화제국주의가 주변부 사람들의 의식을 구성한다는 담론은 시포와 같은 사람들을 곧이곧대로 받아들이는 무지렁이로 취급한다. 즉 지구적 자본주의는 다른 문화 소비자들을 동질화시킨 다음, 또다시 재빠른 손놀림으로 이러한 무지렁이의 머릿속에 자신의 메시지를 주입시킨다는 것이다. 이러한 담론은 깔보는 태도에서 나온 것이다. 그리고 이는 사실이 아니다.

## 혼성 예찬    In Praise of Contamination

세계화가 낳은 문화적 결과에 관한 불평 뒤에는 과거 세계의 존재 방식에 대한 하나의 이미지가 도사리고 있다. 이는 비현실적이고 매력도 없는 이미지다. 여기서 무엇이 잘못된 존재 이해 방식인지 우리에게 안내해 줄 또 다른 아프리카인이 있다. 테렌티우스Publius Terentius Afer, BC 195?~159는 북아프리카의 카르타고에서 노예로 태어났고, 기원전 2세기 후반에 로마로 건너왔다. 오래전 부터 그의 희곡은 도시의 식자층 사이에서 폭넓게 찬사를 받았 다. 우아하고 재치 넘치는 그 작품들은 세련되지는 못했지만, 플 라우투스Titus Maccius Plautus, BC 254?~184의 초기 작품과 더불어 본질 적으로는 로마 희극의 모든 요소를 다 갖추고 있었다. 하나의 라 틴 연극 속에 초기 그리스 희곡을 자유롭게 혼합한 테렌티우스의 독창적인 저술 방식은 로마 문인들에게 '혼성contamination'으로 알 려졌다. 혼성은 많은 것을 시사하는 용어다. 아샨티나 미국 가족 농장의 본래 문화를 그대로 유지해야 한다면서 문화적 순수성이 라는 이상을 부르짖는 사람들을 볼 때, 나는 반反이상이라는 명칭 으로서의 '혼성'에 더욱 끌린다. 테렌티우스는 인간의 다양성을 매우 명료하게 파악했다. 그 결과 "너무나 많은 사람들, 너무나 많은 견해들"과 같은 발언을 했다. 그리고 그의 희극 〈자학자 Heauton Timorumenos〉BC 163에서도 세계시민주의의 황금률과 같은 구 절이 발견된다. 바로 "나는 인간이다. 즉 인간적인 어떤 것도 내 게는 낯설지 않다Homo sum: humani nil a me alienum puto"라는 구절이다. 그 문장은 계몽적이다. 극의 주인공은 크레메스Chremes라는 참견 하기 좋아하는 농부로, 그는 지나치게 흥분한 이웃으로부터 자기 일이나 잘하라는 충고를 듣는다. 그러나 크레메스는 '나는 인간 이다homo sum'라는 신조로 유쾌하게 대꾸한다. 그것은 위에서 내 려온 명령 같은 게 아니라, 단지 세상 이야기gossip일 뿐이다.

　다시 말해, '다른' 사람들의 사소한 일에 관심을 갖게 하는 세

세계시민주의

상 이야기는 문학과 뿌리를 공유한다. 확실히 혼성의 이상을 살만 루슈디A. Salman Rushdie, 1947~ [가]보다 설득력 있게 설명한 사람도 없을 것이다. 파트와fatwa [나]를 받았던 그 소설에 대해 루슈디는 이렇게 말했다. "[그 소설은] 인간, 문화, 이념, 정치, 영화, 노래의 새롭고 예상치 못한 조합으로 생겨나게 되는 잡종, 불순, 혼합, 변형을 찬미한다. 따라서 잡종화를 기뻐하며 '순수'의 절대주의를 두려워한다. 이것저것 조금씩 섞인 혼합물과 뒤범벅은 새로움이 세상에 나오는 방식이다. 대규모 이주는 세계에 거대한 가능성을 제공하며, 나는 그 가능성을 받아들이려고 노력해 왔다."6 그러나 이 거대한 가능성을 창출한 집단 이주가 현대에 이루어진 것은 아니다. 초기 키니코스학파와 스토아학파는 자신들이 태어난 고향에서부터 자신들이 가르쳤던 그리스 도시국가로 혼성되어 갔다. 그곳에서는 많은 사람들이 이방인들이었다. 세계시민주의는 이주로 고독함을 느꼈던 혼성자가 고안했던 이념이다. 그리고 더 큰 세계를 혼성시켰던 이주는 현대에 이루어진 것이 전혀 아니다. 알렉산드로스의 제국은 이집트와 북인도의 생활상과 조각상을 뒤섞어 새로운 것을 주조했다. 처음엔 몽골 왕조가, 다음엔 무굴 왕조가 아시아에 거대한 자취를 남겼다. 반투족의 이주자는 아프리카 대륙의 절반에 정착했다. 기독교는 나사렛 예수의 죽음 후 몇 세기

---

|가| 인도 뭄바이 출신의 영국 작가. 1988년에 발표한 『악마의 시The Satanic Verses』가 이슬람권으로부터 무함마드를 악마에 빗대고 이슬람을 모독했다는 격렬한 비난을 받아 미국과 영국 등지에서 피신 생활을 했다.

|나| 어떤 사안이 이슬람법에 저촉되는지를 해석하는 권위 있는 이슬람 판결. 법적인 판결은 아니나 이슬람 세계에서 법 이상의 권위를 갖고 있다. 루슈디는 『악마의 시』 발표 당시 이란 최고지도자인 호메이니Ayatollah R. Khomeini, 1900~1989로부터 사형선고에 해당하는 파트와를 받았다.

가 지나 아프리카, 유럽, 아시아로 전파되었다. 불교는 아주 오래 전 인도에서 동아시아와 동남아시아 전역으로 전파되었다. 유대인들과 중국인들은 널리 분산된 채로 오랫동안 살아왔다. 실크로드의 무역상은 이탈리아 상류층의 의복 스타일을 변화시켰다. 15세기에는 스와힐리 사람이 무덤에 귀중품을 매장하기 위해 중국의 도자기를 들여왔다. 나는 백파이프가 이집트에서 시작되어 로마 보병들과 함께 스코틀랜드로 흘러들어 갔다는 것을 알고 있다. 이 중에 현대에 이루어진 것은 하나도 없다.

'순수'와 마찬가지로 '혼합mixture'에서도 쉽고 그럴듯한 이상주의가 있을 수 있다. 그럼에도 더 큰 인간적 진리는 테렌티우스의 '혼성'이라는 측면에 있다. 우리는 정착하기 위해 동질적인 가치 체계와 고정된 공동체를 필요로 하지도 않고 필요로 한 적도 없다. 문화적 순수라는 말은 모순어법이다. 문화적으로 말한다면, 이미 우리는 세계시민주의적 삶을 살고 있다. 더욱 많은 곳에서 들어오고 더욱 많은 것들로부터 영향을 받는 문학, 예술, 영화가 그런 세계시민주의적 삶을 풍성하게 만든다. 그리고 저 아산티 마을에 나타난 세계시민주의의 흔적들(축구, 무하마드 알리, 힙합 등)은 우리의 삶에 그런 것들이 노동으로서가 아니라 즐거움으로 침투하듯이 아산티 사람들의 삶에도 그렇게 침투했다. 맥도널드나 리바이스처럼 서구적이고 현대적인 것으로 보인다는 '이유'로 세계 여러 지역 사람들에게 매력을 끄는 서양 상품이 있다. 그러나 문화적 가치는 이러한 상품을 생산하는 기업의 본사에서조차 결정할 수 없는 성질의 것이다. 리바이스는 전 세계의 사람들

세계시민주의

이 즐겨 입는 옷이다. 물론, 어떤 지역에서는 일상복으로 입고, 다른 지역에서는 멋을 낼 때나 입는다. 마찬가지로 전 세계 어디를 가더라도 코카콜라를 마실 수 있다. 쿠마시에서는 장례식에서 코카콜라를 내놓을 것이다. 내 경험으로 볼 때, 영국의 서쪽 지방에서는 뜨겁게 데운 우유를 곁들인 인도 차를 선호하지 코카콜라를 마시지 않는다. 요점은 사람들이 각자 자기가 사는 곳에서 가장 유명한 세계적 상품들을 재량껏 사용한다는 점이다.

신뢰할 수 있는 세계시민주의라면 차이에 대한 존중을 실제의 인간에 대한 존중과 조화시킨다(그 인간에 대한 존중은 북아프리카 출신의 노예 테렌티우스가 썼던, 한때는 익살스러웠지만 이제는 평범한 신조, 즉 '나는 인간이다'라는 신조 속에 가장 잘 나타나는 정서다). 다음과 같은 말을 크레메스가 했다는 사실을 기억하는 사람은 거의 없지만, 이 말은 모든 사람이 인용할 만큼 가치가 있다. 즉 "당신은 내가 당신이 좋아하는 일에 대해 단순히 참견한다고 생각할 수도 있고, 걱정하고 있다고 생각할 수도 있을 것이다. 만약 당신이 좋아하는 일이 옳다면 나는 당신을 따라 할 것이고, 그르다면 그른 것을 바로잡을 것이다."

Chapter 8

# 그래서 누구의 문화란 말인가?

Whose Culture Is It, Anyway?

## 전쟁의 전리품 ▰▰▰ The Spoils of War

19세기에 아샨티 왕들은, 여느 왕국의 왕들과 마찬가지로, 자신의 왕국과 세계 도처에서 끌어 모은 유물들을 과시함으로써 자신의 영광을 드높였다. 영국 장군 가넷 울슬리Garnet J. Wolseley, 1833~1913는 1874년 "토벌 원정"으로 쿠마시를 멸망시키면서 아샨티 왕 코피 카리카리Nana Kofi Karikari, 재위 1867~1874의 왕궁을 약탈하도록 허용했다. 몇 달 뒤 포메나Fomena 조약에서, 아샨티는 '배상금'으로 황금 5만 온스(거의 1.5톤)를 지불해야 했다. 그중 많은 양이 보석류와 왕실 보기寶器 등의 형태로 인도되었다. 20년 후, 로버트 베이든파월Robert S. S. Baden-Powell, 1857~1941 소령은(보이스카우트를 창설한 그 베이든파월이 맞다) 한 번 더 쿠마시에 파병되어 새 왕 프렘페 1세Nana Prempeh I, 재위 1888~1931에게 영국 통치에 복종할 것을 요구했다. 베이든파월은 이 임무를 자신의 책 『프렘페의 몰락The Downfall of Prempeh: A Diary of Life with the Native Levy in Ashanti, 1985-96』1896에서 잘 묘사하고 있다.

프렘페 1세와 그의 어머니가 항복하자마자 영국 군대가 왕궁에 들어왔으며, 베이든파월이 기록했듯이, "귀중품과 재산을 모으는 일"이 진행되었다. 그는 이어서 다음과 같이 기록했다.

이보다 더 흥미진진하고 매혹적인 일은 없었다. 그 부가 엄청난 것으로 보고된 미개인 왕의 왕궁 여기저기를 뒤지는 것은 충분히 그랬다. 아마도 그 일에서 가장 인상적인 모습 중 하나는 보물을 모으는 작업을 영국 군인들이 맡았으며, 그것도 한 건의 약탈도 없이 가장 정직하고 호의적으로 이루어졌다는 것이다. 여기저기 한 아름의 황금 손잡이 칼을 안고 있는 사람, 황금 장신구와 반지로 가득한 상자를 든 사람, 브랜디 병으로 가득한 술 상자를 든 사람이 있었지만, 약탈을 시도한 경우는 없었다.[가]

이런 자랑이 우리에게는 거의 우습게 보이지만, 베이든파월은 영국 관리의 명령 아래 보물들의 목록을 작성하고 이전하는 일이 합법적인 재산 양도라고 확실히 믿었다. 그것은 약탈이 아니라 "수집"이었다. 곧 프렘페 1세는 체포되어 케이프코스트Cape Coast에 유배되었다. 더 많은 배상금이 지불되었다.[1]

세계 곳곳에서 이와 유사한 이야기들이 전해 온다. 벨기에 테르뷔런Tervuren에 있는 왕립중앙아프리카박물관은 2001년 '콩고 역사유물전'을 통해 소장품들이 벨기에령 콩고의 잔인한 역사에서 유래되었다는 식민지 시기의 어두운 면을 보여주었다. 베를린의 민족학박물관에 있는 이색적인 요루바Yoruba족[나] 예술품은 대부분 독일의 민속학자 레오 프로베니우스Leo Frobenius, 1873~1938[다]를 통해 가져온 것이지만, 그가 그 예술품들을 그러모으는 데 썼던 '수집'의 방법이란 자유시장의 교환 방법에만 한정된 것이 아

세계시민주의

---

[가] Robert Stephenson Smyth Baden-Powell, The Downfall of Prempeh: A Diary of Life with the Native Levy in Ashanti 1895-96, Methuen & Co., 1896.

[나] 나이지리아 남부 기니만 근처에 사는 종족.

[다] 상관관계에 있는 일군一群의 문화 요소의 분포 영역을 '문화권'이라고 규정하였다. 저서에 『아프리카 문화의 기원Kulturgeschichte Afrikas, Prolegomena zu einer historischen Gestaltlehre』1933이 있다.

니었다.

　오늘날 아프리카 예술품, 실로 개발도상국에서 수집한 예술품 시장은 유감스럽게도 흔히 이런 제국주의 초기의 약탈에 의해 형성되었다. 세계의 많은 극빈 국가들은 자국의 법규를 집행할 재원이 전혀 없다. 아프리카 서부에 있는 말리 공화국은 젠네제노 Djenné-Jeno의 훌륭한 조각 작품을 발굴해 수출하는 것이 불법이라고 선언할 수 있지만 그 법을 집행할 수는 없다. 또 직접 고고학 발굴 작업에 막대한 자금을 투자할 여력도 없다. 그 결과, 고고학자 매킨토시 부부Roderick and Susan McIntosh의 발굴 팀이 유적을 발견했다고 발표하자, 뒤이어 젠네제노의 뛰어난 테라코타 작품들이 1980년대에 마구잡이로 발굴되었다. 유럽과 북미의 수집가들은 그 아름다움에 감탄해 그것들을 사들였다. 그것들이 고고학 유적지에서 불법적으로 유출되었기 때문에, 말리 문화에 대해 알고 싶은 많은 부분을, 신중한 고고학적 발굴을 통해 찾아낼 수 있을 뻔했던 많은 부분을 이제는 결코 알 수 없을지도 모른다.

　고고학자들의 요청에 따라, 미국과 말리 정부가 도난 예술품의 밀수를 금하는 특별법을 제정하자, 공식적인 젠네제노 조각품 시장이 대부분 문을 닫았다. 그러나 사람들의 추측에 따르면, 그동안 대략 1천여 점가량의 조각품이 말리에서 불법적으로 유출되었다. 그중 몇 점은 지금 수십만 달러를 호가한다. 이런 엄청난 가격을 생각한다면, 왜 그렇게 많은 말리인들이 자신들의 '국가 유산'을 수출하려는지 알 수 있을 것이다.

　물론, 현대의 도난품은 고고학 유적지의 약탈에 국한되지 않는다. 나이지리아의 박물관들에서만 수억 달러 상당의 예술품들이 도난당했는데, 거의 항상 내부자들의 공모가 있었다. 그리고 전직 나이지리아 국립박물관장 엑포 에요Ekpo Eyo는 소더비Sotheby's를 포함해서 뉴욕과 런던의 판매상들이 예술품의 반환에 적극 협조하지 않았다고 지적해 왔다. 이 많은 소장품들이 나이지리아 예술 전문가들에게 잘 알려진 것들이기 때문에, 어느 작품이 누구에게 팔렸는지 판매상들이 알아차리는 데는 사실 오랜 시간이 걸리지 않았을 것이다. 도난 예술품의 유통은 제3세계에만 국한되지 않는다. 이탈리아 정부에도 한번 문의해 보라.

상황이 이러하고 역사적 현실이 이러하다면, '문화유산cultural patrimony'의 약탈에 저항하는 것이 당연한 일이었다.[2] 유네스코 UNESCO, 유엔교육과학문화기구와 여타 국제 기구들의 수많은 선언들을 통해 다양한 형태의 문화재cultural property 소유권에 관한 정책이 고안되었다. 간단히 말해, 문화재가 그 문화의 자산으로 간주되어야 한다는 것이다. 우리가 그 문화에 속한다면 그 문화의 작품은 도발적으로 말해서 우리의 문화유산이고, 우리가 그 문화에 속하지 않는다면 그 작품은 우리의 문화유산이 아니다.

**유산의 역설** ▬▬ The Patrimony Perplex

'문화유산'이라는 말을 그토록 강력하게 만드는 이유 중의 하나는 '문화'라고 하는 혼란스러운 단어의 두 가지 주요 용법을 혼란

세계시민주의

스러운 방식으로 융합하기 때문인 것 같다. 우선, 문화유산은 문화 유물들, 즉 예술작품, 종교 유물, 고서, 공예품, 악기 등을 지칭한다. 여기서 '문화'란 인간이 창의성을 발휘해서 만들고 그것에 의미를 부여한 모든 것이다. 의미는 관습convention을 통해 생산되고, 그 관습은 개인적인 것이 아니고 보편적인 것에도 거의 해당하지 않으므로, 이런 의미에서 문화를 해석하는 일이란 사회·역사적 맥락에 관한 지식을 요구하는 것이다. 다른 한편으로, '문화유산'은 '한' 문화의, 즉 한 집단의 생산물들을 지칭하며 이 생산물들은 그 집단의 관습으로부터 그 의미를 갖는다. 여기서 유물들은 특정 집단에 속한 것으로 이해되고, 그 계승자들은 역사를 넘어 지속되는 정체성을 가진 것으로 이해되며, 따라서 유물들은 이 계승자들의 유산이다. 그렇다면, 노르웨이의 문화유산은 단순히 인류 문화에 대한 노르웨이의 공헌(우리의 시끄러운 인류 합창 속에서 울려 퍼지는 노르웨이의 목소리, 프랑스인이라면 말할 만한[가], 인류의 보편적 문화에 대한 노르웨이의 공헌)이 아니다. 오히려 그것은 역사적으로 지속하는 한 민족으로 파악된 노르웨이인들이 만든 모든 문화 유물이다. 우리는 노르웨이의 유산에 감탄할지도 모르지만, 그 유산은 결국 노르웨이인들의 것이다.

그러나 한 민족에 속한다는 것이 정확히 무엇을 의미하는가? 노르웨이의 많은 문화유산은 현대 노르웨이 국가가 나타나기 전

[가] 이에 대한 지은이의 추가 설명은 다음과 같다. "프랑스 정치학계와 철학계는 오랫동안 보편성의 개념을 파고들어 왔다. 즉 어떤 정책을 지지할 때 프랑스에서는 보편적인 가치에 호소하려고 하는 관습이 있는 반면, 다른 나라, 예를 들어 영국에서는 어떤 정책을 영국만의 오랜 전통의 일부라고 말함으로써 지지를 표명한다. 따라서 보편적 문화의 개념은 매우 프랑스적인 생각이라 할 수 있다."

에 생산되었다(1814년의 몇 달간의 혼란기를 제외하고는 노르웨이는 14세기 초부터 덴마크와 혹은 스웨덴과 합병된 상태였다가 1905년에야 현대적 독립을 달성했다). 현재 오슬로의 국립박물관에 전시된 황금 및 철제의 훌륭한 작품들을 만든 주인공들인 바이킹은 자신들을 오슬로 피오르fjord[가]에서부터 순록을 방목하는 사미Sámi족 땅까지 북으로 1,600킬로미터에 이르는 영토를 소유한 단일 국가의 주민으로 생각하지 않았다. 사가saga[나]에서 알 수 있듯이 그들의 정체성은 혈통 및 지역성과 결부되었다. 그리고 올라프[다]의 황금잔이나 토르핀 카를세프니Thorfinn Karlsefni[라]의 칼이 올라프와 토르핀이나 그들의 후손에게 속하지 않고 국가에 속한다는 말을 듣는다면 그들은 분명 놀라지 않을 수 없을 것이다. 그리스인들은 엘긴 마블Elgin marbles[마]이 그리스(그 조각품들이 만들어진 당시 그리스는 국가가 아니었다)가 아니라 당시 인구 수천의 도시국가였던 아테네의 작품이라고 주장한다. 나이지리아인들은 노크Nok[바] 조각

[가] 빙하의 침식으로 만들어진 골짜기에 빙하가 없어진 후 바닷물이 들어와서 생긴 좁고 긴 만.

[나] 중세 때 북유럽에서 발달한 산문 문학으로 역사소설, 영웅담, 괴담 등이 주요 형식이다. 특히 스칸디나비아 왕들의 삶을 그린 사가( '왕의 사가' )는 12~14세기 노르웨이와 아이슬란드 등지에서 주로 쓰였다.

[다] 노르웨이 왕 올라브 2세Olav II, 995~1030를 말한다. 사가 문학의 초기에 올라프를 주인공으로 한 왕의 사가가 많이 쓰였다.

[라] 아이슬란드 태생 스칸디나비아의 지도자. 11세기경 '빈랜드Vinland'로 떠난 바이킹의 초기 식민 원정대를 지휘했는데, 이 빈랜드는 아메리카 대륙을 말하는 것으로 추정된다.

[마] 영국의 백작 엘긴7th Earl of Elgin, 1766~1841이 1801~1803년에 터키(당시 오스만튀르크) 주재 영국 공사로 있으면서 그리스 조각품들을 영국으로 운반했는데, 이 조각품들을 엘긴 마블이라 한다. 대부분이 파르테논 신전의 조각이며, 현재 영국박물관이 소장하고 있다. 1983년 그리스 정부가 반환을 요구했으나 영국박물관은 안전한 보관을 이유로 이에 응하지 않았다.

[바] 서아프리카 초기 철기 시대 문화로, 기원전 400~200년경에 시작되어 기원후 120~280년경까지 지속한 것으로 추정된다.

세계시민주의

품들을 자신들의 유산이라 주장한다. 그 작품들이 2천 년 이상 되었고 더 이상 현존하지 않은 민족에 의해 만들어졌으며 그 후손들의 자취도 알 수 없는데도, 수립된 지 채 100년도 안 된 나이지리아인들이 자기 국가의 유물이라고 주장하고 있다. 우리는 노크 조각품들이 왕이 주문한 것인지 평민이 주문한 것인지 알지 못한다. 즉 그 조각품들을 만든 사람과 구입한 사람들이 그 조각품들이 왕국의 것이라고 생각했는지, 아니면 한 사람, 한 가문 혹은 신들의 것이라고 생각했는지를 알지 못한다. 그러나 우리가 확실히 알 수 있는 한 가지는 노크 사람들이 나이지리아를 위해 조각품을 만든 것은 아니라는 점이다.

실로, 사람들이 '문화유산'으로 보호하려고 하는 대상은 상당수가 현대 국가 체제가 성립하기 이전에, 지금은 존재하지 않는 사회의 구성원들에 의해 만들어진 것이다. 사람은 육체가 죽으면 죽는다. 반대로, 문화는 물리적으로 소멸되지 않더라도 소멸될 수 있다. 따라서 노크족의 후손이 없다고 생각할 어떤 이유도 없다. 그러나 노크 문명이 종말에 이르고 그 민족이 소멸되었다면, 도대체 왜 그 후손들이 오랫동안 잊힌 채로 숲 속에 묻혀 있던 유물에 대한 특별한 권리를 주장하는가? 그리고 그들이 특별한 권리를 가질지라도, 그것이 나이지리아와 무슨 상관이 있는가? 설령 대다수의 그 후손들이 나이지리아에 살고 있다고 가정하더라도 말이다.

아마 생물학적으로 피를 이어받았느냐의 문제는 명확한 기준이 되지 못할 것이다. 유산의 소유권을 주장하는 사람들은 노크 조각품이 거세된 남자들에 의해 만들어졌다 할지라도 자신들의 주장을 철회하지 않을 것이다. 그들은 노크 조각품들이 나이지리아 영토 내에서 발견되었음을 강조할 것이다. 그리고 실제로도, 가치 있는 무언가가 발굴되었을 때 누구도 그것에 관해 현재의 권리를 주장할 수 없을 경우, 정부가 그 소유권을 결정할 수 있다는 것은 완전히 합당한 소유권 규칙이다. 마찬가지로 문화적 가치가 있는 유물을 보존할 특별한 책임이 정부에 있다는 것도 상식적인 생각이다. 그 책임이 나이지리아 정부에 있다면, 나이지리아 정부는 당연히 국민들을 위해 그것을 보전하고자 할 것이다 (나이지리아인들 자신은 노크 문명의 계승자라고 생각하지는 않지만, 노크 문명의 유물들이 다른 문명의 예술만큼 흥미롭다고는 생각할 것이다). 그러나 노크 조각품들이 문화적 가치를 가진다면 나이지리아인들은 스스로를 인류의 수탁인으로 생각하는 것이 더 나을 것 같다. 나이지리아 정부가 정당하게 수탁자의 직무를 수행하겠지만, 노크 조각품들은 넓은 의미에서 인류 모두에 속하는 것이다. 물론 여기서 '속한다'는 표현은 메타포다. 즉 나는 단지 노크 조각품들이 모든 인간에게 잠재적 가치를 가진다는 것을 의미하고자 할 뿐이다.

이런 생각은 1954년 5월 14일, 유네스코 회의에서 발의된 전시 문화재보호협약(헤이그 협약)의 전문前文에 명시되어 있다.

각 민족이 세계의 문화에 그 나름의 공헌을 하고 있기 때문에 어떤 민족에 속하는 문화재의 손상은 그것이 곧 모든 인류의 문화재 손상을 의미한다고 확신한다······.

문제를 이와 같이 '모든' 인류의 쟁점으로 간주한다면, 중요한 것은 문화재의 가치가 인류에게 속하는 것이지 개별 민족들에 속하는 게 아니라는 점이 분명할 것이다. 예술을 경험하고 평가하는 것은 민족이 아니라, 남녀로서의 인간들이다. 예를 들어 아일랜드 근해에서 인양된 바이킹 난파선에서 고대 스칸디나비아의 술잔이 발견되어 그 술잔을 더블린 경매에서 합법적으로 획득했다면, 스페인의 한 박물관이 그 술잔을 보존할 수 없다거나 보존해서는 안 되는 어떠한 이유도 없다. 그것은 세계 문화유산(CH)|가| 에 기여하는 것이다. 그러나 어느 특정 시기에 그 문화재는 한 장소에 존재해야 한다. 스페인 사람들에게는 바이킹 장인의 솜씨를 경험할 수 있는 기회가 주어지면 안 되는가? 어차피 노르웨이에는 이미 엄청난 양의 바이킹 작품이 있지 않은가. '문화유산'의 논리에 따르면, 그 문화유산은 노르웨이(적어도 스칸디나비아반도의 국가)에 반환되어야 할 것이다. 즉 그 논리는 그것이 누구의 문화유산인가다.

그리고 우리는 헤이그 협약 이후 다양한 방식으로 그 입장에

|가| 원서에서 'cultural patrimony'와 'cultural heritage'로 표현된 것을 우리말로 옮기는 과정에서 부득이하게 둘 다 '문화유산'으로 옮겼다. 이 장의 핵심 용어인 'cultural patrimony'는 '문화유산'이라 표현하는 것이 가장 적합하다고 판단했으나, 'cultural heritage' 역시 우리나라에서 통상적으로 '문화유산'이라고 표현되고 있어("세계 문화유산" 등에 쓰임) 둘 모두를 취하기로 하였다. 다만 원서에서 'cultural heritage'로 표현된 것은 '문화유산(CH)'으로 표기하여 '(CH)'의 병기 유무에 따라 구분을 두었음을 밝힌다. 따라서 본문에서 '(CH)'의 병기 없이 언급되는 모든 문화유산의 원서 표현은 'cultural patrimony' 이다.

조금씩 더 가까이 다가갔다. 1970년 파리에서 열린 유네스코 총회에서 채택된 '문화재 불법 반출입 및 소유권 양도 금지에 관한 협약'(파리 협약)은 다음과 같이 명기한다. "문화재는 문명(사회)과 국가 문화의 기본 요소 중 하나를 이루며 그 참된 가치는 그 기원과 역사 및 전통적 배경에 관한 모든 정보와 관련해서만 평가될 수 있다." 또한 "모든 국가가 자국의 고유한 문화유산(CH)을 존중할 도덕적 책무를 빈틈없이 수행하는 것이 가장 중요"하며, 나아가 한 국가의 문화유산(CH)은 "그 국가의 국민 개인이나 집단적 소질에 의해 창조된" 작품과 "자국 영토 내에서 발견된 문화재"를 포함한다고 천명하고 있다. 따라서 파리 협약은 "문화재의 불법 반출입 및 소유권 양도 금지"의 중요성을 역설한다. 이제 수많은 나라가 자국 영토 내에서 발견되는 모든 고대 유물을 자유롭게 수출될 수 없는 국가 자산이라고 선언한다. 이탈리아에서, 개별 시민은 '문화재'를 자유롭게 소유할 수는 있지만, 그것을 국외로 반출할 수는 없다.[3]

## 귀한 독약　Precious Bane

법률가들이 말하듯이, 분명 바이킹 보물과 노크 예술품 같은 유물들에는 지속적인 소유권이 없다는 특별한 문제가 제기된다. 유물을 마지막으로 소유한 사람이 누구인지 모른다면, 이제 그 유물을 어떻게 해야 할 것인가에 관한 규칙이 필요하다. 유물들이

'세계 문화에 대한 가치 있는 기여'라는 특별한 지위를 갖는 경우, 그 규칙은 그 유물을 보호하고 그것을 경험하는 사람들에게 유익함을 주는 규칙이어야 한다. 그래서 '발견자가 곧 소장자'라는 규칙은 그다지 중요하지 않은 유물에 대해서 의미를 가지는 것이므로, 유물을 보호하고 경험하는 사람들에게 유익함을 주지는 못할 것이다. 그렇지만 의식이 있는 정부라면 그런 유물을 발견한 사람들에게 보상하고 그 유물뿐 아니라 발견한 장소와 방법을 보고할 수 있게 인센티브를 줄 것이다.

결국 고고학 유적지에서 출토된 유물은 출토 지역, 주위의 다른 유물, 발굴 당시 상태에 따라 그 가치가 결정된다. 이들 유물은 보통 현재의 소유자가 없기에, 누군가 발굴하는 과정을 규제하고 소장할 장소를 결정할 필요가 있다. 앞서 말했듯이, 유물이 발견된 나라의 정부가 그 결정을 하는 것이 적절할 것 같다. 그러나 유물이 본래 있었던 장소에 항상 그대로 있도록 하는 결정이 언제나 올바른 것은 아니다. 그럼에도 많은 이집트인들(파라오 신봉을 우상 숭배로 간주하는 무슬림들이 대부분이다)은 지금까지 그 지역에서 반출된 모든 고대 유물이 실제로 자신들의 것이라고 주장한다. 우리가 세계의 가장 위대한 문명 중 하나인 이집트 문명의 예술품들을 다른 나라 사람들이 가까이서 감상할 수 있도록 허용해야 한다고 생각한다 하더라도, 나폴레옹Napoléon I, 1769~1821의 북아프리카 약탈을 지지할 필요는 없다. 그리고 우리가 고대 문화 유물에 대한 정보를 잘 모르는 이유 중 하나가 그 유물들을 보호하기 위해 만들어진 바로 그 규제들 때문이라는 사실은 가슴 아픈 아이러니다. 예를 들어, 규제가 시행된 이후 누군가가 도굴된 조각상을 팔면서 젠네제노에서 출토되었다는 증거를 첨부한다면, 그것은 말리에서 불법적으로 유출된 유물에 대한 환수 책임을 지고 있는 미국 당국에 불법에 대한 증거를 제공하는 셈이 되기 때문이다.

한번 상상해 보자. 말리 정부가 처음부터 발굴 지역이 정확하게 기록된 유물이 출처가 분명치 않은 유물보다 (수집가에게조차) 더 가치가 있음을 인지하도록 사람들을 훈련시키고 그런 사람들에 한에서 발굴을 허가함으로써 젠네제노의 테라코타를 잘 보존할 수 있도록 유네스코가 장려했다면 어땠을까? 유물들을 옮기기 전에 기록하고 등록하도록 요구하고, 그리고 만일 국립박물관이 유물을 소장하려면 그것의 시장 가격을 지불해야 한다는 것을 명기했다면 어떨지 상상해 보라. 그 자금은 유물 수출에 붙는 관세로 충당하면 될 것이다. 물론 이런 제도를 통해 발굴한 것이 전문 고고학자들의 발굴보다 더 형편없을 수도 있고, 여전히 그 규칙들을 지키지 않는 사람들도 나올 수 있을 것이다. 그러나 이 모두가 실제로 유물이 도굴되어 유출되는 것보다 좋았을 수도 있지 않았겠는가? 더 나아가 말리인들이 자신들의 소장품을 보호하고 유지하기 위해 소장품 일부를 경매하기로 결정했다고 상상해 보라. 문화유산 보호 단체는 이런 방식으로 국가 소장품 보호 재원을 마련하는 데 대해 칭찬하기보다는 자신들의 문화유산(CH)을 팔아버렸다고 통렬히 비난했을 것이다.

말리의 문제는 말리 예술품의 양이 충분하지 않다는 것이 아니라, 돈이 충분하지 않다는 것이다. 단기적 관점에서 보면, 말리 정부가 자국 예술품 수출을 대부분 금지하도록 함으로써 말리인들은 세계 일류 예술품이 자국에 있다는 사실에 대해 상당히 자긍심을 갖게 된다(이는 어느 나라에서나 통용되는 것은 아니다. 왜냐하면 가난한 나라들의 경우, 현실적인 가난으로 인해 국가 소장품에서 귀중한 유물을 빼내어 국제 경매에 내놓을 수 있기 때문이다. 특히 유물의 목록이 부실하게 작성되어 있고 유물의 가치가 박물관 직원 전체 연봉보다 몇 배나 더 높다면 더욱 그럴 것이다. 이런 일이 실제 나이지리아에서 일어난 적이 있다). 그러나 말리의 예술품, 또는 어쨌든 말리의 현재 국경 내에서 생산된 예술품을 말리인의 전유물이라 생각하는 것은 다른 나라 사람과 마찬가지로 말리인에게도 바람직하지 않다. 새로운 기술공학 덕분에 말리인들은 이제 불완전한 복제품이나마 세계 곳곳의 위대한 예술품을 볼 수 있다. 만약 유네스코가 말리의 위대한 예술품의 유출을 막는 데 기울인 노력만큼 말리에 위대한 예술품들이 유입되도록 노력했다면, 어느 국민이나 마찬가지지만, 말리인들은 세계시민주의적 미적 경험에 대해 더 많은 관심을 가지게 되었을 것이다.

**예술과 더불어 살기**  ▩ Living with Art

문화유산 개념이 현 소유자가 정상적인 방법을 통해 합법적으로 획득한 문화 유물들에 어떻게 적용될 수 있겠는가? 한 노르웨이인이 에드바르 뭉크Edvard Munch, 1863~1944라는 젊은 무명 예술가에게서 그림 한 점을 구입한다. 친구들은 그 그림을 좀 생소해하지만, 친구의 거실에서 그 그림을 보는 데 익숙해진다. 그 후 그 노르웨이인은 그림을 딸에게 물려준다. 세월이 흘러 취향이 변한다. 그 그림은 이제 일류 노르웨이 예술가의 작품으로, 노르웨이 문화유산의 일부로 인정된다. 만약 이것이 문자 그대로 그 그림이 노르웨이에 속함을 의미한다면, 아마도 노르웨이 정부는 노르웨이 국민을 대신하여 그 그림을 딸에게서 몰수해야 할 것이다. 결국 이런 사고방식에 따르면, '그 문화유산은 그들의 것'이다.

나이지리아 요루발란드Yorubaland 중심의 이바단Ibadan에 사는 한 사람이 있다. 시대는 1960년대 초다. 그는 트윈스 세븐세븐Twins Seven-Seven, 1941~이라는 배우이자 화가이며 조각가인 다재다능한 예술가에게서 채색 조각품을 구입한다. 그의 가족은 그런 데 돈을 쓰는 게 낭비라고 생각한다. 그러나 세월이 흘러, 트윈스 세븐세븐은 나이지리아에서 가장 중요한 현대 예술가의 반열에 오른다. 그 작품들은 이제 나이지리아의 문화유산이 된다. 그것이 나이지리아의 것이라면, 개인의 것은 아니라는 의미다. 그렇다면 나이지리아 정부는 그 작품들의 소유자가 되는 나이지리아 국민의 수탁자로서 왜 그것을 바로 귀속시킬 수 없겠는가?

사실 노르웨이인들도 나이지리아인들도 자신들의 권한을 이런 방식으로 행사하지는 않을 것이다(그러나 고대 유물들의 경우에는 수많은 국가가 그렇게 할 것이다). 또한 어쨌든 그들은 사유재산이라는 관념을 염두에 둔다. 물론, 만약 팔고 싶어 하는 사람이 나

타난다면, 각 정부는 재원을 조달해 공공 박물관이 그 작품을 구입하게 할 것이다(적어도 나이지리아 정부가 이로 인해 재정 압박에 시달릴 것을 예상하고 있더라도 말이다). 지금까지 보면, 문화재는 다른 어떤 자산과 다를 바 없다. 그러나 정부가 보상을 하지 않는다고 상상해 보라. 정부가 할 수 있는 다른 일이 있다. 만약 예술품을 소유한 사람이 그 예술품을 팔려고 할 때 구매자가 (국적이 어떻든 간에) 노르웨이나 나이지리아 밖으로 그림을 가져가려 한다면, 정부는 그 수출을 허가하지 않을 것이다. 국제적 규제는 노르웨이 문화유산은 노르웨이에, 나이지리아 문화유산은 나이지리아에 보존될 수 있도록 효력을 발휘한다. 이탈리아 정부는 (여담이지만, 무솔리니Benito Mussolini, 1883~1945 치하에서 통과된) 법에 따라 이탈리아인이 소유한 지 50년 이상 된 예술품은 어떤 것이든 절대 수출을 금하고 있다. 설령 그 작품이 재스퍼 존스Jasper Johns, 1930-|가|가 그린 성조기라 해도 말이다. 그러나 대부분의 나라는 (일반적으로 생존 예술가의 작품은 제외하고) 중요한 문화재에 대해서는 수출 인증제를 실시한다. 인류의 문화유산에 대해서도 마찬가지다.

이런 경우들은 특히 골치 아프다. 왜냐하면 뭉크도 세븐세븐도 다른 나라 예술가의 작품을 알지 못했다거나 영향을 받지 않았다면, 당시에 그런 창의적인 작품을 만들지는 못했을 것이기 때문이다. 예술은 그 예술에 의미를 부여해 주는 문화에 속한다는 문

그래서 누구의 문화란 말인가?

---

|가| 미국의 화가이자 응용미술가로, 깃발, 지도, 과녁 등을 주 소재로 하여, 왁스에 안료를 녹여 그리는 납화법을 사용했다. 팝아트의 선구적 화가로 꼽힌다.

화유산 논증에 따르면, 대부분의 예술은 한 국가의 문화에 속하는 게 절대 아니다. 위대한 예술작품은 대부분 매우 국제적이고 국적은 대체로 거의 무시된다. 초기 근대 유럽의 예술은 궁정예술이거나 교회예술이었다. 예술은 국가나 국민을 위해서가 아니라 군주나 교황을 위해 또는 '신의 크나큰 영광을 위하여ad majorem gloriam dei' 만들어졌다. 그리고 그런 예술작품을 만든 예술가들은 유럽 전역에서 모여들었다. 더욱 중요하게는, 흔히 파블로 피카소Pablo Picasso, 1881~1973의 화풍을 따르는 예술가들 중에서도, 재능 있는 예술가들은 모방하고 위대한 예술가들은 도용한다. 그들은 모든 곳에서 도용한다. 프랑스인 앙리 마티스Henri Matisse, 1869~1954가 미국인 거트루드 스타인Gertrude Stein, 1874~1946의 집에서 피카소에게 보여준 것이 콩고의 빌리Vili 조각상이었기 때문에, 스페인 사람인 피카소 자신이 콩고 문화유산의 일부가 되는가?|가

이 문제는 이미 1954년의 헤이그 협약 전문前文에 들어 있다. 이것을 간략하게 인용하겠다. "…… '각 민족'은 세계의 문화에 기여한다." 이것은 누군가가 세계 문화에 기여할 때는 반드시 그의 '민족' 역시 기여한다는 말로 들린다. 그리고 내 생각에는, 힌두 사원의 조각이나 미켈란젤로Michelangelo Buonarroti, 1475~1564와 라파엘로Raffaello Sanzio, 1483~1520의 바티칸 프레스코는 그것을 만든(군

---

|가 20세기 미술에 가장 큰 영향을 끼친 두 거장 피카소와 마티스가 아프리카 미술에 관심을 갖게 되는 순간을 언급하고 있다. 1906년, 마티스가 파리의 어느 가게에서 콩고의 빌리 조각상을 발견하고 피카소에게 보여주기 위해 스타인의 집으로 찾아간 것을 말한다.

이 말하자면, 보수를 주고 그리게 한) 개인의 기여라기보다 한 민족의 기여라고 생각할 여지가 있다. 나는 미켈란젤로가 세계 문화에 기여했음을 안다. 시스티나 성당Cappella Sistina의 천장은 내가 봐도 경이롭다. 그리고 그에게 보수를 지급한 교황들인 율리오 2세Julius II, 레오 10세Leo X, 클레멘스 8세Clemens VIII, 바오로 3세Paulus III 역시 기여했다고 인정할 것이다. 그러나 정확하게 어느 '민족'이 기여했는가? 교황령의 사람들인가? 미켈란젤로의 고향 카프레세Caprese 사람들인가? 이탈리아인들인가?

이렇게 생각하는 것은 분명 잘못된 것이다. 올바른 방식은 민족주의적 시각이 아니라 세계시민주의적 시각을 가지는 것이다. 즉 이런 종류의 유물에 관하여 인류의 이익을 합법적으로 존중해 주는 국제적 규칙 체계는 무엇인가를 묻는 것이다. 많은 조각과 그림이 제작되고 판매되는 목적은 그것들을 감상하면서 함께 살아가기 위해서다. 선택해야 하는 상황이라면, 우리 각자는 예술과 함께 살아가는 쪽에 기꺼이 관심을 가질 것이다. 그리고 그런 관심은 우리 '민족'의 예술에 한정되지 않는다. 이제 한 유물이 거장의 작품으로서 널리 알려진다면, 다른 민족은 그 작품을 경험하고 그것에 관한 지식을 습득하는 데 더 실질적인 관심을 가질 것이다. 그 유물의 미적 가치는 사유재산으로서의 가치에 의해 완전히 포착되지는 않는다. 그러면 유물을 공유하기 위해 사람들에게 보상금을 주는 경우가 있었을 것이라고 생각할 수도 있겠다. 미국에서는 그런 보상을 한 예가 많다. 그림을 박물관에 기증해서 세금 공제를 받을 수 있다. 전시를 위해 예술품을 빌려주는 사람에게 사회는 찬사를 보낸다. 그럴 경우에, 예술품들은 '□□의 소장품'으로 분류될 수 있다. 그리고 결국에는 한 유물이 명품일 경우, 그것을 경매에 부쳐 판매함으로써 상당한 돈을 벌 수 있고, 동시에 호기심 많은 사람에게는 잠시나마 감상할 수 있는 기회를, 새 소유자에게는 전 소유자가 이미 알고 있던 즐거움을 제공할 수 있다. 세계시민주의자는 이런 방식으로 예술을 다른 사람들과 공유하는 것이 좋은 것이라면 왜 공유를 국가 내에 한정해야 하는가라고 묻는다.

세계시민주의 정신에 입각할 경우, 과연 가장 위대한 예술작품을 모두 국가가 관리해야 하는지, 순회 전시에서나 책과 웹사이트에서 널리 이용되어야 하고 국경을 넘어 공유되어야 하는지 궁금할 것이다. 물론 전시회, 책, 웹사이트에 대해서는 공유되어야 하겠지만, 공적 소유권이 모든 중요 예술품의 이상적인 숙명이라고 생각할 이유는 전혀 없다. 현대 예술, 예를 들어 회화뿐만 아니라 개념미술conceptual art |가| 작품, 소리조각sound sculptures 등 그 외의 많은 장르들은 박물관을 위해 만들어졌고 공공 전시를 위해 기획된 것이다. 그러나 회화, 사진, 조각은, 누가 어디에서 창조했든, 수백만 사람의 삶에 녹아 있는 것이 되었다. 너무나 중요해서 모든 이들에게 공개될 수는 없다는 것, 이것을 과연 이치에 맞는 위대한 예술의 정의라 할 수 있을까?

|가| 모든 사회적·예술적 전통을 부정하고 반예술을 표방했던 다다이즘dadaism과 '최소 예술'이라 하여 예술적 표현을 최대한 억제한 미니멀아트minimal art에서 더 나아간 현대 미술의 경향으로, 완성된 작품보다 그 과정과 아이디어를 예술이라 보고 예술 작품 자체를 제거하려는 새로운 흐름이다. 사진이나 도표, 문서 등을 수단으로 작품을 발표하며, 작품을 상품으로서 다루는 것을 거부해 예술품의 소유권 개념을 약화시켰다.

# 문화™  Culture™

"문화적 재산권"에 대한 담론은, 제국주의 시대에 통제되었을 때 조차, 자신의 고유한 권리를 주장하는 경향이 있었다. 최근 몇 해 간, 각계의 사람들은 여기서 더 나아가 집단적 형태의 '지적' 재산권도 고려해야 한다고 촉구하고 있다. 그리고 수많은 인류학자와 법률 전문가, 토착 원주민을 대변하는 이들이 그 주장을 지지해 왔다. 예를 들어, '환수에 관한 아파치 족장회의'는 "모든 이미지, 텍스트, 의식, 음악, 노래, 이야기, 상징, 믿음, 관습, 관념, 그 외 물리적이거나 정신적인 사물과 개념 들"을 부족이 관리해야 한다고 주장한다. 한 유엔 단체는 '토착 원주민 권리에 관한 선언 초안'1994을 배포하면서, "공예, 디자인, 의식, 기술, 시각예술, 공연예술, 문학뿐만 아니라, 충분한 설명이 이루어진 자유로운 동의를 구하지 않거나 혹은 그들의 법률과 전통과 관습을 위반하면서 획득한 문화적, 지적, 종교적, 정신적 재산권을 반환받을 권리"를 포함하여 "과거, 현재, 미래에 표현된 그들 문화를 유지·보호·개발할" 권리를 확인시켜 준다. 세계지적재산권기구World Intellectual Property Organization, WIPO는 민속 표현물을 어떻게 법적으로 보호할 수 있는지 조사할 위원회를 소집한다. (문화적·지적 재산권에 관한) 마타투아Mataatua 선언1993|나|은 "토착 원주민들

---

|나| 1993년 6월 18일 뉴질랜드 와카타네Whakatane에서 뉴질랜드, 미국, 수리남, 아이누(일본), 인도, 쿡 제도, 파나마, 페루, 피지, 필리핀, 호주 등 14개국의 원주민 대표들이 '토착 원주민의 문화적·지적 재산권에 관한 선언'을 발표했다.

이 자신들의 관습적 지식의 보호자이며 그 지식의 보급을 보호하고 관리할 권리를 가진다"는 점을 고려해, "문화적·지적 재산권 체제"의 확장을 제안한다. 게다가 '토착 원주민 지적 재산권에 관한 줄라인불Julayinbul 성명 1993'은 "토착민의 지적 재산권이 토착민의 관습법에 따라, 만료되거나 무효화되거나 빼앗길 수 없는 양도 불가능한 고유한 권리"라고 선언한다. 인류학자 마이클 브라운Michael F. Brown이 토착민의 지적 재산권에 관한 한 논문에서 말하듯이, "원주민의 지식이 단일 저자의 창작이라기보다 장기간에 걸쳐 이루어진 집단적 창작이라고 인정된다면, 결과적으로 인간 수명에 맞춰 시효를 설정한 저작권은(이는 서구 자본주의 사상인 소유적 개인주의를 명백히 반영하고 있다) 영구 저작권으로 대체되어야" 한다.[4]

우리의 관심이 유형의 문화 유물에서 지적 재산권으로 전환할 때 무슨 일이 일어나는지 주목해 보자. 문화유산의 계승자가 규제해야 하는 것은 이제 더 이상 특정 대상이 아니라 이것을 복제할 수 있는 이미지image다. 이론상, 우리는 아이디어와 경험을 환수해야 한다. 서사시epic poem도 마찬가지로 보호될 것이다(세네갈과 인도 남부 일부 지역에는 서사시를 낭송하는 음유시인들이 여전히 존재한다). 즉 복제는 허가 없이는 금지된다. 마찬가지로, 세대를 거쳐 전승돼 온 가락과 리듬 역시 그러하다. 브라운은 미국 뉴멕시코주의 지아푸에블로Zia Pueblo족이 주州 정부가 현판과 깃발에 지아Zia의 태양 상징을 사용한 데 대해 손해배상을 요구한 것에 주목한다(손해배상은 이루어지지 않았지만 공식 사과문이 발표되었다).

그리고 한 집단의 비밀스러운 종교 의식이 연루될 경우에는 문제가 더욱 복잡해진다.

이것은 모두 문화유산의 논리로부터 비롯되는 것처럼 보인다. 그러나 그런 전통적 관습에 대한 지적 재산권을 새롭게 보호하려는 운동은 오히려 보호되어야 할 관습들 자체를 회복할 수 없이 손상시킨다. 왜냐하면 여기서 보호는 무한히 나와 너를 분리하려는 분할법을 수반하기 때문이다. 그리고 현존하는 문화들의 특성이 불가피하게 잡종이고 혼성이라면, 그런 시도가 성공할 수 있을지 의심스럽다. 우리는 그렇게 되기를 바라지 않는다. 또 한 가지 지적할 점은 지적재산권법이 소프트웨어나 이야기, 노래와 같은 오늘날의 문화에 도입되었을 때는 우리에게 별 도움이 되지 않는다는 것이다. 법의 관심은 소유자, 흔히 법인 소유자의 이해관계에 철저하게 집중하는 경우가 너무나 많다. 반면 수요자, 즉 애호가, 독자, 구경꾼, 청취자의 이해관계는 법의 관심 밖에 놓인다. 문화유산에 대한 이야기는 결국에는 우리가 통상 국제 자본과 결합시키는 그런 지나치게 엄중한 재산권 원칙을 채택하는 것으로 끝맺는다(로런스 레시그Lawrence Lessig, 1961~는 이 원칙을 '재산 근본주의property fundamentalism'라 부른다). 예를 들어, 디즈니사는 미키마우스를 영원히 소유하려 할 것이다.[5] 문화유산 세습주의자patrimonialist들이 두둔하는 단체들은 바로 그런 문화 집단들이다. 출처 인증의 이름으로, 그들은 이 유난히 서구적이고 현대적인 소유권 개념을 전 지구에 확장시킬 것이다. 확실히 디즈니사와 코카콜라사로 이루어져 있는 문화적 풍경이 쉽게 상상이 갈 것이다. 또한 아샨티사㈜, 나바호Navajo사, 마오리사, 노르웨이사로 이루어져 있는 문화적 풍경도 가능할 것이다. 모든 권리는 보호되어 있으므로All rights reserved.

## 인류의 이해관계

우리는 문화적 재산권 개념을 해석하려고 할 때 위험스럽게도 다음과 같은 사실을 무시한다. 즉 문화적 재산권은 주로 법률에 의해 제정된 제도이며 법률은 법의 지배를 받는 사람들의 이익에 이바지할 수 있도록 방법론적으로 가장 잘 고안된 것이라는 사실을 무시하는 것이다. 만약 그 법률이 국제법이라면, 그것은 모든 사람에게 적용된다. 그리고 관련 당사자들의 이해관계는 인류 모두의 이해관계가 된다. 영국박물관이 스스로를 영국 유산의 보고寶庫가 아니라 세계 유산의 보고라고 주장하는 게 얼마나 이기적인 것이든 간에, 내게는 그 주장이 너무나 옳게 보인다. 그렇지만 그 책무는 소장품들을 단지 런던만이 아니라 순회 전시, 출판물, 인터넷을 통해서 어디에서나 더욱 널리 이용할 수 있도록 하는 데 있을 것이다.

이런 책무를 수행하기는 너무 쉬워서 전 세계 관람객들에게 감상할 기회를 충분히 줄 수 있었다. 법학자 존 메리먼John H. Merryman은 문화적 재산권 관련 법과 조약이 어떻게 정당한 세계시민주의적(그는 '국제주의자internationalist'란 용어를 사용한다) 전망을 저버렸는지 그 예들을 장황하게 설명했다. "어떤 문화국제주의자라도 마야 유적으로부터 기념비적인 조각을 이전하면서 물리적으로 훼손되거나 예술적 본래성이나 문화 정보가 상실된다면 이전을 반대할 것이다. 그 이전이 합법적이든 불법적이든 부실하게 이루어졌든 말이다. 그러나 바로 그 동일한 문화국제주의자는 멕시코 측이 사용되지 않은 착몰Chac-Mool[가]과 항아리, 여타 유물 들을 보유한 유명한 거대 저장고에서 유물 몇 점 정도는 외국 수집가나 박물관에 팔거나 교환하거나 빌려주기를 바랄 것이다." 그리고 우리는 이탈리아 성당에서 벌어진 그림 절도를 당연히 개탄할 테지만, "성당에서 재원 부족으로 그림이 제대로 보관되지 못하고 방치되고 있다면, 성직자가 지붕 수리비 마련을 위해 그 그림을 팔고 그것을 산 구매자가 잘 보관할 것이라고 희망할 수 있다면, 그 문제는 다르게 보이기 시작"한다.[6]

그래서 내가 나이지리아 박물관들이나 말리의 고고학 유적지들에서 근대에 발생한 절도 혹은 아샨티에 대한 제국주의 국가들의 절도를 비탄하는 것은 이런 재산권 유린이 내 생각에 합법적이라고 생각되는 법에 의해 이루어졌기 때문이다. 나는 모든 유물을 '고향'에 보내야 한다고 생각하지 않는다. 지금 유럽이나 아메리카, 일본에 있는 많은 아샨티 예술은 그 당시 통용되던 법즉, 완전히 적법한 절차에 따라 양도할 권리를 가졌던 사람들이

|가| 후고전기 마야 문명의 석상石像으로, 누워 있는 사람이 상반신을 일으키고 고개를 들어 한쪽을 바라보며 배 위로 쟁반을 올려놓고 있는 모습을 하고 있다. 후고전기 마야 문명 중에서도 톨테카 문명의 영향을 많이 받은 유적지인 멕시코의 치첸이트사Chichen Itza 등지에서 발견되었다.

팔았거나 준 것이었다. 우리가 소유한 유물이 조상들의 유산을 저버렸던 민족의 후손들에게 아무리 중요하다 하더라도 일반적으로 그 후손들이 유물에 대한 권리를 갖고 있다고 보지는 않는다(하물며, 파리의 한 위원회가 그 유물이 그 후손들의 유산이라고 선언했다고 해서, 찾으려 하지 않는 그 후손들에게 그것을 돌려주어야 하는 것은 아니다). 그것을 만든 장인의 후손들에게 그것을 돌려주는 것(혹은 그들에게 그것을 판매하는 것)은 아량은 되겠지만, 그렇다고 확실히 의무는 아니다. 우리는 우리 스스로 그 유물을 소중히 여기기 때문에 계속 간직함으로써 그 유물이 속한 문화를 존중하고 있음을 보여줄 수도 있을 것이다. 더욱이 문화적 재산권은 우리 모두에게 가치가 있기에, 그것을 돌려받는 사람들도 수탁자의 임무를 충실히 수행할 의무가 있다고 주장하는 것은 합리적일 수 있다. 박물관 예산을 우선적으로 배정할 수 없는 가난한 나라라면 선조들의 유물을 되돌려 받는 것이 오히려 그 유물을 훼손시키는 일이 될 수도 있다. 많은 종교 유물들을 반환하라고 역설하는 가난한 지역 공동체에 충고하자면, 나로서는 그중 일부 유물은 다른 나라에서 정중하게 전시되도록 하는 것이 비교문화적 이해라는 세계시민주의 기획에 기여하는 것이며, 또한 후세대를 위해 그것들을 보존할 수 있는 길이 아닌지 생각해 보라고 말하고 싶다.

확실히, 반환이 이루어져야 하는 여러 경우들이 있다. 그러나 그 경우들을 이해하는 데 굳이 문화적 재산권 개념이 필요하지는 않다. 예를 들어, 본래 있던 곳으로 반환된다면 그 의미가 더욱 풍부해지는 유물들, 곧 한 특정 유적지에서 출토된 이런저런 예술품을 생각해 보자. 여기에 반환이 필요하다는 미학적 논증이 있다. 또는 유럽의 식민지 확장 과정에서 세계 도처의 민족으로부터 합법적으로 획득한, 그 당시의 관습적 중요성을 가진 유물들을 예를 들어보자. 만약 한 유물이 한 공동체 구성원들의 문화적 혹은 종교적 삶에 중요한 역할을 한다면, 그 구성원들과 함께 그 유물을 원래의 장소로 되돌려놓는 것이 인간의 도리다. 그런 공동체들은 대부분 국가 공동체가 결코 아니다. 그러나 그런 공동체가 속해 있는 국가는 공동체의 반환 협상에서 공동체의 대표자가 될 것이다. 그런 협상은 틀림없이 까다로운 협상이 될 것이다. 유물이 특정 유적지에서 출토된 예술인지 아닌지도 분명하지 않은 경우가 자주 있을 것이고, 혹은 어떤 것이 한 공동체의 종교적 삶에 중심적 위치를 차지하는지 아닌지를 외부인이 어떻게 판단할 수 있을지도 분명하지 않을 것이다. 국내법이든 국제법이든, 법률이 이런 물음들을 해결할 최선의 방법은 아닐 것이다.

그러나 우리가 익히 그 이름을 알고 있는 사람들에게서 유물들을 약탈한 경우, 그리고 후손들이 현재 아샨티의 왕처럼 유물을 환수하고 싶어 할 경우는 명백히 반환되어야 한다. 고백건대, 쿠마시에서 성장한 사람으로서 나는 과거에 도둑맞았던 몇몇 예술품이 반환되어 그 고장 사람들과 여행객들을 위한 새 왕실 박물관에 전시되었을 때 기뻤다(이에 대해 찰스 왕세자에게 감사한다). 그렇더라도 나는 약탈당한 모든 유물이 반환되어야 한다고는 생각지 않는다. 특히 모든 유물을 돌려받을 가능성은 거의 없기 때

235

그래서 누구의 문화란 말인가?

문이다. 얻을 수 없는 것을 얻으려는 고집으로 시간을 낭비하지 마라. 공교롭게도 그런 메시지를 가진 아칸족 속담이 있다.

　그러나 더 중요한 이유가 있다. 나는 실제적으로 할아버지가 젊을 때 약탈당한 아샨티 귀중품들을 유럽 박물관에 전시할 수 있기를 원한다. 차라리 나는 역사적 의미를 담고 있는 주요 유물들, 즉 만히아Manhyia|가| 궁 박물관에서 가장 의미 있는 유물뿐만 아니라 세계 도처로부터 수집된 아샨티의 뛰어난 예술품은 반환 협상이 이루어졌으면 한다. 왜냐하면 아마 1874년 내 고향 쿠마시 약탈의 아이러니 중 가장 아이러니한 것이 사실 상당히 세계시민주의적이었던 소장품이 약탈되었다는 것이다. 울슬리는 쿠마시 중앙의 큰 석조 건물인 아반Aban을 약탈하고 파괴하려고 했을 때, 유럽과 미국의 기자들이 아반을 둘러볼 수 있게 허용했다. 영국 《데일리 텔레그래프The Daily Telegraph》는 아반을 "그것을 박물관으로 불러야 한다면, 군주의 예술 보물들이 쌓여 있는 박물관"으로 묘사했다. 런던 《타임스The Times》의 윈우드 리드Winwood Reade 기자는 아반의 각 방이 "진귀한 물건으로 가득 찬 골동품 가게"라고 쓰면서 "다양한 언어로 쓰인 서적, 보헤미아 유리잔, 시계, 은쟁반, 고가구, 페르시아 깔개, 키더민스터Kidderminster 양탄자, 그림, 조각, 셀 수도 없이 많은 대형 상자와 돈궤…… 이런 것들과 함께 무어인과 아샨티인의 수공예품 표본들이 있었다"라고 했다. 《뉴욕 헤럴드New York Herald》는 목록을 더 늘렸다. "아라비아산 칼 야타간yatagans|나|과 언월도scimitars|다|, 다마스크damask 침상 커튼과

세계시민주의

---

|가| 아샨테헤네의 궁. 왕궁 앞 정원에는 아샨티 왕조의 왕과 왕비 들의 조각상이 세워져 있다.

침대 덮개, 영국 조각품, 한 신사를 그린 유화, 서인도 제도 군인의 오래된 제복, 황동 나팔총, 삽화가 많은 신문, 그리고 많은 다른 것들 중에 1843년 10월 17일자 《타임스》 신문지들……."

우리는 이런 일들에 지나치게 감상적인 태도를 지녀서는 안 된다. 아반의 많은 보물은 또한 당연히 전쟁 전리품이었다. 그렇지만 쿠마시가 울슬리와 베이든파월이 파괴하기 전만큼 우리 자신의 문화 속에서 제작되거나 외부에서 들여온 작품들로 풍부한 소장품을 갖게 되기까지는 많은 시간이 걸릴 것이다. 아반은 1822년에 완성되었다. 그것은 분명 영국박물관에 대한 얘기를 듣고 깊은 인상을 받았던 아샨티 왕 오세이 본수Osei Bonsu, 재위 1804~1824의 전리품 소장 프로젝트였다.7

## 상상의 유대 관계 ▨▨▨ Imaginary Connections

우리가 파악했듯이, 세계시민주의는 "인간성humanity에서 인간human이라는 것은 무엇인가?"라는 물음과 함께 출발한다. 그래서 우리는 이런 유물들을 '고향'으로 가져오자는 주장을 이해한다. 또한 우리 역시 발터 베냐민Walter Benjamin, 1892~1940이 말했던 예술작품의 '아우라Aura'를 느낀다. 베냐민에 의하면 아우라는 예술작

|나| 16~19세기에 오스만튀르크에서 사용된 외날 도검으로 앞쪽이 휜 모양을 하고 있다.

|다| 초승달 모양으로 생긴 큰 칼. 언월도라 하면 보통 중국의 옛 무기를 일컫지만, 여기서는 아랍의 사이프saif나 인도의 탈와르talwar 등 중동 및 남아시아의 칼을 말한다.

품의 특이성, 유일성과 관계한다. 베냐민은 오늘날은 모든 것을 훌륭하게 복사할 수 있는 기술 복제 시대이지만, 결과적으로는 원본의 가치만 증대되어 왔을 뿐이라고 주목한다. 그저 바라봐서는 루브르박물관의 원본과 거의 구별할 수 없는 〈모나리자Mona Lisa〉의 복제품을 비교적 쉽게 만들어낼 수 있다. 그러나 원본만이 아우라를 가진다. 즉 원본만이 레오나르도 다빈치Leonardo da Vinci, 1452~1519의 손과 관계있는 것이다. 이것이 바로 사람들이 뛰어난 복제품을 살 여유가 있어도 그만큼의 항공료를 지불하면서까지 루브르에 가는 이유다. 사람들은 아우라를 원한다. 그것은 일종의 마법이다. 그리고 국가들이 자국 역사를 더듬는 것은 동일한 종류의 마법이다. 한 노르웨이인은 옛 스칸디나비아인들을 자기 조상으로 생각한다. 그는 조상의 칼이 어떻게 생겼는지 알려고 할 뿐만 아니라, 특정 대장장이가 단금한 칼이나 실제 전투에서 휘두른 실제 칼을 만져보려고 한다. 나이지리아 남서부에 사는 베냉Benin 왕국[가]의 후계자들 일부는 자기 조상이 주조하고, 틀을 짓고, 손질하고, 경탄했던 청동상을 보기 원한다. 그 유물을 만질 수는 없겠지만, 바로 그 유물에 감동을 느끼고 싶어 할 것이다. 사람들이 상징적으로나마 자신들의 것인 문화 유물에서 느끼는 유대 관계(정체성을 통한 예술과의 유대 관계)는 그들 조상의 의미 세계 내에서 그 유물들이 만들어졌기 때문에 매우 강력하다. 이것은 인정되어야 한다. 그럼에도, 세계시민주의자는 우리에게 다

|가| 현재의 베냉 공화국을 일컫는 것이 아니라, 1440~1897년에 오늘날 나이지리아의 남서부에 해당하는 지역에서 세력을 크게 떨쳤던 베냉 왕국을 말한다.

른 유대 관계들을 상기시키려 한다.

그중 한 가지 유대 관계(이 관계는 문화유산 담론에서 소홀히 다루어졌다)는 '정체성을 통해서through identity' 맺는 유대 관계가 아니라, '차이에도 불구하고despite difference' 맺는 유대 관계다. 우리는 예술이 우리 것이 아니더라도 감응할 수 있다. 참으로, 우리는 단지 우리 예술을 우리 것으로만 생각하는 것을 넘어 예술로서 그것에 감응하기 시작할 때 '우리의' 예술에 충분히 감응할 수 있다. 그러나 마찬가지로 인간적 유대 관계도 중요하다. 나의 민족 즉, 인류는 중국의 만리장성, 맨해튼의 크라이슬러 빌딩, 바티칸의 시스티나 성당을 만들었다. 이런 것들은 나와 같은 인간들이 기술과 상상력을 동원해 만든 것이었다. 내게는 그런 기술이 없고 내 상상력은 다른 꿈들을 좇지만, 그럼에도 그런 잠재력은 또한 내 속에도 있다. 지역 정체성을 통한 유대 관계는 인간성을 통한 유대 관계만큼 상상적이다. 나이지리아인의 베냉 청동상에 대한 유대는, 나의 유대 관계처럼 상상력에 의해 만들어진 유대 관계다. 그러나 이렇게 말하는 것이 어느 한쪽이 비현실적이라고 단언하는 것은 아니다. 이 두 유대 관계는 우리가 가지는 가장 현실적인 유대 관계들에 속한다.

Chapter **9** 반세계시민주의자들
The Counter-Cosmopolitans

## 국경 없는 신자들 ▓▓▓ Believers Without Borders

그들은 국가를 초월한 인간의 존엄성을 믿으며, 자신의 신념을
지키며 살아간다. 그들은 다양한 언어를 사용하면서 다양한 나라
에서 살아가는 많은 사람들과 이런 이상을 공유한다. 철저한 세
계주의자globalist로서 그들은 광범위한 인터넷망을 충분히 활용한
다. 이런 형제애로 결속된 그들은 서구 사회뿐 아니라 나머지 세
계에도 점차 확대되고 있는 어리석은 소비중심주의에 저항한다.
그러나 그들은 또한 자신의 모국에 대한 편협한 민족주의의 유혹
에 저항한다. 그들은 결코 한 국가의 '편에 서서' 무력을 사용하
지 않겠지만, 보편적 정의를 가로막는 국가가 있다면 그 어떤 국
가라도 '반대하는' 운동에 참여할 것이다. 실제로 그들은 지역적
인 충성이거나 전통적인 충성의 요구에 모두 저항한다. 심지어
그것이 가족에 대한 충성이라 하더라도. 그들이 그러한 충성을
거부하는 이유는 그것이 계몽된 사람들의 전 세계적 공동체를 건
설하는 데 방해되기 때문이다. 또한 그것은 그들이 전통적인 종
교적 권위를 거부하는 이유이기도 하다(그렇다고 해서 그들이 반反
계몽주의obscurantism나 어정쩡한 태도를 받아들이는 것도 아니다). 물론
그들이 스스로를 반종교적인 사람으로 생각한다는 것은 아니다.
오히려 그러한 태도와 거리가 멀다. 그러나 그들의 신앙은 단순
하고 분명하며 솔직하다. 그들은 자신이 세계의 악을 전복시킬
수 있는지 혹은 자신의 투쟁이 희망 없는 것은 아닌지에 관한 논
의로 번민할 때도 있지만, 대개 더 좋은 세계를 만들기 위한 노력

반세계시민주의자들

을 계속한다.

세계시민주의자인 키니코스학파 역시 지역성과 관습에 구애받지 않는다는 측면에서 세계주의적이지만, 그렇다고 해서 세계주의자들이 키니코스학파를 비밀스럽게 계승한 것은 아니다. 이들이 건설하려는 공동체는 '폴리스'가 아니다. 그들은 그것을 '움마ummah', 즉 충실한 사람들의 공동체라 부르며, 그것은 그들의 신앙을 공유하는 모든 사람들에게 열려 있다. 그들은 세계주의적인 젊은 무슬림 근본주의자들이다. 그들이 바로 알카에다 조직을 유지하는 토대가 된다.

그들 중 일부는 미국인이지만 신자와 비신자를 구별하는 방식은 대부분의 미국인들이 생각하는 것과는 다르다. 우리는 그들을 통상 무슬림이라고 부르는데, 왜냐하면 그들 스스로가 자신들을 무슬림이라고 부르기 때문이며, 신은 하나이고 무함마드가 신의 예언자라고 선언하기 때문이며, 매일 메카에 기도하고 자선을 베풀고 심지어 하지를 하기 때문이다. 많은 무슬림이 그들 공동체 바깥에 있었고, 따라서 참된 신앙으로 되돌아갈 필요가 있었다. 움마의 새로운 세계주의자들은 자신들이 이슬람의 근본으로 돌아갔다고 생각한다. 즉 그들은 세계에서 이슬람으로 통하고 있는 많은 것들, 지난 수 세기 동안 이슬람으로 통용되어 왔던 많은 것들을 위선이라고 생각한다. 프랑스 학자 올리비에 루아Olivier Roy, 1949-는 '세계화된 이슬람'을 다음과 같이 설명하고 있다.

물론, 정의상 이슬람은 보편적이지만, 예언자 무함마드와 그 추종자들(살라프Salaf)의 시대 이후에 항상 특수한 문화 속에 스며들어 갔다. 이제 이들 문화는 단지 역사의 산물로서 지역적 특성을 띠고 있는 것처럼 보인다. 근본주의자들(과 또한 몇몇 자유주의자들)은 이들 문화가 초기 이슬람의 교의를 변형시켰기 때문에 자랑스러워할 만한 것이 아니라고 생각한다. 세계화는 이슬람을 지역의 특수한 문화로부터 분리시키고, 어떤 문화도 초월하여 작동할 수 있는 모델을 제공할 좋은 기회다.[1]

전통적인 종교적 권위를 거부하고 『쿠란』과 전통 신앙을 자기 방식대로 해석한다는 점에서, 그들은 미국에 있는 기독교 근본주의자들과 유사하다. 기독교 근본주의자들 역시 교회와 신학자들이 『성경』과 신자 사이를 가로막고 있으며, 오히려 『성경』이 『성경』 자체에 대해 가장 잘 말해 줄 수 있다고 생각한다. 새로운 무슬림 근본주의자들(루아는 이들을 신근본주의자neofundamentalist들이라 부른다) 중 많은 이들이 유럽과 북아메리카 등의 비非아랍어권 국가에서 성장했기 때문에 일반적으로 영어를 쓰는데, 이집트나 파키스탄, 말레이시아 등의 교육받은 무슬림들도 알아들을 수 있는 영어야말로 이들의 유일한 공통점이다(그래서 대부분의 기독교 근본주의자들과 마찬가지로 그들 역시 자신들이 해석하는 경전의 원어를 이해할 수 없다). 무슬림과 비무슬림의 관계를 규정하는 이슬람 이론은 대부분 소수의 비무슬림들을 다루기 위해 수 세기 동안 무슬림 국가에서 발전되었다. 그러나 이제 무슬림의 3분의 1은 비무슬림이 다수인 나라에서 살고 있다. 실제 루아가 아주 정연하게 논증하고 있듯이, 세계화된 이슬람이란 부분적으로는 무슬림이 소수자로서 겪는 경험에 대한 대응이다.

그들은 프랑스로 이주해 온 알제리인 또는 영국으로 이주해 온 방글라데시인이나 파키스탄인의 자식일 수도 있고, 터키, 사우디아라비아, 수단, 잔지바르[가], 말레이시아 출신일 수도 있다. 그들에게 이슬람은 근본적으로 신앙이고, (기도, 금식, 회사, 하지, 할랄 halal 음식 먹기[나]와 금주와 같은) 일련의 관행들이며, 일상생활에서 (청결과 소박함과 같은) 특정한 가치들에 대한 신조다. 이와 같은 신근본주의자들도 무슬림 문화를 이야기할지 모른다. 그러나 대개 그들은 무슬림 선조들이 살았던 지역과 얽혀 있는 이슬람 문화를 거부한다. 루아의 말에 따르면, 그러한 문화는 "단순한 역사의 산물"로서 회의적으로 다루어진다. 그들은 삶의 형식에서 출발한 종교를 받아들였지만, 삶의 형식 가운데 많은 것을 거부했다. 그들은 민족적 성향이나 문화적 전통을 필요로 하지 않는다.

이러한 신근본주의자들(대부분이 젊다) 대다수는 어떤 사람에게도 폭력을 행사하려 하지 않을 것이다. 그래서 그들을 (루아가 "급진적 신근본주의자"라고 부르는) 다른 무슬림들과 혼동해서는 안 된다. 급진적 신근본주의자들은 글자 그대로 서방에 대한 전쟁으로 해석되는 지하드jihād가 이슬람의 여섯 번째 기둥이 되기를 원한다. 그러나 테러리즘과 폭력을 혐오하는 근본주의자들이 있으며,

---

|가| 탄자니아의 섬이자 주州의 이름.

|나| 이슬람 율법에 따라 허용되는 것을 말하며, 음식에 대해 말할 때는 가축 도살 시 "비스밀라"('신의 이름으로'
  라는 뜻)라고 말하면서 가축을 고통 없이 한번에 죽이고 피를 모두 빼내는 이슬람 방식으로 도축된 고기를 일
  컫는다.

그들의 혐오는 오사마 빈라덴Osama bin Laden, 1957?-이 테러리즘에
헌신한 만큼이나 뿌리 깊은 것이다. 비록 종교적 견지에서 정당
화될 수 있다 하더라도, 폭력 사용을 인정하는지의 여부는 정치
적 결정이다. 게다가 루아의 생각에 따르면, 지하드가 실패(빈라
덴의 실패)했기 때문에 많은 근본주의자들이 비신자와 배교자들
을 신앙으로 되돌아오게 하는 올바른 방법인 다와dawa(설교, 계율,
충고, 모범)로 돌아섰을 것이다.

　이슬람 내부에서, 특히 무슬림 국가 바깥의 이슬람에서 일어나
고 있는 현상은 이웃한 기독교도들 가운데서 진행되고 있는 현상
과 유사하다. 루아가 주목하고 있듯이, 우리는 두 집단 모두 "국
가와 민족을 넘어서는 보편적 공동체를 추구"하고 있으며 "종교
의 개인화"를 지향하고 있다는 것을 알 수 있다.[2] 가톨릭이나 프
로테스탄트 근본주의의 견해처럼, 이와 같이 새롭게 개인화한 이
슬람은 종교의 자유를 허용하는 민주 공화국 체제 내의 소수자로
서 정치·사회적으로 완전히 통합되어 있다.

　폭력적이든 그렇지 않든 신근본주의자들의 특징을 하나 들 수
가 있는데, 그들은 보편적 윤리의 가능성을 구현하고 있다는 점
이다. 그런데 이는 내가 정교하게 다듬고 있는 세계시민주의라는
그림을 뒤집어엎는다. 관용 없는 보편주의는 쉽게 살인으로 변질
된다는 것은 명백하다. 이것이 유럽에 일어났던 종교전쟁의 슬픈
역사로부터 우리가 배운 교훈이다. 하나의 왕, 하나의 신앙, 하나
의 법un roi, une foi, une loi이라는 보편주의 원리가 낭트 칙령1598이 발
표되기 이전 40년간 피를 흘리게 한 프랑스 종교전쟁의 기초가

되었다. 낭트 칙령을 통해 마침내 프랑스의 앙리 4세Henri Ⅳ, 재위 1589
~1610는 자신의 왕국에서 프로테스탄트들에게 신앙의 권리를 허
용했다. 1648년 베스트팔렌 조약이 맺어질 때까지 중부 유럽을
황폐화시켰던 30년 전쟁에서, 오스트리아와 스웨덴에 이르기까
지 거의 전 지역에 걸쳐 프로테스탄트와 가톨릭 군주가 서로 싸
웠으며, 수십만의 독일인들이 전쟁터에서 죽었다. 탈영한 군인들
의 약탈로 수백만의 사람들이 기아에 허덕였고 질병으로 죽었다.
신교도의 군대와 가톨릭 왕의 군대가 맞붙었던 1639년과 1651년
사이의 영국 시민전쟁|가|에서는 잉글랜드, 스코틀랜드, 웨일스,
아일랜드 인구의 약 10퍼센트 정도가 전쟁이나 질병으로, 전쟁의
여파로 생긴 기아로 죽었다. 이러한 모든 충돌에서, 종파적 교리
를 넘어서는 쟁점들이 항상 의심의 여지 없이 문제가 되었다. 많
은 계몽주의적 자유주의자들은 보편적 진리에 관해 하나의 해석
만을 주장할 경우 결국에는 대학살이 일어날 수 있다고 결론 내
렸다. 마찬가지로 그것은 종교재판을 비난했던 서구인들이 얻었
던 교훈이었다. 즉 잔인함은 도덕적 정화의 이름으로, 살인은 보
편적 진리의 이름으로 자행된다는 것이다.

성급하게 말하자면, 기독교 세계에서 종교적 차이를 관용하지
않는 것은 단지 과거에만 해당되는 것이 아니다. 미국의 많은 기
독교도들은 무신론자나 유대인, 불교도, 무슬림, 여타 비기독교

---

|가| 찰스 1세Charles Ⅰ, 재위 1625~1649를 지지하는 왕당파와 의회파 간에 일어난 일련의 무력 충돌을 말한다. 의
회파의 승리로 끝나 찰스 1세가 처형되고 올리버 크롬웰Oliver Cromwell, 1599~1658의 공화정이 들어섰다(청
교도 혁명).

도들이 예수 그리스도를 받아들이지 않는다면 지옥에 떨어질 것이라고 믿는다. 프로테스탄트 내에서도 다른 프로테스탄트에 대해 이렇게 생각하는 이들이 있다. 가톨릭에 대해서도 그렇게 생각하는 몇몇 프로테스탄트들이 있으며, 당연히 그 반대의 경우도 있다. 이런 생각은 아마도 동정심에서 비롯되는 것일 테고, 결국 이러한 동정심으로 인해 많은 기독교도들이 자신의 영원한 운명이 결정되지 않아 불안해하는 사람들을 개종시키려 할 것이다. 그러나 이런 생각을 한다고 해서, 반드시 잘못된 삶을 사는 사람들을 존중하는 데까지 나아가는 것은 아니다. 우리의 동료 기독교도 시민들 가운데는 (내 생각에 많은 수는 아니더라도) 십계명을 모든 법원과 낙태와 동성애에 적용하고 진화론을 배제한 생물학 교과서를 사용하게 함으로써 정부와 사회를 더욱 기독교화하려는 사람들이 있다. 그러나 이제 그만 할 때도 됐다. 기독교 군주들과 종교재판소에 의한 수 세기 동안의 대량학살은 사라진 지 오래다.

하지만 우리는 미국에 기독교 테러리스트들이 있었다는 것을 기억해야 한다. 그들 중 한 사람인 에릭 루돌프Eric R. Rudolph, 1966~ 는 1996년 올림픽 기간에 애틀랜타에 있는 한 공원에서 파이프 폭탄을 터트린 죄로 유죄를 선고받았다. 그 사고로 앨리스 호손Alice Hawthorne이라는 여성이 숨졌으며, 100여 명이 다쳤다. 만일 안전요원의 신속한 대처가 없었다면, 더 많은 인명 피해가 있었을 것이다. 올림픽을 공격하는 것은 자신을 국가를 초월한 세계시민주의의 적이라고 선언하는 것과 같다. 또한 루돌프는 애틀랜타에 있

는 레즈비언 바를 폭파시키고 낙태를 시술한 버밍햄의 한 병원에서 비번인 경찰관을 살해한 혐의로 유죄를 선고받았다. 이러한 사건들은 정상적인 방법은 아니지만(내가 주장할 필요가 있는가?) 그가 기독교적 정의라는 목적을 공유하고 있다는 것 이상을 시사한다. 뉴스 기사가 전하듯이, 루돌프가 마지막으로 체포된 노스캐롤라이나주의 머피 등지에서 많은 지지를 받았다는 사실은 특히 우리를 당혹스럽게 한다. 많은 주민들이 공개적으로 루돌프에게 공감을 표했다. 경찰이 그를 수색하는 동안 지역 상점들은 "도망쳐, 루돌프, 도망쳐"라는 문구를 쓴 차량 스티커와 티셔츠를 팔았다. 자식 넷을 둔 머피 지역의 한 젊은 여성은 《뉴욕 타임스The New York Times》 기자에게 이렇게 말했다. "루돌프도 기독교도고 나도 기독교도다. 루돌프는 낙태 반대 투쟁에 자신의 생을 바쳤다. 그것이 바로 우리의 가치다. 이 나무들|가|도 우리 나무다. 나는 그가 저질렀던 것이 테러라고 생각지 않는다."[3]

티머시 맥베이Timothy J. McVeigh, 1968~2001는 오클라호마 연방정부 청사를 폭파시켜 남녀노소 168명을 죽였다1995. 비록 그의 동기가 종교와 아무 상관 없는 것처럼 보인다 하더라도, 그는 기독교 정체성 운동의 한 영웅이 되었다. 그 운동은 흑인과 유대인에 대한 뿌리 깊은 증오이며, 그들이 명백하게 신뢰하는 연방정부 형태는 기독교 정신을 실천하는 정부다. 나는 이러한 범죄들을 다국적 살인 활동(이 활동의 정신적 지도자는 빈라덴이다)과 같다고 생각지는 않는다. 빈라덴 및 그와 다소 느슨하게나마 관련되거나

세계시민주의

|가| 루돌프가 미국 연방수사국FBI에 체포되기 전까지 은신해 있었던 낸터헤일러Nantahala 국유림을 말한다.

그에게 영감을 받은 집단들이 미국에 대해 가장 위험한 테러리즘의 입장을 취한다는 것은 의심의 여지가 없다. 또한 반세계시민주의자들 사이에서 누리는 인기로 볼 때 빈라덴은 더 이상 주변 인물이 아니다. 그러나 루돌프가 전형적인 기독교도가 아니라는 것을 상기한다면, 빈라덴도 전형적인 무슬림이 아니라는 사실을 쉽게 생각할 수 있을 것이다.

그들은 다른 측면에서는 유사하지 않다. 내가 알고 있는 한, 거대 기독교 테러 조직 중에 무슬림 국가나 기관을 계획적으로 공격하는 곳은 없다. 거기에는 많은 이유들이 있다고 생각한다. 그중 하나는 확실히 거의 대부분의 기독교도들은 이슬람을 자신들의 삶의 방식을 위협하는 존재로 간주하지 않는다는 것이다. 그렇다면 기독교도들이 자신들을 반대하는 십자군에 참여한다고 '느끼는' 무슬림이 왜 여전히 많은가는 복잡한 물음이다. 나는 다음과 같은 의견에 동의하고 싶다. 즉 그런 심리적 혼란을 가져온 중요한 요소는 한때 앞장서서 기독교 전체를 끌고 갔던 이슬람이 어쨌든 그들보다 뒤처지게 되었다는 점이다. 즉 이러한 생각이 원한, 분노, 시기, 찬탄이 뒤섞인 불편한 감정을 낳는다는 것이다.

그러나 이런 식으로 반세계시민주의에 대해 설명한다고 해서 이것이 곧 도덕적 보편성을 믿는 우리에 대한 반세계시민주의의 개념적인 도전을 설명해 주지는 못한다. 유익한 형태의 보편주의와 유해한 형태의 보편주의를 원칙적으로 구분하는 방법은 무엇인가?

나는 앞에서 관용을 언급했다. 그렇지만 급진적 이슬람의 영웅들이 기꺼이 관용을 베풀었던 사례들도 많다. 그들은 이슬람 율법에 따라 잡은 할랄 음식이기만 하면, 케밥kebab |가|을 먹든 미트볼을 먹든 상관하지 않는다. 비단으로 된 것이든 아마포든 인조견이든 히잡hijab |나|을 쓰기만 하면 된다. 한편, 세계시민주의적 관용에는 한계가 있다. 때때로 우리는 다른 곳에서 일어나고 있는 일이 우리의 근본 원리를 심각하게 위반한다면 그 일에 개입하려 할 것이다. 또한 도덕적 잘못을 목격할 수도 있다. 그리고 집단 학살처럼 도덕적 잘못이 아주 심각할 때는 대화로만 끝나지 않을 것이다. 관용은 '불관용'이라는 개념이 있어야 성립된다.

처음부터 말했듯이, 우리 세계시민주의자들은 모두가 이미 보편적 진리를 갖고 있다고 확신하지 않더라도 보편적 진리를 믿고 있다. 그것은 우리를 안내하는 진리 이념에 대한 회의론이 아니라, 진리를 발견하는 것이 얼마나 어려운가에 대한 실재론이다. 그러나 우리가 고수하는 하나의 진리는 바로 모든 인간은 다른 모든 인간에 대한 의무를 가진다는 것이다. 모든 사람이 소중하다. 이것이 우리의 핵심 이념이다. 그리고 이것이 관용의 범위를 명확하게 한정한다.

세계시민주의자와 반세계시민주의자를 원칙적으로 구별시켜

|가| 양고기나 닭고기 등을 꼬치에 끼워 불에 구운 고기로, 터키의 대표적인 요리.

|나| 시리아 · 터키 등 아랍권의 여성들이 외출할 때 얼굴 등을 가리기 위해 머리에 쓰는 것.

주는 것이 무엇인지 말하기 위해서는 진리와 관용에 관한 담론을 명백히 넘어설 필요가 있다. 명백한 세계시민주의 신조로 '다원주의pluralism'를 들 수 있다. 세계시민주의자들은 살아가는 이유가 되는 많은 가치들이 있지만 그 가치들 모두를 따를 수는 없다고 생각한다. 그래서 다양한 사람들과 사회가 다양한 가치들을 구현하기를 희망하고 기대한다. (그러나 그 가치들은 살아가는 이유가 '될 만한' 가치들이어야 한다) 세계시민주의의 또 다른 측면은 철학자들이 (우리의 지식이 불완전하고 잠정적이므로 새로운 증명을 통해 개정될 수 있다는 의미에서) '오류가능주의fallibilism'라고 부르는 것이다.

반대로 신근본주의자들의 '세계적 움마'라는 발상은 지역적 편차를 인정하면서도 아주 사소한 문제에서만 인정하고 있다. 많은 기독교 근본주의자들과 마찬가지로 이러한 반세계시민주의자들은 인간이 살아가기 위한 하나의 올바른 방식이 있다고 생각하며, 사소한 부분에서만 차이를 인정한다. 만일 우리의 관심이 세계적 동질성에 있다면 이런 유토피아야말로(이는 자본주의는 만들어내지 못하는 세계다) 바로 우리가 걱정해야 하는 세계다. 그렇지만 세계시민주의적 신념을 뒤집어엎는 보편주의에 종교적 보편주의만 있는 것은 아니다. 보편적 인간애라는 이름으로, 마르크스주의자가 될 수도 있다. 모든 종교를 근절시키려고 한 마오쩌둥毛澤東, 1893~1976이나 폴포트Pol Pot, 1925~1998같이 말이다. 이것은 이교도의 화형을 지시하는 종교재판소장이 되는 것만큼이나 쉬운 일이다. 그들의 거울은 조각나지 않는다. 그 거울은 완전체이며 우리는 그 파편을 한 조각도 얻지 못한다. 이들은 모든 사람이 자신의 편에 서기를 원하기 때문에, 우리는 그들의 거울 속에 비친 모습만을 그들과 공유할 수 있다. 빈라덴은 2002년 "미국인들에게 보내는 메시지"에서 이렇게 말했다. "실로 나는 여러분의 믿을 만한 조언자다. 여러분을 현세와 내세의 행복에 초대하며, 영혼이 없는 무미건조하고 비참한 물질적 삶으로부터 여러분이 벗어나기를 바란다. 나는 어떤 상대자도 갖지 않는 유일한 알라의 길을, 즉 정의를 요구하고 억압과 범죄를 금지하는 길을 따르라고 외치는 이슬람에 여러분을 초대한다." 우리와 함께하라, 그러면 우리 모두는 형제자매가 될 것이다, 이렇게 반세계시민주의자들은 말한다. 그러나 만일 우리가 그들에 동참하지 않는다면, 그들은 우리의 차이를 유린하려 들 것이고, 필요하다면 우리를 죽이려 들 것이다. 그들의 모토는 차라리 다음과 같은 냉소적인 독일 격언과 다름없다.

> 만일 네가 내 형제가 되기를 원하지 않는다면
> 그렇다면 나는 네 골통을 부숴버릴 것이다.

이때 반세계시민주의자들에게 있어 보편주의는 결국 획일성 uniformity이다. 세계시민주의자들은 다른 사람을 대하는 행동에 있어 황금률을 지키는 데 만족할지도 모른다(앞서 내가 논의했던 '보편화 가능성universalizability'의 개념적 문제들은 우선 미뤄두기로 하자). 그러나 세계시민주의자들은 다른 사람들이 자신이 대우받듯이 그렇게 대우받기를 '원하지' 않을 수도 있음을 신경 쓴다. 이것이 꼭 문제의 끝은 아니지만, 고려해야 할 필요는 있다. 우리가 이해하는 관용은 세계를 다르게 보는 사람들과 존중하는 마음으로 상호작용한다는 것을 의미한다. 우리 세계시민주의자들은 심지어 우리가 동의하지 않는 사람들에게조차 배울 바가 있다고 생각한다. 우리는 사람들이 자신의 삶에 대한 권리를 가진다고 생각한다.

반대로, 급진적 이슬람의 혁명선언을 좀 읽어본다면, 우리가 피해야 하는 것이 바로 차이를 인정하지 않는 대화라는 것을 알게 될 것이다. 예를 들어 아래에 빈라덴의 오랜 동료인 아이만 알자와히리Ayman al-Zawahiri, 1951~의 메시지가 있다. 이 메시지는 2005년 2월 11일에 공개된 테이프를 번역한 것으로 알자와히리의 지지자가 인터넷에 유포시킨 것이다.

알라가 전해준 샤리아는 반드시 따라야 하는 샤리아다. 이 문제에 관해서는 어떤 사람도 흔들리거나 동요해서는 안 된다. 이 문제를 두고 어떤 농담도 허용되지 않으므로, 이 문제를 아주 진지하게 수용해야만 한다. 알라를 믿는 사람은 알라의 계율을 지켜야 하지만, 알라를 믿지 않는 사람이라면 알라의 계율을 상세하게 논의해 봐야 아무 소용 없을 것이다. 서구의 세속주의는 혼란을 퍼뜨리려 하지만, 자신을 존중하는 고유한 정신이 있다면 그것을 받아들일 수 없을 것이다. 왜냐하면 알라가 통치자라면, 알라에게 통치할 권리가 있기 때문이다. 이는 명백한 것이기에 어떤 주저함도 있을 수 없다…….

따라서 알라를 믿지 않는 사람과는 알라의 율법 항목들을 논리적으로 논의해 봐야 아무 소용이 없을 것이다.

여기서 대화의 두려움은 분명 상이한 견해를 가진 사람과 주고받는 게 있으면 신앙심이 깊은 사람도 타락할 수 있다는 염려에서 나오게 된다. '믿지 않는 자'의 길에 대해서는 어떤 호기심도 없다. 우리 모두는 오류를 체현하는 존재다.

그러나 물론 많은 무슬림이(여기에는 종교학자들도 포함된다) 샤리아나 이슬람 율법의 본성에 대해 논의해 왔다. 지난 2세기에 걸쳐, 뛰어난 이슬람 학자들이 이슬람 외부에서 유입된 사상을 진지하게 검토했다는 것을 확인할 수 있다. 19세기에는 인도의 사이드 아메드 칸Syed Ahmed Khan, 1817~1898과 이집트의 무하마드 압두Muhammad 'Abduh, 1849~1905가 근대 무슬림의 전망을 제시하려고 노력했다. 더 최근에는, 수단의 마무드 무하마드 타하Mahmoud Muhammad Taha, 1909~1985, 유럽의 타리크 라마단Tariq Ramadan, 1962~, 미국의 할레드 아부 엘파들Khaled Abou El Fadl, 1963~이 비무슬림 세계와의 대화를 통해 자신들의 견해를 발전시켰다. 이들 무슬림 사상가들은 아주 상이한 견해를 가지지만, 각자 (알자와히리보다 초기 무슬림 학문 체계에 훨씬 더 폭넓은 뿌리를 두고) 샤리아에 대한 근본주의적 견해에 도전한다.[4] 세계에서 가장 오래된 무슬림 대학인 알아자르Al-Azhar 대학의 총장 아메드 알타예브Ahmed al-Tayeb는 캔터베리의 대주교를 초청해 설교단에서 연설하도록 한 다음 자신이 연설하며 이렇게 말했다. "신은 다양한 사람들을 창조했다.

만일 신이 단일 움마를 창조하고자 했다면 그렇게 했을 테지만, 신은 재림하는 날까지 사람들을 다르게 만들고자 선택했다. 모든 무슬림은 충분히 이 원리를 이해해야 한다. 갈등에 기초한 관계는 무익하다."5 알자와히리의 논법에 따르면, 뭔가 논의할 것이 있다고 생각하는 한, 모든 사람들은 '믿지 않는 사람'이다.

내가 생각하기에, 무슬림이 아닌 우리 같은 사람들이 무엇이 진정한 이슬람이고 무엇이 사이비 이슬람인지를 말하는 것은 적절치 않다. 그것은 알자와히리가 가령 피임이나 사형이 기독교의 본성과 양립하는지를 평가하는 것과 마찬가지로 어리석은 짓이다. 그들의 가치가 무엇을 의미하는지 결정하는 것은 기독교나 이슬람의 깃발을 달고 항해하기를 원하는 사람들의 몫이다. 그것은 그들의 싸움이다. 그러나 자신을 무슬림이라고 부르는 사람들 중에는 더욱 관용적인 해석자들이 있었고, 더욱 관용적인 시대가 있었다. 우리는 (초창기에 예언자 무함마드의 명령하에) 관용을 실천한 무슬림 사회들이 있었다는 것을 역사적 사실에서 알 수 있다. 그래서 오늘날 이슬람을 해석하는 전통 내부로부터 종교적 관용을 변호하고 주장하는 많은 무슬림의 목소리가 있다는 것은 적어도 세계시민주의자에게는 고무적인 일이다.

## 사피네와 함께한 이드 알피트르 축제　Eid al-Fitr with the Safis

나는 무슬림으로서 자라지는 않았지만 무슬림들과 더불어 살았

다. 따라서 이슬람에 대한 나의 이해는 가족에 대한 기억과 더불어 시작하며, 어린 시절의 기억이 으레 그렇듯이 그 기억의 주 무대는 저녁 식탁이었다. 어렸을 때는 가끔씩 저녁을 먹기 위해 사피Safi네 무슬림 친척들을 방문했는데, 그 음식(과 동석할 사람들)은 항상 기대되는 것이었다. 그러나 나는 특히 이드 알피트르ʿĪd al-Fiṭr|가|라는 축제, 즉 라마단Ramadān의 마지막 날에 해가 지자마자 시작하는 축제를 고대했다. 라마단 기간에는 낮 동안 금식해야 한다. 금식할 때 무슬림들은 『쿠란』의 기원을 생각한다. 이슬람력의 아홉 번째 달인 라마단에 신이 예언자 무함마드에게 『쿠란』을 주었다고 믿는다. 해가 떠서 질 때까지, 독실한 무슬림들은 아무것도 먹지 않고 마시지 않는다. 많은 사람들이 신성한 『쿠란』이 낭독되는 것을 듣기 위해 모스크에 갈 것이다. 그리고 낮 동안의 금식을 중단하고 저녁에 가족과 함께하는 식사를 위해 모인다. 그달의 마지막 날에 벌어지는 이드 축제에는 훌륭한 연회가 마련된다. 이날이 라마단 의식의 절정이며 금식이 끝나는 날이다.

당고모 그레이스Grace는 요리를 담당했다. 공교롭게도 당고모는 기독교도였으며, 아샨티인이 아니라 해안의 판티Fanti족 사람이었다. 그러나 당고모는 몇 해 전 쿠마시에 정착한 레바논 출신의 사업가 아비브Aviv와 결혼해 레바논 음식 만드는 법을 배웠으며, 전통 가나 음식도 요리할 수 있었다. 후무스hummus|나|, 타불레tabbouleh|다|, 팔라펠falafel|라|, 바바 가누시baba ghanoush|마|, 키베kibbeh,

세계시민주의

|가| 금식 달인 라마단(이슬람력 9월)을 끝내는 축제로 이슬람력으로 10월 1일 오전에 한다.

|나| 콩을 갈아 크림처럼 만든 요리.

루비아loubia가 있었으며, 후식으로 달콤한 과자와 신선한 과일, 향이 진한 커피가 있었다.

나는 당고모의 요리가 좋았다. 특히 유년 시절이 끝나갈 무렵, 즉 영국의 기숙학교를 다니게 된 이후, 나는 친절하게 키베(양고기와 태운 밀로 만든 달걀 모양의 작은 파이)를 덜어주거나 토마토 소스 속에 있는 녹색 콩, 즉 루비아를 내 접시에 조금씩 숟가락으로 떠주는 당고모부 아비브의 옆에 앉아 마지막까지 남아서 음식을 먹곤 했다. 결국 나는 배가 너무 불러 당고모부에게 더 이상 어떤 것도 먹을 수 없다고 말했다. 영국의 학교에서는 자신에게 제공된 음식은 모두 먹어야 한다고 배웠다(그 당시 어느 날 점심시간에 학교 식당 아주머니의 강요로 기름기 많은 쇠고기를 다 먹어야 했을 때 식후 30분 동안 고통을 느껴야 했던 일을 40년이 지난 지금도 여전히 기억한다). 그러나 당고모부의 전통 식사 예법(손님을 환대하는 것을 중요하게 여기는 관대한 아랍 전통)에서는, 손님이 그릇에 음식물을 남겨야만 만족스러운 식사를 했다고 생각한다. 내가 이 두 식사 예절의 차이를 안 지는 얼마 되지 않지만, 결국 내가 불편할 정도로 배부르지 않으려면 나는 레바논 출신 당고모부와 함께 음식을 먹고 있었을 때부터 우리 어머니 나라의 관습을 깨뜨려야만 했다는 것을 깨달았다.

만일 우리가 미국에서 살았다면, 나는 기독교도인 우리 사촌들

---

|다| 파슬리를 주재료로 밀가루와 각종 야채를 넣고, 올리브 기름, 레몬즙 등을 곁들이는 샐러드 비슷한 요리.

|라| 병아리콩을 갈아 동그랗게 반죽해 튀겨낸 것으로, 피타Pita라는 밀가루 반죽으로 만든 빵 위에 얹어 먹는다.

|마| 다진 가지와 마늘, 토마토에 향신료와 허브를 뿌린 것.

에게 라마단의 의미를 설명하는 것이 어떤 점에서는 꼭 필요하다고 느꼈을 것이다. 그러나 우리는 기독교도, 무슬림, 전통 종교의 추종자들이 서로 다른 삶의 방식을 편견 없이 받아들이며 이웃해서 살고 있는 가나에 있었다. 당고모는 평상시처럼 라마단 기간 동안 일요일에 교회에 갔고, 친척들은 크리스마스에 우리 집에 놀러 왔다. 나는 어린 시절 내내 라마단을 즐겼지만, 어른이 되고서 라마단에 대한 책을 읽었을 때에야 비로소 그 의미를 알게 되었다.

『쿠란』에 따르면, 무함마드 자신은 아라비아에 있는 유대인 및 기독교도들과 우호적 관계를 유지했다(무함마드가 그들과 싸운 것은 신앙 문제 때문이 아니었다). 무함마드는 『쿠란』을, 이스라엘 자손들과 언약했고 기독교도들에게 예수를 보냈던 바로 그 하느님이 아랍인을 위해 내린 계시라고 생각한 것이다(로마 가톨릭 교회가 "비록 가톨릭에서 주장하고 가르친 것과는 여러 면에서 서로 다르다 해도 모든 사람들을 비추는 참진리를 반영하는 타 종교의 삶과 행동양식뿐 아니라 그 규율과 교리도 거짓 없는 존경심"으로 존중한다고 교황 바오로 6세Paulus VI, 재위 1963~1978가 회칙 「노스트라 아이타테Nostra Aetate」|가|로 선언하기 1천 년도 훨씬 이전에 이미 『쿠란』에는 그와 같은 내용이 담겨 있었다). 『쿠란』에는 이렇게 적혀 있다.

세계 시민주의

|가| 제2차 바티칸 공의회 회기 중인 1965년 10월 28일 바오로 6세가 발표한 '비기독교도와 교회의 관계에 대한 선언Declaration on the Relation of the Church with Non-Christian Religions' 이다. '노스트라 아이타테' 는 '우리 시대에' 라는 뜻이다.

성서의 백성들과 논쟁할 때는 그중 악을 저지르는 사람들을 제외하고는 예의 바르게 행동하라. 그리고 말하라. "우리는 당신들에게 계시되었던 것을 믿는다. 우리의 신과 당신들의 신은 하나다. 그에게 우리는 복종한다"라고.

또한 "종교에는 어떤 강요도 있어서는 안 된다"[6]라고도 쓰여 있다.

『하디트Hadīth』[나]에 기록된 것처럼, 『쿠란』뿐 아니라 예언자 무함마드도 '성서의 백성들People of the Book'(『쿠란』에서는 유대인, 기독교도, 조로아스터교도를 이렇게 부른다)인 알 알키타브Ahl al-Kitâb의 개종을 요구하지 않는다. 무슬림 제국의 통치자이자 무함마드의 계승자인 초기 칼리프들은 이슬람력 1세기(기원후 7세기)에 아라비아를 장악했지만, 정복지의 기독교와 유대인 공동체에 개종을 요구하지 않고 자신들의 보호 아래 두는 게 대부분이었다. 페르시아에서 유대인이나 기독교도들이 아닌 조로아스터교도들을 발견했을 때도 똑같은 호의를 베풀었다. 아크바르Akbar, 재위 1556~1605 가 인도 북부 지역에서 자신의 무슬림 제국을 통치했을 때도, 초기 칼리프들이 성서의 백성들에게 보여주었던 것과 동일한 종류의 관용을 인도의 지역적 전통에 베풀었다. 그는 힌두 사원을 건설했고, 유대인, 조로아스터교도, 여러 기독교 종파들, 게다가 여러 이슬람 전통들과 더불어, 시크교도, 불교도, 자이나교도를 포

반-세계시민주의자들

함한 모든 종교 학자들 사이에 대화를 장려했다.

내가 어렸을 때는 이러한 사실들에 관해 아무것도 몰랐다. 나는 단지 당고모부가 독실한 무슬림이었으며 관대하고 점잖다는 것만을 알았다. 당고모부의 조국 레바논은 다양한 종파로 나뉘어 있다. 무슬림들 가운데 수니파와 시아파 공동체가 있으며, 세부적으로는 알라위테Alawite파, 이스마일파Ismaili, 트웰버 시아Twelver Shia파, 드루즈인으로 나뉘어졌다. 기독교에도 로마 가톨릭, 아르메니아 가톨릭, 시리아 가톨릭, 그리고 그리스 정교, 아르메니아 정교, 시리아 정교, 칼데아Chaldea인, 마론파와 다양한 프로테스탄트 종파들이 있다. 그렇지만 당고모부는 신앙이 있는 모든 이들을 똑같이 개방적으로 대하는 듯했다. 오늘날의 소란스러운 이슬람 전도사 기준에서 보면, 이런 이유 때문에 당고모부는 나쁜 무슬림으로 간주될 것이다. 그러나 또한 바로 그런 이유 때문에 당고모부가 방문한 다양한 나라에서, 다양한 때에 당고모부는 무슬림의 전형이 되기도 했다. 실로 당고모부는 자신의 성장 배경이 되었던 관습, 관행에 녹아 있는 자신의 이슬람교가, 신근본주의의 뿌리 없는 개인주의적 광신자들의 빈약한 추상물보다 더 풍부하고 지속적인 신앙이라고 느꼈을 것이다. 다시 말하지만, 나는 이에 대해 말할 입장은 못 된다. 그래도 광신도들보다 목소리가 적긴 할 테지만, 당고모부와 같은 무슬림들이 훨씬 많다는 것은 과감하게 말할 수 있다.

# 작은 집단 ▨▨▨ Little Platoons

만약 세계시민주의의 슬로건이 '보편성 더하기 차이'라면, 또 다른 적이 나올 가능성이 있다. 즉 보편성을 거부하는 이들이 나올 수 있으며, 그쪽 슬로건은 "모든 사람이 중요한 것은 아니다"라는 게 될 터이다. 그렇지만 과거에 이런 내용이 사실이었든 아니었든, 지금은 이렇게 말하는 사람 자신들조차도 실제로 그렇게 믿지는 않는다. 버나드 윌리엄스Bernard Williams, 1929~2003는 『윤리학, 그리고 철학의 한계Ethics and the Limits of Philosophy』1985라는 책에서 이렇게 말했다. (보편적으로 구속력 있는 규범이라는 의미에서) "도덕은 철학자들의 발명품이 아니다. 그것은 우리 거의 모두의 전망이거나, 전망의 일부다."7 윌리엄스의 의도는, 대부분의 사람들이 자신에게 (윌리엄스의 표현을 빌리자면) '불가피한' 특정한 의무가 있다고 믿는다는 것이다. 그런 불가피한 의무 하나는 다음과 같다. 우리가 다른 사람에게 해가 되는 어떤 일을 할 때 우리는 그것을 정당화할 수 있어야 한다는 것이다. 우리가 생각하기에, 모든 사람들이 중요한 것은 아니라고 기꺼이 주장하려는 사람들(나치스Nazis, 인종주의자, 이런저런 종류의 맹목적인 애국주의자 들)은 "그 사람들은 중요하지 않아"라고 말하는 것에서 그치지 않는다. 그들은 그 이유도 제시한다. 유대인들이 자신의 민족을 파괴하고 있다거나, 흑인들은 열등하다거나, 투치Tutsi족은 바퀴벌레 같다거나[가], 아스테카Azteca 원주민들은 신앙의 적들이라고 말한다. 그 사람들이 중요하지 않다는 것이 아니라 그들이 받고 있는 증오나 경멸은 바로 그들 자신이 불러들였다는 것이다. 즉 그 사람들은 우리가 그들에게 하고 있는 증오나 경멸을 받을 만하다는 것이다.

이는 우리가 우리 생각이나 행위의 이유를 제시하기 시작하면서부터 생기는 일이다. 특히 우리의 얘기를 듣고 있는 청중 속에, 우리가 중요하지 않다고 생각하는 사람들이 포함돼 있을 때, 우리는 우리 자신에게는 하지 않았을 것을 그들에게 하고 있는 이유를 그들에게조차 설명하려고 애쓴다. 일단 우리가 우리 민족(인종 또는 종족)을 옹호하기 시작하게 되면, 우린 왜 우리 민족이 최고가 되는 것이 모든 사람에게 더 좋은지를, 심지어 우리에게 매도당하고 있는 사람들에게도 더 좋은지를 억지로 설명하려 할 것이다. 국제 관계에 대해 이른바 현실주의자들은 우리의 외교 정책이 우리나라의 이익만을 추구해야 한다고 자주 말한다. 마치 자신의 국민들 이외에는 어떤 사람도 중요하지 않다고 말하고 있는 것 '처럼' 들린다. 만일 대량 학살이 국익이 될 경우 우리가 거기에 참여해야 한다고 생각하는지를 현실주의자들에게 묻는다면, 당연히 그들은 그것이 우리의 국익이 '될 수 있다'는 것을 부

|가| 투치족과 후투Hutu족은 아프리카 르완다와 부룬디를 중심으로 거주하고 있으며, 14세기경 투치족이 후투족을 정벌하고 왕국을 건설한 이래로 같은 언어, 같은 문화를 공유하면서도 둘 사이에 오랫동안 투쟁과 반목이 있어왔다. 르완다와 브룬디는 20세기 초 독일과 벨기에의 식민 지배를 차례로 받다가 1962년 각각 독립국을 세웠으며, 르완다에선 후투족이, 브룬디에선 투치족이 정권을 잡았다. 두 나라에서 투치족과 후투족의 대립은 내전으로까지 치달았고 르완다에선 후투족이 투치족을, 부룬디에선 투치족이 후투족을 학살했다. 이것이 절정을 이룬 1994년에는 4~7월에 르완다에서만 100만 명이 희생된 것으로 알려졌다. 특히 인구의 85%를 후투족이, 14%를 투치족이 차지하는 르완다에서 사망자의 75%가 투치족이었다. 두 종족은 2003년 휴전에 합의했으며, 현재는 해마다 4월이면 '인종학살'로 숨진 이들의 넋을 기리는 추모식이 열린다.

인한다. 왜냐하면 우리의 국익은 어떤 식으로든 특정한 가치와 내적으로 결합되기 때문이다. 나라면 이런 방식의 대응에 다음과 같이 말하겠다. "좋다. 그렇다면 우리의 가치들 중에는, 다른 사람들은 단순히 우리에게 이익이 된다는 것을 이유로 우리가 그 사람들을 죽여서는 안 될 만큼은 충분히 중요한 존재라는 것도 포함된다"라고. 지역적 가치의 위대한 옹호자 에드먼드 버크에 따르면, "사회에서 자신이 속한 작은 집단을 사랑하는 것이야말로 공적 관심을 표현하는 제1원리(말하자면 근원)"다. 그러나 여기서도 마찬가지로 버크가 제시하는 근거는 보편적 가치에 호소하는 것이다. 버크는 "그것은 우리 조국과 인류에 대한 사랑으로 나아가게 하는 연결 고리 중 첫째 고리"라고 말한다.[8]

나는 사람들이 이방인들의 이익을 무시하는 이유로서 제시하는 것들은 사람들이 서로를 나쁘게 대우하는 이유를 '설명해 준다'고 생각지 않는다(이미 말했던 것처럼, 그것이 도덕적 추론이 작동하는 방법이라고는 생각하지 않는다). 물론 나는 이러한 이유들이 그와 같은 잘못된 행동을 '정당화한다'고 생각지도 않는다. 그러나 일단 우리가 다른 사람들의 이익을 무시하기 위한 이유들을 대기 시작하자마자, 이성적 추론 자체가 통상 우리를 일종의 보편성으로 몰고 갈 것이다. 이성은 어떤 것을 하거나 생각하거나 느끼기 위한 근거를 제공한다. 그러나 그것이 우리 자신을 위한 근거가 아니라면 남을 위한 근거도 아니다. 만약 정말로 누군가가 어떤 집단의 사람들이 결코 중요하지 않다고 생각한다면, 그는 정당화시킬 수 있는 힘을 가진 사람들로부터 그들이 배제될 것이라고 생각할 것이다(그것은 사람들이 중요하지 않다고 생각하는 것보다 동물들이 중요하지 않다고 생각하는 것이 더욱 손쉬운 이유 중 하나다. 즉 동물들은 왜 우리가 자신들을 학대하는지를 물을 수 없다). 하지만 만약 정말로 사람들이 다른 사람들을 결코 중요하지 않다고 생각한다면, 우리가 해야 할 일은 다음과 같은 일뿐이다. 그 사람들의 정신을 변화시키는 것, 만약 정신을 변화시키는 데 실패한다면 그들이 자신의 생각을 행동에 옮기지 못하도록 하라.

세계시민주의에 대한 진정한 도전은 다른 사람들이 결코 중요하지 않다는 신념이 아니라, 그들이 특별히 중요한 존재는 아니라는 신념이다. 우리가 이방인들에게 '어떤' 의무를 가진다는 것은 쉽게 합의할 수 있다. 우리는 그들에게 끔찍한 일을 저지를 수 없다. 아마도 우리가 그들을 완전히 참을 수 없는 상황이 되고 그 상황을 타개하기 위해 수용할 만한 비용을 들여 뭔가를 할 수 있는 경우에는, 오히려 우리에게 개입할 의무가 있을 것이다. 아마도 우리는 대량 학살을 막아야 하고, 대규모 기아나 자연재해가 발생할 때 개입해야 할 것이다. 그러나 우리는 이 이상을 해야 하는가? 바로 여기가 쉽게 동의가 이루어지지 않는 지점이다.

나는 세계시민주의의 이상이라는 이름으로 우리가 이방인들에 대한 의무를 가진다고 말해 왔다. 이제 그러한 의무가 무엇인지에 관해 말해야 할 시간이다.

Chapter  이방인에게 친절을

Kindness to Strangers

## 중국 관리 죽이기 ▨▨▨ Killing the Mandarin

오노레 드 발자크Honoré de Balzac, 1799~1850의 『고리오 영감Le Père Goriot』1835에는 자신의 사회적 야망은 큰 데 비해 그것을 뒷받침할 수단이 없어 괴로워하는 청년 라스티냐크Rastignac가 루소의 질문 (이것이 루소의 질문이 아니라는 것은 곧 밝혀진다)에 관해 의대생 친구와 이야기하고 있는 장면이 있다.

> "루소가 독자에게 만약 파리에 가만히 앉아 단순히 마음을 먹기만 해도 중국에 있는 나이 든 관리를 죽여서 부자가 될 수 있다면 어떻게 하겠는지를 물었던 구절 기억나는가?"
> "그래."
> "그러면 어떻게 할 건가?"
> "흥! 내가 서른세 번째 중국 관리일세."
> "농담하지 말고. 실제로 그런 일이 자네에게 일어난다면, 자네가 머리를 끄덕이는 것만으로 충분하다면, 그렇게 할 건가?"[1]

라스티냐크의 질문은 더할 나위 없이 철학적이다. 그러나 철학자 말고 누가 마법 같은 살인과 100만 프랑의 금화를 저울질하겠는가? 사실 루소가 이 질문을 제기한 것은 아니다. 발자크는 다른 저명한 스코틀랜드 철학자 애덤 스미스Adam Smith, 1723~1790의 구절에서 영감을 받았을 것이다. 『도덕감정론The Theory of Moral Sentiments』1759에서 스미스는 도덕적 상상력의 한계에 관해 기억할 만한 구절을 썼다. 스미스의 논증은 "중국의 대제국"을 집어삼키고 있는 지진을 상상하는 것으로 시작한다. 확실히 "인간애를 지닌 유럽인"은 뉴스에서 이 사건을 듣고 슬픔에 잠길 것이고, 이 사건이 가져올 슬픈 의미에 관해, 아마 심지어 세계 무역에 미칠 영향에 관해 숙고할 것이다. 그러나 스미스가 말했듯이, 한때 그들이 이렇게 슬퍼하고 그 문제에 대해 숙고했다 하더라도 얼마간의 시간이 지나면 아무 문제 없다는 듯 일상으로 돌아갈 것이다. 사실 스미스는 "자신에게 일어날 수 있는 재앙 중에서 가장 사소한 재앙이야말로 현실적으로 더 큰 불안을 야기한다"고 쓰고 있다. 그리고 계속해서 다음과 같이 말한다.

세계시민주의

> 만약 사람이 내일 자신의 새끼손가락을 잃어야 한다는 걸 안다면 잠들지 못할 것이다. 그러나 1억 명이나 되는 인류가 죽는다 해도 자신이 한 번이라도 만나본 적이 없는 사람들이라면 아주 편안히 코까지 골며 잘 것이다. …… 그러므로 인간애를 가진 사람이라면, 자신에게 닥친 이런 보잘것없는 불운을 피하기 위해 설사 한 번도 본 적이 없었던 사람이라고 하더라도 1억이나 되는 인류의 생명을 기꺼이 희생시키려 하겠는가? 인간 본성은 그런 생각에 전율하며 놀라고, 세계는 가장 큰 악행과 타락 속에서도 그런 악을 자행할 악인을 낳지 않을 것이다. 그러나 무엇 때문에 이런 차이가 생기는 것인가?

스미스가 의문을 가졌던 것은, 어떻게 해서 우리의 "능동적 원리"는 종종 아주 관대한 반면, "수동적 감정"은 그렇게 이기적일 수 있는가 하는 점이다. 그는 "자기애self-love라는 가장 강한 충동을 약화시킬 수 있는 것은 인간애라고 하는 부드러운 힘, 즉 자연이 인간의 마음에 비춰준 박애라는 희미한 빛이 아니다"라고 결론 내렸다. "그런 경우에 영향력을 미치는 것은 더 강한 힘, 즉 더 강력한 동기다. 그것은 바로 우리의 가슴속에 자리하며, 우리 행위의 위대한 심판자이자 조정자인 이성, 원칙, 양심이다."[2]

스미스는 작은 이익을 위해 큰 잘못을 저지를 것인지 묻는 반면, 라스티냐크는 아주 큰 이익을 위해 보다 작은 잘못을 저지를 것인지 묻고 있다. 발자크는 스미스의 예를 변형시키면서, 스미스의 목표였던 도덕심리학 탐구에서 기본적 도덕성의 문제로 이동했다. 우리는 두 질문 모두 잊지 않고 잘 기억하고 있다. 만약 우리가 감정의 힘에 따른다면, 우리는 새끼손가락을 위해 1억 명을 희생시킬 것이다(스미스의 추론). 그리고 우리가 그렇게 할 수 있다면, 막대한 부를 얻기 위해 멀리 떨어져 있는 한 생명을 확실히 희생시킬 수 있을 것이다(이것은 라스티냐크의 추론이다). 우리는 중국 관리들이 날마다 죽고 있다는 것을 알고 있다. 우리가 알고 있는 이 사실이 우리 감정에 어떤 영향을 미치겠는가? 멀리 떨어진 중국을 사례로 든 것은 우리 가까운 사람들 간에는 굳이 이성적 판단이 필요치 않다는 것을 전제하는 것이다. 스코틀랜드인은 아마도 이성이 아니라 감정에 사로잡혀 자신의 동료 스코틀랜드인들의 죽음에 반응할 것이다. 그들에겐 이성도 필요 없다. 뿔에 받히는 게 다른 누구의 황소도 아니고 바로 그들 자신의 황소

이기 때문이다.

만약 우리가 이런 생각을 갖고 출발한다면, 자연스럽게 다음과 같이 묻게 될 것이다. 즉 우리가 이방인에 대해 빚을 지고 있다는 세계시민주의자의 이야기가 여전히 추상적이지는 않은가? 로버트 시블리Robert Sibley는 이렇게 썼다. "윤리적 신조로서 세계시민주의는 우리의 구체적인 현실을 확장해서, 우리의 세계 이웃이라는 멀리 떨어져 있고 일반화된 '타인들'을 포함하려고 노력한다. 이런 의견은 우리에게 따뜻하고도 포근한 감정을 불러일으킬지도 모르지만, 우리가 전쟁에 기꺼이 참전하게 만들 정도의 동기는 되지 못한다."3 시블리의 이 말이 전제하는 것은, 세계시민주의적인 도덕 판단은 우리가 말 그대로의 이웃들에게 느끼는 감정을(어쨌든 그들을 위해 우리가 목숨을 걸어야 한다는 암시를 통해서 아마도 과장된 감정을) 전 세계의 모든 사람들에 관해서도 느끼라고 요구하고 있다는 것이다. 우리는 수십억의 사람들 모두와 친하게 지낼 수는 없다. 그러므로 우리는 세계시민주의자처럼 판단 내릴 수 없다. 그러나 스미스의 생각처럼, 우리가 이방인들에게 책임감을 가진다고 말하는 것은 우리가 이방인들을 이웃이나 친지로서 느끼는 동정심 같은 감정을 이방인들도 똑같이 느끼라고 요구하는 것이 아니다. 오히려 이방인들의 감정이 우리와 똑같지 않음을 인정하고 시작하는 것이 더 나을 것이다.

그러나 스미스의 대답을 진지하게 받아들이려면 우리의 세계시민주의는 불가능한 심리적 요구를 하지 않아야 한다. 시블리의 회의주의는 최근 도덕적 세계시민주의자들의 요구에 대한 자연

스러운 대응이다. 그렇다면 우리는 실제로 이방인들에게 어느 정
도의 책임이 있는가?

## 얕은 연못 ▨▨▨ The Shallow Pond

한 가지 대답은 이렇다. "심각한 잘못을 저지르지 않는 행동을 하
기 위해서는, 당신과 나처럼 부유한 사람은 옥스팜OXFAM, Oxford
Committee for Famine Relief[가]과 유니세프UNICEF, 유엔아동기금 같은 아주 효
율적인 단체에 지금 가진 돈과 재산뿐 아니라 앞으로 갖게 될 대
부분의 것을 기부해야 한다." 이것은 철학자 피터 엉거Peter K. Unger,
1942-가 도발적인 제목의 책 『고상하게 살아가기와 죽게 내버려 두
기Living High and Letting Die』1996에서 주장했던 것이다.[4]

　나는 이것을 상세하게 다루지 않았다. 그러나 철학자들은 이런
견해를 상당히 상세하게 다루며 옹호했다. 엉거의 주장이 시작되
는 논거 중에는 피터 싱어Peter Singer, 1946~가 이전에 말했던 유명한
유추가 있다. 싱어는 "내가 만약 어느 얕은 연못 옆을 지나가다
한 아이가 빠진 것을 봤다면, 연못에 뛰어들어 아이를 구해야 한
다. 그렇게 되면 내 옷이 진흙투성이가 될 테지만, 그건 대수롭지
않은 일이다. 아이가 죽으면 아주 불행한 일이 될 테니까"라고 했
다.[5] 그리고 엉거는 우리의 직관에 초점을 맞춘 이와 유사한 논증

---

[가] 국제 민간 구호 단체로, 1942년 결성되어 80여 개 나라에 지부를 두고 있다. 난민 및 빈곤 국가 지원, 환경
　　운동 및 공정 무역 등에 관여한다.

을 다양하게 전개했다. 만약 우리가 고급 가죽 시트를 씌워 거의 이제 막 출고된 새 차처럼 공들인 메르세데스벤츠를 탔다고 상상해 보자. 그 차를 타고 발을 심하게 다친 보행자 옆을 지나가고 있다고 한다면? 다친 사람은 비록 생명에 지장이 없다 하더라도, 우리가 병원에 데려다 주지 않는다면 발을 절단해야 할지도 모르는 상황이다. 상처에서 나오는 피가 차의 시트를 버린다 해도, 그를 태워줘야 하지 않을까? 그렇다면 우리가 외국의 아이들 30명을 위해 기부하지 않겠냐고 묻는 유니세프의 헌금 봉투를 받았다고 생각해 보자. 우리가 100달러를 보내지 않는다면, 그 아이들은 죽게 되는 상황이다. 만약 우리가 그 봉투를 쓰레기통 속으로 던져버린다면, 마찬가지로 비도덕적이다.

그러나 물론, 처음에 100달러를 기부해서 아이들을 살리는 것이 도덕적이라면, 다음번에도 100달러로 아이들을 살려야 한다. 이렇기 때문에 엉거는 다음과 같은 결론을 내린다. "우리가 재산을 거의 모두, 가능한 한 즉시 유니세프나 옥스팜과 같은 단체에 보내지 않는 것은 심각하게 잘못된 행위다."[6] 100달러를 잃는 것이 서른 명의 아이가 죽는 것보다 더 나쁘다고 확신할 때까지, 우리는 재산을 모두 다 쓰고 금고를 비워야 한다. 시블리는 등 뒤에서 불신에 가득 차 고개를 저을 것이다. 무엇이 잘못되었는가?

우선, 작지만 중요한 문제를 하나 생각해 보자. 중국 관리와 외국 아이들에 관한 이 모든 이야기는 엉거의 역설이 세계시민주의자들에게 특별한 문제가 되는 듯이 보이게 하지만 사실은 그렇지 않다. 아프리카와 아시아의 굶주린 아이들을 잊을 수 있다면, 잊

어라. 우리가 사는 서양 어디든지 우리가 구해 줄 수 있는 아이들이 있다. 그 아이들의 수가 더 적고 비용은 더 많이 들 테지만 물에 빠진 어린아이를 구하는 것이 옷 비용에 좌우되겠는가? 말할 필요도 없지만, 웅덩이에 빠진 어른들 또한 죽게 내버려 두어서는 안 된다. 우리가 치료비를 대신 지불하면 그들 중 몇몇은 자신들이 원하는 만큼 더 오래 살 수도 있다. 만약 우리가 대도시에 산다면, 그런 사람들이 바로 곁에 있을 것이다. 즉 우리의 이웃들이다. 그렇다면 우리는 이런 경우에 그들의 치료비를 갚아주기 위해 우리 돈 대부분을 주겠는가? 엉거와 싱어와 같은 철학자들은 그렇다고 대답할 것이다. 적어도 다른 지역의 굶주린 아이들의 요구가 더 긴급하다고 생각하지 않는 한은 그렇게 답할 것이다. 이 논증에 내재한 문제점은 이 논증이 우리가 '외국인에 대해' 엄청난 의무가 있다고 말하는 점이 아니다. 문제는 이 논증이 '우리에게' 엄청난 의무가 있다고 주장하는 점이다. 잘못된 것이 무엇이든, 그것을 우리 세계시민주의자의 탓으로 돌릴 수는 없다.

엉거는 자신의 논거 쪽으로 우리를 끌어들이기 위해 어떤 방법을 쓸까? 물에 빠진 어린아이의 경우에서 시작해 보자. 아무리 품위 있는 옷차림을 한 사람이라도, 그리고 설령 그 옷이 새빌 로의 모헤어<sup>[가]</sup>로 된 수제 옷이라 해도, 바지에 진흙을 묻히지 않으려는 행위가 아이를 물에 빠져 죽도록 내버려 두는 행위를 정당화한다고 생각하지는 않을 것이다. 그러나 어떤 특정한 경우에 내

---

[가] 앙고라염소의 털. 천으로 짜면 광택이 나고 따뜻한 느낌을 줘 고급 양복감으로 많이 쓴다.

리는 이런 판단을 모든 경우에 적용하려 한다면, 도덕을 이끌어내는 것이 필요하다. 그리고 얼마나 더 넓은 범위에 적용할 수 있는가는 우리가 정확히 어떤 도덕을 이끌어내는가에 달려 있다. 엉거의 가장 극단적인 진술은 아주 보편적인 원리와 강한 경험적인 가정 모두를 요구한다. 나는 원리와 가정 둘 다 잘못되었다고 생각한다.

다음은 물에 빠진 어린아이를 내가 위에서 인용한 결론에 연결시켜 주는 원리다.

세계시민주의

> 만약 우리가 덜 나쁜 일을 희생시켜 나쁜 일이 일어나는 것을 막을 수 있다면, 우리는 그렇게 해야 한다.

처음 보면, 이 원리는 확실히 우리가 물에 빠진 아이를 구해야 한다는 결론을 내리게 해주는 것처럼 보인다. 이 원리는 싱어의 몇몇 논증의 동기가 되기 때문에, 나는 이것을 싱어 원리라고 부르겠다.7 어린아이가 물에 빠진 것은 나쁜 일이다. 이에 반해 우리 옷이 더러워지는 것은 훨씬 덜 나쁜 일이다. 이것에는 나도 전적으로 동의한다. 그러나 물에 빠진 아이에 대한 우리의 도덕적 반응은 결국 우리의 모든 재산을 남에게 준다는 것을 실제로 수반하는가?

싱어 원리는 어마어마한 비용이 드는 경우가 아니라면 나쁜 일이 일어나지 않도록 할 것을 우리에게 요구한다. 그러나 좀더 깊이 생각해 보면, 그 원리가 물에 빠진 어린아이의 예를 잘 설명하고 있는지도 분명하지 않다. 아이를 구하는 것은 아마 나쁜 일이 일어나지 않도록 하는 것이겠지만, 모두가 알고 있듯이, 아이를 구하지 '않는' 것이 더 나쁜 일을 막는 것일 수도 있다. 요컨대, 나는 굶주리는 수많은 어린아이들을 구하지 말아야 하는가? 내 옷을 팔아서 수백 달러를 내놓지 않아도 되는가? 파산할 정도로 돈을 내놓지 않아도 되는가? 이 원리는 다음과 같이 말한다. 만약 이 아이가 바로 여기서 물에 빠져 죽는다 해도 내가 내 옷을 팔아 다른 아이 90명을 구할 수 있다면, 나는 그렇게 할 것이다. 그러나 만약 내가 막아야 할 더 나쁜 일이 있다면, 90명을 죽도록 내버려 두는 것을 선택할 수도 있다. 다리에 피를 흘리는 보행자의 경우는 명백히 운이 없는 경우다. 곧 우리가 돈으로 세상의 모든 좋은 일을 할 수 있다면, 왜 고급 승용차의 재판매 가격이 떨어지겠는가? 이 원리가 온건하게 보여도 그 속에는 다음과 같은 아주 강력한 주장이 숨어 있다. 즉, 이것은 사실 세상의 나쁜 일 전체를 최소화하기 위해 우리가 할 수 있는 최대의 것을 해야 한다고 말하고 있다. 나는 그것을 어떻게 할 수 있을지 모른다. 그러나 나 자신을 파산시킬 만큼 엄청난 액수의 수표를 유니세프에 보내야 한다고 생각지는 않는다. 더 좋은 일에 쓸 수 있는 돈을 가지고 내가 할 수 있는 일이 적어도 한 가지는 반드시 있기 마련이다. 문제는 그것이 무엇인지 알아내는 것이다.

물론 더 큰 문제는 익사하는 아이를 구해야 한다는 확신 자체가 그렇게 해야 하는 '이유'를 말해 주지는 않는다는 것이다. 나는 우리의 도덕적 직관이 종종 우리가 그 직관들을 설명할 때 사용하는 원리보다 더 확실하다는 점을 이미 논증한 바 있다. 물에 빠진 아이를 구해 내지 않는다면 마음이 점점 괴로워질 것이라는 점을 정당화하지 않고서도, 그 아이를 구하기 위해 끌어들일 원리는 셀 수 없을 정도로 많다. 다음에도 하나 있다.

만약 우리가 정말로 끔찍한 일을 막을 수 있는 적임자이고, 그렇게 함으로써 우리가 큰 희생을 치르는 것은 아니라면, 그렇게 하라.

내가 지금 당장은 옳은 것으로 믿고 있는 이 원리에는 싱어 원리가 내놓는 극단적인 결과가 없다. 유니세프로부터 얘기를 들은 아이들을 구하는 것이 각별히 잘한 행동이라고만은 할 수 없다. 설령 구하려고 한다 하더라도, 내 모든 것을 주는 것은 내 삶의 질을 급격히 떨어뜨리게 될 것이다. 아마 이 원리에 따르면 빌 게이츠Bill Gates, 1955~는 세계 도처에서 죽어가고 있는 빈민 어린이들을 위해 수백만 달러를 내놓아야 할 것이다. 그런데 생각해 보니 그는 이미 그렇게 하고 있다.

이 원리는(나는 이것을 긴급 구호 원칙emergency principle이라고 부르겠다) 내 생각에 상당히 그럴듯하지만 아주 낮은 단계의 원리다. 그렇지만 만약 어떤 철학자가 이 긴급 구호 원칙이 잘못된 답을 줄 경우를 찾아낸다 하더라도 놀랍지는 않을 것이다. 왜냐하면 도덕 철학사를 얼핏 살펴봐도 알 수 있듯이 우리가 도덕 원리들을 하나의 기준으로 묶어내기란 매우 '어렵기' 때문이다. 나는 가치들을 인정하는 것이 예외 없는 원리들을 인식하는 것보다 더 쉽다고 생각하기 때문에 이 책에서 자주 가치들에 대해 말했었다. 인생이 어려운 결정들로 가득 차 있게 된 이유 중 하나는 무엇을 해야 할 것인가를 말해 주는, 바로 싱어 원리와 같은 단일한 원리를 인식하는 것이 쉽지 않기 때문이다. (그 싱어 원리조차도 모든 가치가 다 이 세상의 나쁜 상황에 기여할 수 있도록 할 때에만 무엇을 해야 할지를 말해 준다. 그리고 이에 대해 난 심각하게 의구심이 든다) 또 다른 이유는 우리가 행한 바의 결과가 어떠할지 불분명하다는 것이다.

반대로, 그렇게 어렵지 않은 결정들도 많이 있다. 몇몇 확고한 도덕적 지식은 특정한 경우에 관한 것이기 때문이다. 나는 내 옷이 더러워지겠지만 물에 빠진 아이를 구해야 한다는 것이 당연하다고 생각한다. (이상하게도, 미국에서는 이런 요구가 법적인 요구인지에 관해 그 입장이 주마다 다르다) 이런 관점을 옹호하기 위해, 특히 아이를 물에 빠져 죽도록 내버려 두는 것은 자신의 자유라고 확신하고 있는 사람들에 대해 이런 관점을 옹호하기 위해 내가 만든 논증들이 많이 있다. 그러나 나는 그런 대부분의 논증을 확신하기보다는 내가 그 아이를 구해야 한다는 것을 더 확신한다.

## 기본 욕구　　Basic Needs

긴급 구호 원칙이 타당하게 들릴 수도 그렇지 않을 수도 있지만, 유니세프가 기부를 요구할 때 내가 어떻게 해야 하는가에 관해서는 아무것도 말해 주지 않는다. 내 생각엔, 모든 인간 존재가 중요하다고 믿는 세계시민주의자가 이에 만족할 리 없다. 그렇다면 인간의 기본권 개념 속에 분명하게 표현된 핵심적 도덕관념에서부터 한번 출발해 보기로 하자.[8] 사람들에게는 품위 있게 살려고 하면 반드시 충족시켜야 할 건강, 음식, 집, 교육에 대한 욕구가 있다. 또 마땅히 가져야 하는 몇몇 선택권들이 있다. 파트너의 동의에 따른 성적 만족을 추구하는 것, 원한다면 아이를 가지는 것, 거주지를 이동하는 것, 생각을 표현하고 공유하는 것, 사회 발전에 기여하는 것, 꿈을 실현하는 것 등이다(이것들은 옵션이다. 따라서 사람들은 이러한 옵션을 실현하지 않을 자유도 있다). 또한 좋은 삶에 장애가 되는 것들도 있다. 예를 들어, 불필요한 고통, 정당하지 못한 모욕, 신체 훼손 등과 같은 것은 사람들에게 강제되어서는 안 된다. 모든 사람이 가능하다면 자신의 기본적 욕구를 충족시키고, 재능을 실천하고, 어떤 해악으로부터 보호받을 권리가 있다는 것을 인정하는 것만으로는 아직 이런 것들 모두가 어떻게 보장되는가까지 나아가지는 못한다. 그러나 만약 우리가 이런 기본 욕구가 충족되어야 한다는 것을 인정한다면, 우리는 어떤 의무를 져야 하는가? 만약 우리가 수용할 만한 대답을 얻고자 한다면, 거기에는 다음과 같은 제약들이 따르게 될 것이다.

첫째, 이런 권리를 보장해 주는 근본적인 메커니즘은 민족국가 nation-state에 있다. 세계정부를 원한다고 말하는 정치적인 세계시민주의자들이 몇몇 있다. 그러나 각 국가가 모든 개인에게 각자가 응당 받을 자격이 있는 것들을 제공해 주는 한에서 내가 지지하는 세계시민주의는 다양한 정치 체제를 존중한다. 세계국가는 적어도 세 가지의 명백한 문제가 있다. 이런 국가는 통제할 수 없는 힘을 쉽게 축적해서, 그 힘을 가지고 종종 지역적인 욕구를 무시할 것이고, 제도를 수정하고 발전시킬 수 있는 다양한 가능성을 줄여버릴 것이 확실하다. 민족국가를 인정한다는 말의 의미는, 우리가 우리 자신의 생명과 정의에 대한 특별한 책임이 있음을 받아들인다는 것이다. 그러나 우리는 여전히 모든 국가들이 시민의 권리를 존중하고 그들의 욕구를 충족시켜 준다는 것을 확신할 때에야 자신의 역할을 다할 것이다. 만약 국가가 그렇게 할 수 없다면, 우리 모두는 국가를 변혁하려는 집단적 의무를 공유할 것이다. 특히 우리 민족이 그렇게 할 수 있다면 민족을 통해서라도, 민족이 그렇게 하려 하지 않는다면 민족의 뜻에 거슬러서라도 그런 집단적 의무를 공유할 것이다. 그리고 만약 국가가 국민의 기대를 저버리는 이유가 자원의 부족이라면, 자원을 제공하는 것이 마찬가지로 집단적 의무가 될 것이다. 이것은 근본적인 세계시민주의의 신조와 같다.

둘째, 그러나 우리의 의무는 전체의 짐을 홀로 지는 것이 아니어야 한다. 우리들 각자가 자신의 몫을 공평하게 져야 하지만, 자신의 몫 이상을 지도록 요구받아서는 안 된다. 이것은 아무리 미미하다 하더라도 일종의 강제이며, 얕은 연못 이론가들은 이 강제를 존중하지 않는다. 싱어 원리는 아직 우리의 현실적인 도덕적 사유가 가지는 미묘함을 포착하지 못했다. 또 다른 철학자 리처드 밀러Richard W. Miller가 들려준 이야기는 이 점을 잘 보여준다. 한 남자가 10층 창문에서 떨어지고 있다. 그 아래에서 걷고 있던

이방인에게 친절을

우리는 자신이 완충물이 되어 막아준다면 그 사람의 생명을 구할 수 있다는 것을 알고 있다. 그러나 만약 우리가 그렇게 한다면, 물론 나중에 낫긴 하겠지만, 뼈가 부러질 정도로 아주 크게 다쳐 한 달을 넘게 고통스러워하고 정상적인 생활을 하지 못할 것이다 (우리가 정형외과 의사라서 이 모든 사실을 알고 있다고 가정하자). 밀러의 생각에 따르면, 우리는 분명히 "세상을 발전시킬 수 있는 이런 기회를 거부하면서, 세상을 더 살기 좋게 만들기 위한 공평한 부담"을 질 것이다.9 물론 싱어 원리는 달리 말할 것이다. 왜냐하면 우리가 그 죽음을 막지 않는 것이, 그 죽음을 막음으로써 몇 달간 고생하는 것보다는 더 나쁘기 때문이다. 우리의 일상적인 도덕적 사유에는 원리가 포착하지 못하는 특성이 있다.

그런데 나는, 공평한 몫이 무엇인지, 특히 타인들에 대한 직무유기가 어떻게 공평한 몫에 영향을 주는지를 쉽게 설명할 수 없다는 것에 동의한다. 모든 사람들에게 자신들의 기본적인 임무를 보장해 주는 안案이 있다고 가정해 보자. 내가 져야 할 책임의 몫을 내 기본적인 의무라고 부르자(개발세의 형태로 세금을 내야 한다고 생각하자). 우리가 이 안에 대해 모든 사람의 동의를 얻었다 하더라도, 그리고 각자의 재원에 따라 자신의 공평한 몫을 기부해야 한다는 방식을 결정했다 하더라도, 어떤 사람들은 자신들의 공평한 몫을 다하지 않을 것이라고 우리는 확신할 수 있다. 이것이 뜻하는 바는, 시민으로서의 기본 의무를 다하지 않은 사람들은 여전히 있다는 것이다. 이미 자신의 기본 의무를 다한 사람들에게는 어떤 의무가 있는가? 단순히 "아직 다하지 않은 의무가 남아 있다는 것은 알지만, 나는 내가 맡은 부분을 다했다"고 말하는 것으로 충분한가? 결국 다하지 못한 의무가 여전히 남아 있는 것이고, 여전히 행해져야 할 의무인 것이다.

셋째, 우리의 기본 의무가 무엇이든지 그 의무들은, 내가 처음에 말했듯, 우리와 가장 가까운 사람들, 즉 선택적이든 비선택적이든 정체성에 따라 묶인 많은 집단들인 가족, 친구, 민족을 우리가 편애한다는 사실과 조화되어야 한다. 멀리 떨어져 있는 가난한 사람에 대한 나의 기본 의무가 무엇이든, 그것은 내 가족, 내 친구, 내 나라에 대한 애정을 넘어설 만큼 충분할 리 없다. 마찬가지로 모든 생명이 중요하다는 논증이 그 모든 생명에 속해 있는 나 자신의 생명이 더 소중하다는 사실을 외면하도록 요구할 수는 없다. 이런 제약은 얕은 연못 이론가들이 무시했던 또 다른 사실이다. 얕은 연못 이론가들은 다른 생명들이 겪을 나쁜 일들을 피하게 하는 것이 너무나도 중요한 일이기 때문에 우리가 우리 자신, 가족과 친구들을 위해 거의 살 가치가 없는 삶을 기꺼이 떠맡아야 한다고 생각한다. 내가 생각하기에 이 세 번째 제약은 두 번째 제약에 대해 우려했던 것과 상호작용하고 있다. 왜냐하면 많은 사람들이 자신의 몫을 다하지 않는다고 해서, 내 삶을 망쳐가면서까지 자선을 베풀라고 요구해서는 안 되기 때문이다.

마지막으로, 일반적인 제약을 하나 덧붙여 보겠다. 우리가 타인들에게 어떤 의무를 지고 있는가라는 질문에 대해 그럴싸하게 답하려면 여러 가치들을 고려해야 할 것이다. 이방인에 대한 우리의 의무를 아무리 양식 있게 이야기하더라도 인간의 삶에서 발

생하는 사태들의 다양성을 무시할 수는 없기 때문이다. 세계시민
주의자들은 이 사실을 어느 누구보다 더 잘 알고 있다. 태아 건강
관리에 탁월한 시스템을 갖고 있는 우중충한 일당 독재 정권을
생각해 보자. '벨벳 혁명velvet revolution|가|' 이후, 민주주의가 힘차게
등장하고 자유가 맹위를 떨치고 있다. 그러나 건강 관리 체계는
아마도 더 불안정해질 것이므로(아니면 어쩌면 일부 임산부들이 흡
연과 음주라는 새로운 권리를 누리게 되므로), 유아 사망률은 조금씩
더 높아질 것이다. 그래도 여전히 사람들은 대부분 벨벳 혁명을
지지할 것이다. 유아 사망이 아주 안 좋은 일임은 분명하지만, 유
아 사망률의 증가가 벨벳 혁명 때문에 일어난 유일하게 중요한
일이라고 생각지는 않는다. 이것은 부분적으로, 연못 속의 어린
아이의 경우가 우리 사유의 현실적인 복잡성을 보여주는 데 적절
하지 않은 이유다.

세계시민주의

만약 사람들이 언제나 제3세계의 설사병을 퇴치하는 데 돈을
쓰기 때문에 오페라 티켓을 절대 살 수 없다면(혹은 지방 극단이나
갤러리, 교향악단, 도서관에 기부하거나, 자신이 갖고 싶은 것에 돈을 쓰
지 못한다면) 이 세계는 어떤 모습이겠는가? 그렇다면 아마도 이
곳은 단조롭고 따분한 곳이 될 것이다. 우리는 (엉거의 의도대로)
우리가 살릴 수 있었을 아이들의 생명이 우리가 관람하는 발레
공연보다 훨씬 더 가치가 없다고 말할 필요는 없다. 그 대답에는
일어날 수 있는 일이 실제로 하나밖에 없다는 것이 전제되어 있

|가| 1989년, 체코(당시 체코슬로바키아)에서 바츨라프 하벨Václav Havel, 1936~이 '시민포럼'을 조직해 공산 독재
체제를 무너뜨린 평화적 민주 혁명. 그 이래로 유혈 사태 없는 평화적 혁명을 일컫는 표현으로 많이 쓰인다.

으며, 모든 가치들은 좋음과 나쁨이라는 단 하나의 얇은 평판으로 측정 가능하다는 것이 전제되어 있다. 노예들이 피라미드를 짓느라 혹은 미국을 건설하느라 죽을 때까지 일했다는 것은 심각하게 잘못된 일이지만, 그런 역사적 기념물이나 이런 국가가 존재한다는 사실이 심각한 문제인 것은 아니다. 모든 가치들을 재는 척도가 단 하나만 있는 것은 아니다. 만약 이 나라의 건국자들이 자신들에게 닥친 아주 위급한 도덕적 문제만을 다루었다면(예를 들어 그 문제가 노예제라고 생각해 본다면), 미국인들이 아주 자랑스러워하는 정치·문화·도덕적 진보를 조금도 이루지 못했을 것임은 거의 확실하다. 사람들의 목숨을 살리는 것만을 유일하게 신경 써야 하는 세상에서 정말 살고 싶은가?

## 결정들, 결정들     Decisions, Decisions

어떤 사람들은 내가 지금까지 말한 것을 듣고 충격을 받을지도 모르겠다. 나는 오페라 입장료만큼의 돈만 있으면 살릴 수 있는 아이들이 죽어가고 있을 때도 오페라 관람을 옹호했다. 엥거에게는 가난한 사람을 구제하기 위해 가치 있는 다른 모든 것을 거의 희생해야 한다고 말하는 것이 직관에 반하는 것으로 보이는 것처럼, 아마 위와 같이 말하는 것도 그럴 것이다. 따라서 우리가 오페라를 관람하러 갈 때 다른 사람들도 오페라에 돈을 쓰고 있다는 것을, 바로 그 아이들을 구할 수도 있었을 돈을 쓰고 있다는 것을 기억하라. 긴급 구호의 원칙을 무시했다고 해도 우리가 그 아이들의 죽음과 특별하게 관련되어 있는 것은 아니다. 이것은 중국 관리를 죽이려는 의도와 같은 것도 아니다. 우리가 오페라를 관람했기 때문에 누군가가 죽은 것은 아니다. 엉거 논증의 전략에는 다음과 같은 사실을 우리에게 설득시키려는 것도 포함돼 있다. 즉 우리가 무언가 다른 가치 있는 일이 있기 때문에 누군가를 구호하지 않는 것은, 그 가치들이라는 명목으로 그 누군가를 죽이는 것과 도덕적으로 동일하다는 것이다. 우리는 이런 식으로 동일시하는 것을 거부해야 한다.

그러나 얕은 연못 논증은 경험적 고려를 이보다 더 많이 필요로 한다. 내가 다시 논의하겠다고 약속했는데 지금이 바로 그 시점이다. 100달러로 30명의 아이들을 구제할 수 있다는 유니세프의 사실 주장을 생각해 보자. 이것의 의미는 무엇일까? 물론 당연히 우리 돈으로 그 아이들을 영원히 살게 해주겠다는 건 아니다. 선의의 사람들이 훌륭하게 운영하고 있는 단체인 유니세프나 옥스팜이 헌금 봉투를 보내는 이유 중 하나는 그 단체들이 계속해서 같은 처지의 아이들을 구제해야 하기 때문이다. 우리는 수표를 보낸다. 가능하지는 않겠지만 우리 돈이 설사에 의한 탈수로 사망할 수도 있는 30명의 아이들을 회복시키기 위해 방글라데시의 어느 마을로 전달된다는 것을 알 수 있다 해도, 그렇게 함으로써 우리가 그 아이들의 삶을 실제로 개선시키는 데 크게 기여하지는 못한다. 죽지 않게 하는 것뿐 아니라 인간답게 사는 것 역시 중요한 문제다. 게다가 우리가 그들을 구호하는 것이 단지 심각하게 고통받는 기간을 한 달 더, 혹은 1년 더 혹은 10년 더 연장하는 것뿐이라면, 우리는 우리 돈을 실제로 가장 잘 사용하고 있는 것일까? 진정으로 우리는 세상을 덜 나쁘게 만들었는가?

이것은 엉거가 찬양하는 특정 단체를 비판하는 것이 아니다. 나는 그 단체들이 정말 진심에서 오랜 기간 선행을 하고 있다고 확신한다. 그러나 어린아이가 몸이 약해 흡수하는 것보다 탈수가 더 빨라 죽어가고 있는 위급한 상황에서 긴급하게 구호 조치를 한다고 하더라도 다음과 같은 상황이 계속된다면 그 아이를 실제로 구해 주는 것이 아니다. 즉 그 아이가 계속해서 충분히 음식을 섭취하지 못하고, 오염된 물을 마시며, 무능한 정부에서 살아가야 한다면, 그리고 만약 그 정부의 경제 정책이 현실적으로 그 아이의 가족과 공동체를 유지하고 발전시키는 데 지속적인 장애가 된다면, 그리고 유럽연합이 다른 나라의 수입품의 양을 제한함으로써 자국 국민들에게 일자리를 마련하고자 하고, 미국 정부는 워싱턴 이익집단의 조직적인 로비로 자국의 제조업 보호를 위해 다른 나라의 수출품에 고율의 관세를 부과하여 그 때문에 여전히 그 아이의 나라가 부분적으로 빈곤에 처해 있다면, 그 아이는 실제로 구호되고 있지 못한 것이다.

세계시민주의자의 진정한 대응은 그 아이들이 '왜' 죽어가고 있는지 이해하려고 하는 데서 시작한다. 세계시민주의는 참여뿐 아니라 지성과 호기심에 관한 것이기도 하다. 세계시민주의는 내가 내 나라 또는 내 지역의 일자리를 보호해 준다는 이유로 지지한 바로 그 정책들 때문에 그 아이들이 죽어간 것일 수도 있음을 인식하라고 요구한다. 그것은 육체적 고통뿐만 아니라 황폐해진 인간의 삶을 이해하는 것과도 관련된다.

싱어의 논증에서 큰 역할을 하지만 엉거의 논증에서는 미미한 역할만 하는 사실에 관해 생각하기 시작한다면 개입의 딜레마에서 빠져나오기가 더욱 어렵다는 것을 알 수 있다. 우선, 타이밍이 문제다. 만약 빌 게이츠가 스무 살 때 엉거의 충고를 따랐다면, 오늘날 수백만 달러를 기부할 수 있는 자리에 있지 못했을 것이다. 물론 그는 자신이 백만장자가 되리라는 것을 몰랐다(확실히 게이츠는 자신이 기업가가 되어 그런 부자가 되겠다고 생각은 했겠지만 '알고' 있지는 못했다). 부가 좋은 이유 중 하나는 더 많은 부를 낳기 때문이다. 내가 지금 저축하고 투자해 둔다면 아마도 나중에 더 좋은 일을 할 수 있을 것이다. 내가 이렇게 주장한다면, 싱어는 내가 더 많이 저축하고 투자해야 한다고 말할 것이다. 그러나 그것은 현재는 적은 지출이 이루어져야 함을 의미한다. 즉 내게 상품을 만들어주고 서비스를 제공해 줌으로써 돈을 벌어들이는 사람들(이 중에는 세계에서 가장 가난한 나라에서 사는 사람들도 있을 것이다)이 점점 줄어들 것이라는 얘기다. 실로, 모든 미국인이나 유럽인이 상품을 더 이상 사지 않으면, 세계 경제는 확실히 붕괴될 것이다. 정부의 세입은 줄고 동시에 정부의 개발원조 또한 줄어들 것이다. 특히 미국 경제를 움직이는 데 소비 영역이 맡고 있는 역할, 그중에서도 개발원조에 지출하기 위한 미국 정부의 세입 항목이 될 소득원을 창출하는 데 소비의 역할을 감안한다면, 아주 훌륭한 경제학자가 아니고서는 싱어가 옳았는지 글렀는지 판단하기 어려울 것이다.

일단 세계적인 빈곤이라는 현실적인 도전을 진지하게 고려하고자 한다면, 돈을 가장 잘 쓰는 방법이 무엇인가 하는 어려운 문제부터 이해해야 한다. 결과적으로 볼 때, 개발경제학자들은 1950년에서 1995년까지 진행된 엄청난 규모의 대외 원조가 돈을 제대로 쓴 경우가 아니라는 데 대부분 동의할 것이다. 왜냐하면 이 시기에 세계의 최빈국들의 수입이 오히려 '줄어든' 것 같기 때문이다.[10] 그러나 그렇다고 하더라도 이것이 원조 중단의 이유는 못 된다. 그것은 잘못된 것이 무엇이고 잘된 것(보츠와나 같은 곳에서는 원조가 실질적으로 도움이 되었다)이 무엇인지를 알기 위해 노력해야 하고 그 임무에 다시 임해야 하는 이유가 된다.

다음으로, 앞으로 맞이할지도 모를 기술적인 진보와 관련된 문제다. 아프리카의 에이즈 문제를 예로 들어보자. 우리는 현재 HIV나 에이즈에 걸린 사람들의 생명을 연장하기 위해 에이즈 치료제인 항레트로바이러스제의 배급에 만전을 기해야 하는가? 아니면, 전염을 막거나 완화시키기 위해 백신을 개발하는 일에 우선권을 두어야 하는가? 우리는 보건 시설이나 수질 정화, 교육, 상하수도, 의료 시설에 투자하기를 원하며, 그런 시설들을 연결할 도로 건설에 돈이 사용되기를 바란다. 그러나 그중 어떤 것이 가장 우선시되어야 하는가? 그리고 만약 우리가 도로를 건설하고, 그 도로 덕분에 간호사와 의사가 병원에 쉽게 접근할 수 있다면, 도로를 건설하고 유지하는 데 필요한 돈뿐 아니라 필요한 전문가 자원 역시 가지고 있는가? 경제가 저개발의 상태라는 것은 경제가 자본을 흡수하는 속도에도 한계가 있다는 것을 의미한다.

최근 사회과학자들은 개발을 혹독하게 강제하는 것이 취약한 통치와 빈약한 제도에서 기인한다는 것을 점점 인정하는 추세다. 노벨상을 수상한 경제학자 아마르티아 센Amartya Sen, 1933~의 다음과 같은 생각은 널리 알려져 있다. 센은 기아는 메뚜기가 옮기는 전염병이나 가뭄과 같은 자연적인 것에서 나올 수 있지 민주국가에서는 발생하지 않는다고 보았다. 경제학자 크레이그 번사이드Craig Burnside와 데이비드 달러David Dollar의 최근 연구에 따르면, 대외 원조는 오직 적절한 정책을 펴는 나라들에서만 발전에 도움이 되고 빈곤을 감소시킨다.[11] 흔히 변화하기 힘든 경직된 문화적 환경과 얽혀 있는 경우 토지 소유 제도는 농촌 지역 빈곤의 원천이 될 때가 있다. 아샨티인들의 '신뢰' 속에서 족장들이 땅을 관리한다. 땅에 비료를 주고 씨를 뿌리고 경작하기 위해서는 족장에게서 땅을 빌려야 할 수도 있다. 그러나 그 땅에 농사를 지을 수 있느냐의 여부가 족장의 재량에 달려 있다면, 농민은 어떻게 부채를 처리할 수 있는가? 온전한 토지 소유권을 이루기 위해서는 신뢰할 만한 토지 등기 제도를 확립하고 더욱 효율적이고 부패에 연루되지 않은 깨끗한 법정을 세우는 절차를 통해 토지법을 개혁해야 할 것이다. 나는 젠틀한 독자라면 굶고 있는 아이들에게 음식을 보내는 데 돈을 지불할 것이라는 사실을 알고 있다. 그렇다면 그 아이들의 가족을 가난하게 하는 토지 정책을 개혁하고 집행하는 데에도 돈을 보낼 것인가?

나는 우리가 절망적으로 두 손을 들어야 한다고 말하고 있는 것이 아니며, 또 그렇게 믿지도 않는다. 또한 나는 과거의 대외 원조가 아프리카 사람들의 삶의 수준을 끌어올리지 못했기 때문에 원조를 포기해야 한다고도 생각지 않는다. 우리가 지나친 아량을 보이고 있는 것은 아니다. 실로, 우리 대부분은 내가 기본 의무라고 불렀던 것조차 충족시켜 주지 못하고 있다. 반대로 단순한 감정의 폭발이 아니라 이성의 실천이 요구되는 것이다(스미스라면 이를 고대했을 법하다). 2004년 크리스마스에 발생했던 지진해일에 동정심을 보내는 것은 훌륭한 일이고 격려해야 할 일이었다. 그러나 해마다 말라리아로 200만 명이 죽고, 달마다 에이즈로 24만 명이 죽어나가고, 설사병으로 13만 6천 명이 죽고 있다.[12] 그리고 제프리 색스Jeffrey Sachs, 1954~ 같은 실천적 경제학자들은 현실적인 데이터를 가지고 논증을 펼쳐, 구체적이고 아주 조직적인 노력을 실제로 기울인다면 제3세계의 빈곤 퇴치에 훌륭한 성공을 거둘 수 있을 것이라고 말한다. 이들은 일반적인 패배주의적 가정을 일축한다. 예를 들어, 굶주리는 아이들을 구한다면 더 많은 어른들을 기아에 허덕이게 할 것이라고 우려하는 맬서스주의[가]에 너무 많은 사람들이 반응하고 있는 것이다. 그러나 이런 우려는 우리가 어떻게 도울지에 따라 달라진다. 만약 우리가 그 아이들의 부모에게 일자리를 마련해 주고 전반적으로 풍족하게 만들어서 그 아이들을 돕는다면, 역사적으로 입증된 대

291

아랫사람에게 친절을

|가| 영국의 경제학자 토머스 맬서스Thomas Malthus, 1766~1834는 『인구론An Essay on the Principle of Popula-tion』1798에서 인구는 기하급수적으로 증가하는데, 식량은 산술급수적으로 증가하므로 빈곤과 악덕과 같은 사회악이 불가피하게 초래된다고 주장했다. 맬서스주의는 이처럼 인구 과잉을 사회악의 원인으로 보고, 제도적 · 구조적 개혁이 아닌 인구 억제를 통해 빈곤의 문제를 해결하자는 것이다.

로, 출산율은 궁극적으로 감소할 것이다. 반면, 아이들을 구하되 비과세 곡물을 지역 경제에 원조하는 방식으로, 그래서 지역 농부들을 도산시키는 방식으로(비과세와 경쟁할 수 있는 사람이 누가 있겠는가?) 아이들을 '구한다' 면, 이는 좋은 일이라기보다 오히려 더 큰 해악을 낳는 일이 될 것이다.

   2003년 미국 정부의 대외 원조는 16억 달러를 조금 넘었다. 같은 해 미국의 민간 영역에서 저임금 국가에 대해 사적으로 원조한 것이 최저 6억 3천만 달러였다.[13] 미국의 개발원조 예산은 세계에서 가장 많다. 그러나 GDP 비율로 보자면, 부유한 원조 국가 중 가장 밑바닥이다. 많은 빈곤국이 원조로 받는 것보다 더 많은 돈을 대미 부채에 대한 이자로 갚고 있다. 그리고 원조의 대부분도 단순히 부채를 탕감해 주는 형태를 띤다. 미국의 대외 원조에서 특별히 극도의 빈곤을 구제할 목적을 가지고 있는 것은 극히 일부다. 그러나 이런 수치들은 미국이 했던 다른 일들이 좋은 것인지 나쁜 것인지를 모호하게 만든다. 예를 들어, 이익과 손실을 따져봤을 때, 비록 미국의 무역 정책이 일반적으로 유럽이나 일본과 같은 나라보다 더 세계 발전에 기여한다 하더라도, 미국은 2004년 지진해일 피해를 입은 나라들에 구호 기금으로 내놓았던 것보다 더 많은 약 18억 달러를 관세로 매겼다.[14] (전 세계은행 총재인 울펀슨은 언젠가 "3억 명의 인간들이 하루 2달러로 살아가는 반면, 유럽의 소는 하루 평균 2.5달러의 특별세로 살고 있다"고 지적했던 적이 있다) 좋은 점은, 미국은 일본과 유럽보다는 더 많은 이민자들을 받아들이고 이 이민자들이 적어도 잠재적으로 자본과 성장의 기본이 되는 저축을 통해 수십억 달러를 고향으로 송금한다는 점이다. 그러나 다시 안 좋은 점은, 미국이 자국의 국민들, 특히 가난한 국민들의 건강과 관련된 수요를 채우기 위해 인도나 파키스탄, 가나, 나이지리아, 자메이카 같은 나라로부터 (통상 공공 비용으로 교육받은) 의사와 간호사와 같은 인재를 빼 온다는 점이다. 오히려 그 나라들이 그런 인재들을 더 절실히 필요로 하는데도 말이다.

우리가 달러나 유로, 파운드를 쓸 때, 그 돈이 아주 잘 쓰이고 있는지 알기 위해 한두 번 정도 물어보는 것은 가치 없는 일인가? 우리가 얼마나 많이 기부하든, 그것이 낭비된다는 사실은 중요하지 않은가? 굶어 죽어가는 아이에 집중하고 있는 엉거의 논증은 전 세계의 가난한 사람들이 직면하고 있는 문제의 복잡성을 생각하지 못하도록 차단한다는 문제가 있다. 아이들을 더 오래 살게 해주는 것만이 중요하다고 생각하는지 옥스팜과 유니세프에 있는 사람들에게 물어보라.

서양의 풍요와 제3세계의 빈곤을 나란히 놓는 것은 때때로 이 둘을 직접적인 인과관계로 연결된 것처럼 보이게 할 수 있다. 마치 우리가 부자이기 때문에 그들이 가난할 수밖에 없는 것처럼 말이다. 따라서 빈곤율은 한 세기 전보다 지금이 더 낮다는 것을 기억할 필요가 있다. 1950년 이후, 개발도상국에서 평균 수명과 문자 보급률은 아주 눈부시게 증가하고 있다. 1990년 세계은행이 '극빈자'로 명명한 중국의 3억 7,500만 명의 사람들은 하루 수입이 1달러가 채 안 되었다. 전체 인구가 계속해서 늘어났음에도

2001년경엔 이런 사람들의 수가 1억 6천 명 이상 줄었다. 남아시아의 극빈자들도 1천만 명 정도 줄었다. 그러나 아프리카에서는 이런 상황이 아직 개선되지 않고 있다. 아프리카야말로 우리의 개발 전문가들과 우리의 전 지구적 의무감이 심각한 도전을 받고 있음을 보여주는 곳이다.

무역 정책, 이민 정책, 원조 정책 들에 관해 고려할 때, 즉, 자국의 어떤 산업에 보조금을 주고 외국의 어떤 정부를 지지하고 어디에 파병할지를 결정할 때, 가장 부유한 나라들의 정치인들은 대부분 자신들을 뽑아준 사람들의 욕구에 부응하고자 할 것이다. 그러나 동시에 시민들의 염원에도 부응해야 한다. 그래서 대외 원조에 대한 미국의 태도는 아주 복잡하다. 한 조사에 따르면, 미국인들은 정부의 대외 원조액이 너무 많다고 보는 경향이 있으며, 연방예산의 5퍼센트 정도까지 낮출 것을 제안하고 있다(이것은 미국이 실제로 2005년에 배정했던 예산보다 10배 이상이 되는 금액이다). 수십 년 전, 훌륭한 개발경제학자 앨버트 허시먼Albert O. Hirschman, 1915~은 리처드 버드Richard M. Bird와 공저한 논문에서 흥미로운 제안을 했다. 그 제안은 책정된 대외 원조 기금을 위해, 납세자들이 내야 할 일정량의 돈(경제학자들은 적어도 5퍼센트는 돼야 한다고 주장했다)이 이른바 세계발전기금World Development Fund과 같은 곳으로 송금되어야 한다는 것을 명세서에 기입하도록 한다는 것이다. 이 제안은 여러 가지 수식을 달고 있지만 그들이 인정한 하나의 결과는 다음과 같다. "우리는 사상 처음으로 얼마나 많은 미국인들이 자신의 세금이 기꺼이 쓰여도 된다고 생각할 만큼 대외 원조에 충분한 관심을 갖고 있는지 구체적인 지표를 갖게 될 것이다. 우리가 맨 처음에 가정한 것은 원조는 많을수록 좋다는 것이다. 다른 이유가 없다면, 이 제안은 얼마나 많은 사람들이 우리에게 동의하는지를 보여줄 수 있을 것이다."[15]

매번 말하지만, 나는 미국인 혹은 개개의 인간이 져야 할 기본 의무가 무엇인지 정확히 알지 못한다. 2002년, 유엔은 멕시코의 몬테레이Monterrey에서 '개발재원정상회의UN International Conference on Financing for Development' 를 열었다. 이 회의에서 각국 정상들은 세계 인구의 6분의 1을 괴롭히고 있는 지긋지긋한 빈곤을 줄일 방법에 대해 전면적으로 논의했다. 말할 필요 없이, '몬테레이 합의'에서 개별 항목으로 선언된 목표는 이루어지지 않았다(어디로 갈지에 대해 합의했다고 해서 그것만으로는 목적지에 도달하지 못한다). 그러나 그것은 진실로 세계시민주의의 주요 관심사에 대한 세계시민주의적 회의였다. 이와 같은 회의가 지속되는 것이 중요하다. 왜냐하면 기본적 권리를 누리지 못하는 사람들이 있다면(사실 그런 사람들은 10억 명이나 된다) 우리 모두가 우리의 의무를 다하지 못했다는 것임을 우리는 알고 있기 때문이다. 얕은 연못 이론가들이 잘못된 것은 우리가 무엇을 책임져야 할 것인가에 대한 부분이다. 우리가 더 많은 책임을 져야 한다고 주장한 점에서는 그 이론가들이 분명히 옳다.

불가능한 요구에 직면하면 우리는 두려움에 두 손을 들기 쉽다. 그러나 우리의 의무는 터무니없는 것이 아니며 비합리적인 것도 아니다. 우리더러 삶을 포기할 것을 요구하지도 않는다. 그 의무들은 스미스의 생각처럼, 명석함을 필요로 하지 영웅주의는 필요로 하지 않는다. 색스는 사람들을 죽이고 삶의 의미를 고갈시키는 극단적인 빈곤을 한 해 1,500억 달러 정도씩 20년만 들이면 없앨 수 있다고 주장했다. 색스가 제시한 이 수치나 구체적인 제안 내용이 정확한지는 모르겠다. 그러나 설사 절반 정도만 맞다 하더라도, 미국이 해마다 국방에 쓰는 비용의 3분의 1보다 더 적은 돈으로도 가장 부유한 나라들이 가장 가난한 사람들의 황폐한 삶을 구할 수 있을 것이다. 다른 식으로 보자면, 우리는 유럽연합, 미국, 캐나다, 일본의 국민들이 지출하는 돈 중에서 하루 45센트만 모아도 그 액수를 채울 수 있을 것이다. 이 돈은 노르웨이인들이 평균적으로 이미 지불하고 있는 돈의 3분의 1이 조금 넘는 액수일 뿐이다. 노르웨이인들이 선진국 시민들보다 평균적으로 세 배 정도 잘사는 것은 아니다.[16] 만약 우리가 세계시민주의의 도전을 받아들인다면, 우리는 우리의 대표자들에게 그런 이방인들을 기억해 달라고 말할 것이다. 이방인들이 겪는 고통에 우리 마음이 움직이기 때문이 아니라(그런 사람도 있고 그렇지 않은 사람도 있을 것이다), 스미스가 "우리 가슴속에 자리 잡은 이성, 원칙, 양심"이라 부른 것들에 반응하기 때문이다. 가장 부유한 나라의 국민들이 실천을 더 잘할 수 있다. 이것은 단순한 도덕적 요구다. 그러나 만약 우리의 문명을 더욱 세계시민주의적으로 만든다면 더 넓은 공감을 불러일으킬 수 있는 그런 도덕적 요구가 될 것이다.

따라서 우리는 라스티냐크의 질문에 불안해할 필요가 없다.

라스티냐크의 친구 역시 가슴속에 자리 잡은 이성과 양심에 따라 인도되었다. "제기랄!" 그 친구는 이마를 찌푸리면서 얼마간 생각한 끝에 말했다. "나는 그 중국인이 살아야 한다는 결론을 내렸네."

# 감사의 말

이 책을 쓰도록 기회를 주고 격려도 해주었으며 오랜 시간 동안 변치 않은 우정을 지켜준 스킵 게이츠Skip Gates에게 고마움을 전한다. 또한 몇 해 전 철학적 세계시민주의를 사유하도록 나를 자극했던 조시 코언Josh Cohen과 마사 너스봄Martha Nussbaum, 1947~에게도 감사를 드린다. 스티브 머세이도Steve Macedo, 길 하먼Gil Harman, 피터 싱어, 존 하이트Jon Haidt는 (비록 그들의 생각들을 가지고 작업했던 나의 연구에 그들 중 누구도 책임질 수 없다 하더라도) 중요한 단계에서 나의 사유에 여러 가지 많은 영향을 주었다. 나는 노턴Norton 출판사의 모든 분들, 특히 인내심 많고 신속하며 많은 도움이 돼준 편집자 밥 와일Bob Weil과, 애초의 구상을 잡는 데 도움을 준 로비 해링턴Roby Harrington, 표지를 디자인해 준 엘린 청Eleen Chung에게 고마움을 전한다. 표지에 조반니 바티스타 티에폴로Giovanni Battista Tiepolo, 1696~1770의 작품을 넣는 것을 허락한 캐런 돌턴Karen Dalton에게도 감사를 드린다.* 또한 나미비아와 나이지리아, 노르웨이, 또 그 밖의 많은 나라들을 내게 소개시켜 준 내 형제자매들에게 고마움을 전하고 싶다. 그리고 수십 년 동안 자기들이 알고 있는 장소들을 내게 가르쳐준 세계 곳곳의 사촌들에게

---

* 이는 미국에서 출간된 원서의 표지를 언급한 것이다. 원서의 표지는 티에폴로의 〈행성과 대륙 들의 알레고리Allegoria dei pianeti e continenti〉 1752의 일부를 배경으로 하고 있다.

도 고마움을 전한다.

언제나처럼, 모든 일에서도 그렇듯 이번 일에서도 내게는 없어서는 안 될 소중한 존재인 파트너 헨리 파인더Henry Finder에게 가장 큰 빚을 지고 있다.

어머니에 대한 감사는 이미 헌정사에서 표현했지만, 이 책이 어머니의 책이라고 그토록 강하게 느껴지는 이유에 대해 짧은 이야기 하나를 하지 않을 수 없다. 어머니는 1955년에 영국에서 가나로 이주했다. 1990년에 아버지가 돌아가셨을 때, 사람들은 어머니에게 언제 집으로 돌아갈 것인지를 묻곤 했다. 어머니의 대답은 한결같았다. "하지만 여기가 제 '집'인걸요." 그때 어머니에게 떠오른 생각이 있었다. 어머니는 시의회 청사에 가서, 아버지의 묘지 곁에 조그마한 땅 한 뙈기를 샀다. 그러고는 그 땅을 콘크리트로 덮어버렸다. 거기에는 아무도 먼저 묻힐 수 없다는 것을 확실히 해두기 위해서였다. 이제 사람들이 물으면 어머니는 대답한다. "여기 쿠마시에 제가 묻힐 땅이 있어요"라고. 어머니가 영국에서 이주해 온 지 50년이 지난 지금, 내가 이 글을 쓰고 있을 때에도 어머니는 여전히 쿠마시의 집에서 살고 계신다.

## 대화하기

1 「갈라디아서」 3:28. 『성경』을 인용할 때는 모세 5경을 제외하고는 제임스 1세 판을 사용했다. 모세 5경을 사용할 때는 현대의 탁월한 번역인 로버트 알터Robert Alter 판을 사용했다. *The Five Books of Moses* (New York: Norton, 2004).

2 Christoph Martin Wieland, "Das Geheimniß des Kos mopolitenordens," *Teutscher Merkur*, August 1788, p. 107(영어판이 없는 원전만을 언급할 때는 내가 번역한 것이다).

3 볼테르 전집 권16 『민족의 풍속과 정신에 관한 에세이』 중에서. 볼테르는 '동양', 특히 중국과 인도에 대해서 상세하게 말하고 있지만, 그것을 더욱 일반적으로 적용할 수 있다는 사실을 부정하지 않은 것은 분명하다. *Essai sur les mœurs et l'esprit des nations*, vol. 16 of *Œuvres complètes de Voltaire* (Paris: L'Imprimerie de la Société Litteraire-Typoraphique, 1784), p. 241.

4 George Eliot, *Daniel Deronda* (London: Penguin, 1995), pp. 745, 661-62, 183.

5 Cicero, *De officiis*, 1. 50.

## 1장. 조각난 거울

1 *The Romance of Isabel Lady Burton*, ed. W. H. Wilkins, vol. 2 (New York: Dodd Mead, 1897), p. 712.

2 Homer, *The Odyssey*, trans. Robert Fitzgerald (New York: Farrar, Straus and Giroux, 1998), p. 55. (원제 : Homeros, *Odysseia*)

3 Herodotus, *The Histories*, trans. Aubrey de Sélincourt, rev. John Marincola(London: Penguin, 1996), pp. 12, 14. (원제 : Herodotos, *Historiae*)

4 Richard F. Burton, *To the Gold Coast for Gold* (London: Chatto and Windus,

1883), p. 59.

5 *Blackwood's Edinburgh Magazine* 83 (February 1858): 222; (March 1858): 276, 289; (February 1858): 220.

6 Richard F. Burton, *The City of the Saints and across the Rockey Moutains to California* (New York: Harper and Brothers, 1862), pp. 38, 152, 36, 446, 404-10.

## 2장. 실증주의에서 벗어나기

1 Herodotus, *The Histories*, trans. Aubrey de Sélincourt, rev. John Marincola(London: Penguin, 1996), p. 169.

2 "Hadji Murat," in Leo Tolstoy, *Master and Man and Other Stories*, trans. Paul Foote (London: Penguin, 1977), p. 240. (원제 : Lev Tolstoi, *Khadzhi-Murat*)

3 William G. Sumner, *Folkways* (Boston: Atheneum Press, 1907), p. 331.

4 Melville J. Herskovits, *Cultural Relativism* (New York: Random House, 1973), p. 56.

## 4장. 도덕적 불일치

1 Michael Walzer, *Thick and Thin: Moral Argument at Home and Abroad* (Notre Dame: University of Notre Dame Press, 1994).

2 Paul Rozin, "Food Is Fundamental, Fun, Frightening, and Far-reaching," *Social Research* 66(1999): 9-30. 나는 이 논의들에 대해 조너선 하이트Jonathan Haidt에 감사한다.

3 「레위기」 18:22와 20:13을 참조.

4 생리에 관해서는 「레위기」 15:19~28을, 남성의 사정에 관해서는 「레위기」 15:16~18을 참조.

5 「레위기」 17:11~13을 참조.

6 하트는 '열린 구조'라는 개념을 『법의 개념The Concept of Law』 6장에서 법학 논의를 위해 도입했다〔 *The Concept of Law* (Oxford: Clarendon Press, 1997), chap. 6.〕. 그는 열린 구조라는 관념을 프리드리히 바이스만Friedrich Waismann, 1896~1959(그는 열린 구조를 언어의 환원적 특징이라 생각했다)에게서 빌려왔다. 공원에서 탈것에 관한 조례 사례는 하트의 것이다. 그의 "실증주의 그리고 법과 도덕의 분류"를 보라〔 "Positivism and the Separation of Law and Morals," *Harvard Law Review* 71 (1958): 593-629〕.

**7** W. B. Gallie, "Essentially Contested Concepts," *Proceedings of the Aristotelian Society* 56 (1956): 169.

**8** Charles L. Black Jr., *Capital Punishment: The Inevitability of Caprice and Mistake*, 2d ed. (New York: Norton, 1981).

## 5장. 관행의 우선성

**1** Cass Sunstein, "Incompetly Theorized Agreements," *Harvard Law Review* 108 (1995): 1733-72.

**2** Joseph Appiah, *Joe Appiah: The Autobiography of an African Patriot* (New York: Praeger, 1990), p.22.

**3** 나는 한 무슬림에게 이런 불평을 들은 적이 있다. 하지만 사실 이런 불평은 무슬림이 아닌 사람들에게서도, 기타 다른 많은 곳에서도 들을 수 있다. 아프리카의 비무슬림 지역에서라면 이런 말을 듣기가 쉽지 않을 것이다. 왜냐하면 아마르티아 센Amartya Sen, 1933-이 지적했듯이 이 지역의 여성들은 전반적으로 사회생활에서 덜 불평등한 지위에 있기 때문이다. 장 드레즈Jean Drèze, 1959-와 센의 『기아와 공공 소송Hunger and Public Action』을 참조하라〔Jean Drèze and Amartya Sen, *Hunger and Public Action* (Oxford: Clarendon Press, 1989)〕.

## 6장. 상상의 이방인들

**1** Brent Berlin and Paul Kay, *Basic Color Terms: Their Universality and Evolution* (Berkeley: University of California Press, 1969).

**2** Donald Brown, *Human Universals* (Boston: McGraw-Hill, 1991).

## 7장. 세계시민주의적 혼성

**1** John Stuart Mill, *On Liberty, in Essays on Politics and Society*, ed. John M. Robson, vol. 18 of *The Collected Works of John Stuart Mill* (Toronto: University of Toronto Press, 1977), p. 270.

**2** Quoted in Larry Strelitz, "Where the Global Meets the Local: Media Studies and the Myth of Cultural Homogenization," *Transnational Broadcasting Studies*, no. 6 (Spring/Summer 2001), http://www.tbsjournal.com/Archives/Spring01/strelitz.html.

**3** Ien Ang, *Watching "Dallas": Soap Opera and the Melodramatic Imagination* (London: Methuen, 1985); Tamar Liebes and Elihu Katz, *The Export of Meaning: Cross-cultural Readings of Dallas* (New York: Oxford

University Press, 1990); John Sinclair, Elizabeth Jacka, and Stuart Cunningham, eds., *New Patterns in Global Television: Peripheral Vision* (New York: Oxford University Press, 1996); Rob Nixon, *Homelands, Harlem and Hollywood: South African Culture and the World Beyond* (New York: Routledge, 1994); Strelitz, "Where the Global Meets the Local."

4 See J. D. Straubhaar, "Beyond Media Imperialism: Asymmetrical Interdependence and Cultural Proximity," *Critical Studies in Mass Communications* 8 (1991): 39-59.

5 The quotes from the Zulu student Sipho are from Larry Strelitz *Where the Global Meets the Local: South African Youth and Their Experience of the Global Media* (PhD Thesis, Rhodes University, 2003), pp. 137-41.

6 Salman Rushdie, *Imaginary Homelands: Essays and Criticism, 1981-1991* (London: Granta Books, 1991), p. 394.

## 8장. 그래서 누구의 문화란 말인가?

1 Robert Stephenson Smyth Baden-Powell, *The Downfall of Prempeh: A Diary of Life with the Native Levy in Ashanti 1895-96*, Methuen & Co., 1896.

2 Ivor Wilks, *Asante in the Nineteenth Century: The Structure and Evolution of a Political Order* (Cambridge: Cambridge University Press, 1975). 19세기 아샨티의 역사에는 영국과의 전쟁과 조약에 관한 사항이 대단히 많다. 울슬리의 쿠마시 약탈은 그 지역에서 영국의 지배를 확립하기 위한 것이었다. 물론 울슬리는 1874년 2월 4일 아무런 저항도 하지 않은 쿠마시에 들어갔으나, 이틀 뒤에는 병들고 부상당한 병사들을 영국령 황금해안의 안전지대로 데려가기 위해 퇴각해야 했다. 베이든파월이 참전했던 1895~1896년의 원정은 부분적으로 1874년의 식민 정책을 강화하고, 왕을 강제로 복종시킴으로써 아샨티에 대한 영국의 주권을 확립하기 위한 것이었다. 영국은 결국 아샨티 왕을 비롯한 수많은 정치 지도자들을 아샨티 국민과 접촉하지 못하도록 인도양 한가운데 외딴 섬 세이셸 제도에 유배했다. 프렘페 1세는 1924년에 일개 시민으로서 영국령 황금해안에 귀환했고, 이태 뒤 쿠마시 수장(쿠마세헤네Kumasehene)으로서 그의 칭호를 회복하도록 허용되었다. 1935년이 되어서야 그의 후계자 프렘페 2세(혼인 관계로 된 나의 종조부)는 아샨테헤네, 즉 아샨티 왕의 직함을 회복할 수 있게 되었다.

3 나는 존 메리먼John H. Merryman의 권위 있는 논문에서 개진된 국제법 전개에 대한 설득력 있는 주장(그리고 세계시민주의적인 주장)에 크게 도움받았다("Two

Ways of Thinking about Cultural Property," *Amercan Journal of International Law* 80, no. 4 (October 1986): 831-53].

4 James Cuno, "U.S. Art and Museums and Cultural Property," *Connecticut Journal of International Law 16* (Spring 2001): 189-96.

5 Michael F. Brown, "Can Culture Be Copyrighted?" *Current Anthropology* 39, no.2 (April 1998): 203.

6 Lawrence Lessig, *Free Culture: How Big Media Uses Technology and the Law to Lock Down Culture and Control Creativity* (New York: Penguin Press, 2004).

7 Merryman, "Two Ways of Thinking," p. 852.

8 오세이 본수에 관한 정보뿐만 아니라 《데일리 텔레그래프》, 《타임스》, 《뉴욕 헤럴드》를 인용한 것은 모두 다음 책에 있다. Wilks, *Asante in the Nineteenth Century*, pp. 200-201.

## 9장. 반세계시민주의자들

1 Olivier Roy, *Globalized Islam: The Search for a New Ummah* (New York: Columbia University Press, 2004), p. 25 (원제: Olivier Roy, *L'Islam mondialisé*, 2002). 미국에서 출판되었다고는 하지만, 이 책은 (대부분) 영국식 철자법을 사용한다. 나는 독자들의 편리를 위해 그것을 별다른 언급 없이 미국식으로 바꾸었다.

2 같은 책, 149쪽.

3 Jeffery Gettleman with David M. Halbfinger, "Suspect in '96 Olympic Bombing and 3 Other Attacks Is Caught," *New York Times*, June 1, 2003, p. 1.

4 사이드 아메드 칸에 대해서는 자베드 마지드Javed Majeed의 논문을 보라[Javed Majeed, "The Limits of the Sacred: the Epistemology of 'Abd al-Karim Soroush," *Islam and Modernity : Muslim Intellectuals Respond* (London: I. B. Tauris, 2000)]. 마무드 무하마드 타하에 대해서는 모하메드 마무드Mohamed Mahmoud의 논문을 보라. 전체에 걸쳐 무하마드 압두에 대해 언급하고 있다. 그리고 타리크 라마단과 할레드 아부 엘파들의 책을 보라[Tariq Ramadam, *Western Muslims and the Future of Islam* (New York: Oxford University Press, 2003); Khaled Abou El-Fadl, *The Place of Tolerance in Islam* (Boston: Beacon Press, 2002)].

5 라니아 알 말키Rania Al Malky의 인터뷰를 보라[*Egypt Today*, 26, no. 2 (February

2005)〕.

6 *The Koran*, trans. N. J. Dawood (London: Penguin, 2002) 29:46 ; 2:256.

7 Bernard Williams, *Ethics and the Limits of Philosophy* (Cambridge: Harvard University Press, 1985), p.174.

8 Burke, *Reflections on the Revolution in France*, ed. J. C. D. Clark (Stanford: Stanford University Press, 2001), p. 202.

## 10장. 이방인에게 친절을

1 Honoré de Balzac, *Père Goriot* (Paris: Éditions Garniers Frères, 1961), pp. 154-55. (이 책의 각주를 보면 발자크는 프랑수아르네드 샤토브리앙François-René de Chateaubriand, 1768~1848으로부터 중국 관리 이야기를 가져왔다고 말하고 있으며, 그는 애덤 스미스를 분명히 알고 있었다)

2 Adam Smith, *The Theory of Moral Sentiments*, ed. Knud Haakonssen (Cambridge: Cambridge University Press, 2002), p. 157. "양심의 영향과 권위에 관하여Of the Influence and Authority of Conscience" 라는 제목의 장이다.

3 Robert Sibley, "Globalization and the Meaning of Canadian Life," *Canadian Review of Books*, 28, nos. 8-9 (Winter 2000).

4 Peter Unger, *Living High and Letting Die: Our Illusion of Innocence* (New York: Oxford University Press, 1996), p. 56.

5 Peter Singer, "Famine, Affluence, and Morality," *Philosophy and Public Affairs*, 1, no. 3 (Spring 1972): 231.

6 Unger, *Living High*, p. 143.

7 싱어는 이 원리를 다음과 같이 정식화했다. "만약 도덕적인 중요성에 필적하는 어떤 것을 희생시키지 않고서 나쁜 일이 일어나는 것을 막을 수 있는 힘이 있다면, 우리가 그것을 하는 것은 도덕적으로 당연하다. '도덕적인 중요성에 필적하는 어떤 것을 희생시키지 않고서'라는 말로 내가 의미하는 것은, 일어나게 될 그 나쁜 경우와 비교되는 어떤 일을 야기하지 않는다거나, 본질적으로 잘못된 어떤 것을 야기하지 않는다거나, 우리가 막을 수 있는 나쁜 상황의 중요성과 필적할 만한 어떤 도덕적 선을 증진시키는 데 실패하는 일이 없다는 것을 의미한다." Peter Singer, "Famine," p. 231.

8 나는 마사 너스봄Martha Nussbaum, 1947~이 「인간의 능력Human Capabilities」에서 우리의 권리를 규정한 방식에 흥미가 있다〔Martha C. Nussbaum and Jonathan Glover, eds. *Women, Culture, and Development: A Study of Human Capabilities* (Oxford: Clarendon Press, 1995), p. 72〕. 이런 전통 속에서 더 나

아간 것으로는 너스봄과 센의 책을 보라[Martha C. Nussbaum and Amartya Sen, eds., *The Quality of Life* (Oxford: Oxford Unicersity Press, 1993)].

9 Richard W. Miller, "Cosmopolitan Respect and Patriotic Concern," *Philosophy and Public Affairs* 27 (1988): 209.

10 George Easterly, *The Elusive Quest for Growth: Economists' Adventures and Misadventures in the Tropics* (Cambridge: MIT Press, 2001).

11 Craig Burnside and David Dollar, "Aid, Policies, and Growth" (World Bank Policy Reserach Working Paper No. 569252, June 1997), http://papers.ssrn.com/sol3/papers.cfm?abstract_id=569252.

12 David R. Francis, "U.S. Foreign Aid: Do Americans Give Enough?" *Christian Science Monitor*, January 6, 2005.

13 Steven Radelet, "Think Again: Foreign Aid," Posted on the *Foreign Policy* magazine Web site February 2005, http://www.foreignpolicy.com/story/files/story2773.php.

14 스티븐 래들릿Steven Radelet은 같은 책에서 미국이 약속했던 3억 5천 달러의 원조는 인도네시아, 스리랑카, 태국, 인도의 수입품에 매긴 18억 달러의 관세와만 비교해도 더 적다는 점을 지적한다.

15 Albert O. Hirschman and Richard M. Bird, *Foreign Aid: A Critique and a Proposal*, Princeton Essays in International Finance, no.69 (July 1968). 다음의 책에도 다시 수록되었다. Hirschman, *A Bias for Hope: Essays on Development and Latin America* (New Haven: Yale University Press, 1971.), p. 224.

16 Francis, "U.S. Foreign Aid."

# 찾아보기

* 쪽 번호 뒤에 붙은 f와 n, a는 각각 각주와 미주, 감사의 말을 나타낸다. 인명은 성姓을 기준으로 정렬하였다.

세계시민주의

# ㄷ

세계시민주의

찾아보기

315

세계시민주의

# ㅇ

323

찾아보기

## 지은이 소개

미국 프린스턴 대학 철학과 및 인간 가치 센터University Center for Human Values 교수. 가나인 변호사 아버지와 영국인 작가 어머니 사이에서 영국 런던에서 태어나 가나의 쿠마시에서 자라고 영국 케임브리지의 클레어 칼리지에서 철학 박사 학위를 받았다. 윤리학과 언어철학 및 심리철학, 아프리카인과 아프리카계 미국인의 사상사 및 문학 연구가 주 분야다. 『아버지의 집에서In My Father's House』1992, 『숙고하기Thinking It Through』2003, 『정체성의 윤리학The Ethics of Identity』2005 등, 철학 및 아프리카 문화와 관련한 다양한 저서가 있다.